人生若只如初见

纳兰容若寻踪

徐征
冯黛虹 著

XUZHENG
FENGDAIHONG
WORKS

国际文化出版公司
·北京·

作者简介

徐征，字云华。1943年11月生，祖籍辽宁省庄河市。长于北京，毕业于北京大学中文系。

多年来探讨北京文物古迹、历史文化、名人足迹，著有《海淀文物丛考》《海淀地名典故》《北京老街巷胡同寻踪》《北京西郊历史文化考》。合著《北京名匾》《北京地名典》《北京胡同志》《北京翠湖湿地》等十余部书。曾任《北京市海淀区志》《海淀史地丛书》副主编，现任北京市地方志学会常务理事、北京史地民俗学会研究员。

冯黛虹，女，字淑珍。1947年9月出生，北京市宣武区人。爱文史，喜篆刻，长于摄影。1997年以来，先后在报刊杂志上发表摄影作品，并为《身边的历史》《海淀文史·京西名园》《海淀文史·商海变迁》《北京翠湖湿地》《京西古镇·青龙桥》等书配图，合著《北京老街巷胡同寻踪》《北京胡同志》《北京西郊历史文化考》《首都文史精粹·纳兰西郊的足迹》。

前言

纳兰容若于清顺治十一年十二月十二日（1655年1月19日）诞生在京师。本名成德，后避东宫允礽（小名“保成”）而改性德，字容若，号楞伽山人，满洲正黄旗人。

容若天资慧悟，好学不倦，自幼聪敏，读书过目不忘。康熙六年（1667年）得董讷教授，学业大进。青年容若享用家中藏书，兼通“四书”“五经”。

康熙十年（1671年）“补诸生贡入太学”，受到国子监祭酒徐元文的好评“司马公贤子，非常人也。”与同期在国子监学习的汉军旗人张纯修（见阳）结为终生挚友。

康熙十一年（1672年）应顺天乡试，中举人。同榜有韩菼、翁叔元、王鸿绪、徐倬、曹寅等。第二年参加会试中试，为贡生。即将廷对，忽患寒疾，未能殿试。不久游学于徐乾学，“自癸丑五月始，逢三、六、九日，黎明骑马过余邸舍，讲论书史，日暮乃去。”徐称赞“益肆力经济之学，熟读《通鉴》及古人文辞，三年而学大成”（徐乾学《纳兰君墓志铭》）。

康熙十五年（1676年），“岁丙辰，应殿试，条对剀切，书法遒逸，读卷执事各官咸叹异焉”（徐乾学《纳兰君墓志铭》）。中二甲七名进士，但久无委任。

康熙十六年（1677年）五月三十日，容若妻卢氏卒，翌年七月葬于皂荚屯，使容若伤情彻骨，容若《减字木兰花》有“一朵芙蓉着秋雨”。“悼亡之吟不少，知己之恨尤深”（叶舒崇《皇清纳腊室卢氏墓志铭》）。

康熙十七年（1678年）九、十月，始任乾清门三等侍卫。徐乾学《纳兰君墓志铭》记：“未几，太傅入秉钧，容若选授三等侍卫，出入扈从，服劳惟谨。”

康熙十八年（1679年）暮春，与朱彝尊、陈维崧、严绳孙、姜宸英、秦松龄等人游张纯修山庄，作联句词《浣溪沙》。

康熙十九年（1680年）常去昌平、延庆、怀柔等地督牧。“尝司天闲牧政，马大蕃息”（姜宸英《纳兰君墓表》）。是年继娶官氏。

康熙二十年（1681年）有诗《桑榆墅同梁汾夜望》，诗中有“登楼一纵目，远近青茫茫”句。后来顾贞观在《大江东去》词后书一段文字，其中有“忆桑榆墅有三层小楼，容若与余昔年乘月去梯，中夜对谈处也。”

康熙二十一年（1682年）正月十五日上元夜，与朱彝尊、陈维崧、严绳孙、顾贞观、姜宸英、吴兆骞、曹寅等共集花间草堂，饮宴赋诗。同年八月，觇梭龙。“丁零逾鹿塞，敕勒过龙沙。绝漠三秋暮，穷阴万里赊。行边依羽箭，乘障咽霜笳。地轴图经外，车书总一家”（徐乾学《送行诗》）。奉命执行军事侦察。“堠雪翻鸦，河冰跃马，惊风吹度龙堆”（容若《满庭芳》）。

康熙二十二年（1683年）诗作《驾幸五台恭记》，诗中有“亲侍两宫来”句。

康熙二十三年（1684年）扈从南巡，经泰山、扬州、苏州、无锡、镇江、江宁、曲阜等地。同年十一月初一至初四容若在建业，有《江南杂诗》其中一首：“紫盖黄旗异昔年，乌衣朱雀总荒烟。谁怜建业风流地，燕子归来二月天。”岁暮，容若纳沈宛为妾。

康熙二十四年（1685年）三月十八日，晋升一等侍卫。同年五月初，曹寅至京，容若《满江红》词作（为曹子清题其先人楝亭图）。五月二十二日，梁佩兰、顾贞观、姜宸英、吴雯集容若庭，饮酒，各赋《夜合花》。次日容若有疾，五月三十日，因七日不汗病故，享年三十一岁。姜宸英在《祭文》中云：“夜合之诗，分咏同裁。诗墨未干，花犹烂开。七日之间，玉折兰摧。”

康熙二十五年（1686年），容若葬于京郊皂荚屯。徐乾学撰《墓志铭》《神道碑文》，韩菼撰《神道碑铭》，顾贞观撰《行述》，姜宸英撰《墓表》。

纵观纳兰容若的一生，凸显出以下特色：

一、其词作雄浑深挚，得法声正。

容若之词语出肺腑，行卷自如，无雕刿之迹，故情致自然，丽质清新。严绳孙、秦松龄说：“兄善依声，世称绝唱，周柳香案，辛苏激元”（《祭文》）。其意是说容若词风，婉约不亚于周邦彦、柳永，论豪放可与辛弃疾、苏轼媲美。清初，朱彝尊词风高逸绮丽，确立了浙西词派，陈维崧词风豪宕，形成了阳羡词派，而容若兼二者之长，鼎立于词坛。周稚圭说“纳兰容若，南唐李重光后身也。”陈维崧云“《饮水词》哀感顽艳，得南唐二主之遗。”顾贞观云“容若词，一种凄婉处，令人不能卒读。”《通志堂集》收容若词共三百阙，后经辑补增至三百四十九阙。容若是杰出的词手，其词有高度审美价值，内容有时代进步性，表达有新颖性。梁启超感叹：“清代大词家的头把交椅被容若占去。”

二、其诗高昂坦荡，流泉呜咽。

徐乾学称赞说他“善为诗，在童子已句出惊人。”张纯修说“其诗之超逸。”《清史列传》载：“善诗，其诗飘忽要眇，绝句近韩偓。”《通志堂集》收容若诗三百五十四首，后经辑补增至三百六十二首。容若认为诗人应向古人的作品学习，“诗之学古，如孩提不能无母乳也。”又强调自立门户，自成一格，“必自立而成诗，犹之能自立而后成人也。”他强调“诗乃心生，性情之事也。”咏物诗咏的是物，而容若明白要通过咏物来寄志，诗必须言志，咏物诗也应以言志为主。

三、其边塞诗词雄阔苍茫，发今古情。

容若担任侍卫期间，扈从清圣祖经山海关，巡视东北，途中写下精深的诗词，填补了边塞诗词的一个空白。容若的边塞诗词达五十余首，在描绘塞外风光中抒发了对祖国的热爱，从未见伤害少数民族的尊严和感情。“凄凉绝塞，娥眉遗冢”的吊古之作，赞颂王昭君“和亲妾请行，不辞边徼远”的深明大义。路过山海关看到长城写下“雄关阻塞戴灵鳌，控制卢龙胜百牢。”反问“毕竟为，谁家筑？”容若《蝶恋花·出塞》从画角声咽，战马悲鸣，满目荒凉，感叹谁也不是永久的主人，长久占据河山。故而唱出“今古河山无定据。”的辩证关系。

容若《南乡子》词中有“塞草霜风满地秋”句，这是他在塞上的所闻所见。塞外古戍的烽烟，日落的悲茄，塞雁的哀鸣，茫茫的黄沙，西风的哭诉，牧马的嘶叫，无不给其视觉、听觉的强烈刺激。蔡嵩云《柯亭词论》认为容若“尤工写塞外荒寒之景，殆扈从时所身历，故言之亲切如此。”

四、其悼亡诗词缘情写景，寸裂柔肠。

悼亡之作是中国古典诗歌中一个特殊的文学题材，《说文》：“悼，惧也。陈楚谓惧曰悼，从心卓声。”《广雅释诂》：“悼，哀也。”西晋潘岳《悼亡诗》是最早把悼亡二字合用，并著称于世，抒发对亡妻的忆恋和伤逝。李煜把诗体中的悼亡题材引入词体，无疑是一个创新。宋代苏轼认为词体有利于悼亡题材的创作，因而他有意识开拓词的题材。

容若认为词是诗亡后继起的文学样式，他在七古《填词》云“诗亡词乃盛，比兴此焉托。”强调词须比兴，他不仅扩大了悼亡词的容量，且提升了质量，在文学史上无出右者。他把悼亡词作为文学创作重要而严肃的题材来对待，在内容与形式上达到统一，抒发纯真而高尚的人情，使悼亡词达到新的高度。他的悼亡词痴情裹缠，血泪交溢，句句出自肺腑。正像王俨斋说的“柔情一缕，能令人九转回肠。”容若的爱妻卢氏殁后，零落鸳鸯，哀恸追怀，那楚楚动人的悼亡词就是他生命的绝唱。

综上所述，纳兰容若是文学的才子，文化的圣手，文苑的骁将，以生命的冲力和魅力走在时代的前头，在满汉文化交织中发挥了重要作用，在民族团结中做出了重要贡献，留芳华夏文化史册。正如梁佩兰所言“于今那得见，天上作星辰。”是的，纳兰容若像一颗璀璨夺目的亮星，闪耀在天际。

徐　征

2016年8月于京华饮墨堂

目录
CONTENTS

二辑　明珠花园

三辑　渌水亭馆

四辑　桑榆别墅

五辑　揽取山川

六辑　墓园轶事

后记

一辑　相府公子

满族是祖国多民族大家庭中的一员，长期以来在我们东北地区劳动、繁衍和生息。其前身女真族明万历四十四年（1616年）建立了后金政权，清顺治元年（1644年）才入关继而统治全国。

满洲八旗兵由东北来到北京，是按八旗军队的方位驻防。《八旗通志·旗分志二》载："自顺治元年，世祖章皇帝定鼎燕京，分列八旗，拱卫皇居。镶黄居安定门内，正黄居德胜门内，并在北方。正白居东直门内，镶白居朝阳门内，并在东方。正红居西直门内，镶红居阜成门内，并在西方。正蓝居崇文门内，镶蓝居宣武门内，并在南方。盖八旗方位相胜之义"。《八旗方位全图》载："《正黄旗·西北》，图凡九幅"。清朝入主中原后，在北京实行旗民分城居住制度，原住内城的汉、回等族居民，尽移居北京之外城，内城则由"从龙入关"之八旗居住。

由于北京房子有限，突增的八旗军民开始占空房、租房，后来自己盖房。房屋是人类基本的生活条件之一，清初营建分为普通房屋和恢宏的官房。明珠属正黄旗故在后海安家建房，其官越做越大，待遇越来越高，房子越来越好。

支撑此章的论据：

一、清顺治十一年（1654年）十二月十二日纳兰容若生于京师邸；

二、《茅斋》诗中窥见明珠府初建的情景。

三、康熙六年（1667年）容若十三岁，在正黄旗官学就读，“已通六艺”。康熙十一年（1671年）容若十七岁，“补诸生，读书国子监”。

后海北沿明珠府

尼雅哈“以功授牛禄章京，今汉文改为骑都尉”，其住处不在京北庄田，而住正黄旗官房。昭梿《啸亭杂录》载：“镶黄、正黄居都北址”。清廷为了缓解民族矛盾，实行“满汉分居”政策，将汉族“商民人等”徙于外城。内城成为旗人的特区。其范围在德胜门内，东至鼓楼大街，南至西直门大街，北至城根。尼雅哈去世后，其职由郑库袭，明珠时年12岁，从小由其兄郑库抚养。《明珠墓志铭》载：“六岁母夫人卒，十二岁光禄

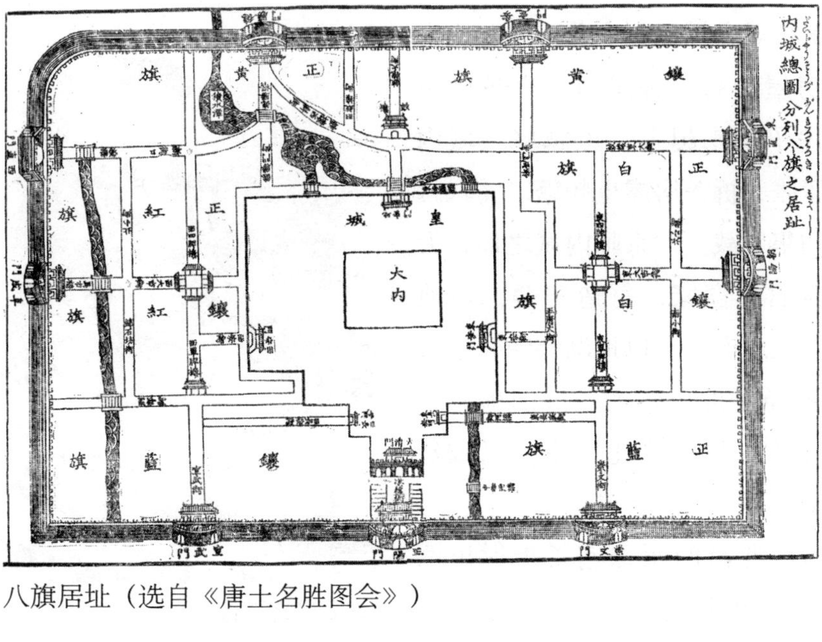

八旗居址（选自《唐土名胜图会》）

公（尼雅哈）卒，为资政公所抚，以孝友闻”。

顺治年间，圈占内城民房拨给八旗官兵。《清会典事例》载：“顺治五年（1648年）题准一品官给房二十间，二品官给房十五间，三品官给房十二间，四品官给房十间，五品官给房七间，六品七品官给房四间，八品官给房三间，拨什库（领催）摆牙喇（护军）披甲给房二间”。尼雅哈是五品衔，照这个规定尼雅哈或郑库至少分得房七间。北京内城旗房开始是国有性质，分配到旗人手中渐变为私有，而有的旗人遇到突来的矛盾无奈将房子出卖，殷实之家购买后房子得到扩大。此时，私搭乱建也不断出现，规格多样，为此清廷开始整治街巷，对建造房屋形制、高度、间数做了规定，超越者按律治罪。

纳兰容若生于顺治十一年十二月十二日（1655年1月19日）。也在同年，清廷颁发政令：“凡旗分房屋，顺治十一年议准。八旗官员兵丁俱照分定地方居住，若遇调旗更地，仍准原处居住，有情愿买房搬移者，听从所便。都统、副都统不许强令迁移。如欲盖房者，听都统、副都统查给本旗空地，准其自盖”（《大清会典》）。官界里包含着待遇，成为得到房屋的另一种渠道。官越做越大，房子越来越多，也越好。城内地皮紧张，拆盖房屋也频繁。《八旗通志初集》载：“京师内城之地，大臣、庶官、富家，每造房舍，辄兼数十贫人之产，是以地渐狭隘”。京城房屋经常拆小建大，拆旧盖新，就地坐大。加之攀比因素，以致造房日隆。

清圣祖玄烨像

后海北沿的明珠宅子折射出两点，一是明珠是满洲正黄旗人，在八旗驻防的京城之北建府；二是明珠府邸属自建，则从择地、备料、布局、施工开始。人对环境有“归所感”。汉代刘熙《释名》说“宅，择也，择吉处而营之也”。“宅者，人之本。人以宅为家，居若安，则家代昌吉”。由这“正家，而天下定矣”的定向，于是有了宅居模式的普遍性。

容若《茅斋》诗：

（一）

我家凤城北，林塘似田野。蘧庐四五楹，花竹颇闲雅。客俗鸡能谈，忧来酒堪把。容膝岂在宽，惬意自潇洒。静中生虚白，念虑寂然寡。忽悟形与器，万物尽虚假。窗中见斗牛，门前骤车马。试问此间阁，当时住谁者？因之叹尘世，我心聊以写。

（二）

闲庭照白日，一室罗古今。偶焉此栖迟，抱膝悠然吟。
吟罢有余适，散髑复披襟。时开玉杯卷，或弹珠柱琴。
檐树吐新花，枝头语珍禽。花发饶冶色，禽鸣多姣音。
色冶眩春目，音姣伤春心。夕阳下虞渊，寂寞还空林。
清光复相照，片月西山岑。

北京什刹海后海是大学士明珠的府邸，茅斋是茅草盖的屋舍，斋多指书房，学舍。容若的《茅斋》诗，是记该府初建时的情景。诗的大意：我的家在京师之北，那里有树木池塘和田野。暂居的房子有四五间，院子里的花竹摆置的也很得体。有人来访，做些介绍，并用酒来招待。虽然说空间狭小，但能容身。家里人已感到很惬意。因为心境无欲，没有什么挂念的，也不感到孤单。生活中碰到一些不愉快的事情，你得往宽里想，没有过不去的，若问这些房子住的怎么样，我感到在现在的条件下，人间的生活都差不多，我是倾言相告的。

第二首诗的大意：太阳照着寂静的院子，屋内罗置古今的书籍，我经常来此翻检，读书累了就弹琴吟诗，或观赏窗外景色。四季在运转，屋檐下的树木花朵绽放。树上的小鸟在欢快地鸣叫，花儿开得娇媚艳丽，鸟儿叫的婉转动听。不知不觉又过去了一天，到了傍晚，夕阳就要下山了，渡过了黄昏，村中一片寂静，弯月从西山慢慢升起，清光朗照大地。数年明珠府经过改建扩建才初具规模，内有台榭连阁，周有绣堞高墙。月亮转到西山，东方升起了太阳。

容若《渌水亭宴集诗序》中云："予家象近魁三，天临尺五。"大意古时以太子、帝为北极星，左有紫薇左垣（又称东藩）八星，右有紫薇右垣（又称西藩）七星，形成天宫，而北斗七星靠近右垣。七星中（即天枢、天璇、天玑、天权称七星中四大魁星），这四星靠近紫薇右垣很近。《春秋·运斗枢》载："第一至第四为魁，第五至第七为杓，合而为斗"。《汉书·天文志》载："斗为帝车，运于中央，临制四海，分阴阳，建四时"。"予家象近魁三，天临五尺"这是比喻。在天体星象上"魁三"应是玉衡星，但此星未列入魁星的范围，从距离上看玉衡星距紫薇右垣很近，故此说"天临五尺"。

容若又写道"墙依绣堞，云影周遭。门俯银塘，烟波晃漾。蛟潭雾尽，晴分太液池光；鹤渚秋清，翠写景山峰色。云兴霞蔚，芙蓉映碧叶田田；雁宿凫栖，粳稻动香风冉冉。设有乘槎使至，还同河汉之皋；倘闻鼓枻歌来，便是沧浪之澳。若使坐对亭前渌水，俱生泛宅之思；闲观槛外清涟，自动浮家之想"。这一段话前半部分是对明珠府第豪华建筑的描写。后半段说自己倘若坐在"亭前渌水"就怕"泛宅之思"，如果看到"槛外清涟"自然有"浮家之想"，已感树大招风，宦海覆舟。

明府管家安尚仁

《辞海》解释管家："旧时为富贵人家管理家务，而地位较高的仆人；也用作对一般仆人的敬称。"

明珠家之所以用管家，原因有四：一、明珠夫人觉罗氏顺治八年（1651年）与明珠成婚，"平日皈心释氏，晨起必焚香膜拜，诵梵经一卷，尝手书《金刚经》，字画精整，锓板流传，缁素皆奉为重宝"。二、明珠和觉罗氏生有三子三女，"夫人削衣贬食，庀治家政，使相国（指明珠）无内顾忧"。三、康熙三十三年（1694年）八月，觉罗氏不幸去世，缺主持家政者。四、明珠官阶越来越高，家中"货贿山积"，需要有人帮助管理。

研究明珠家事，必牵涉管家，研究安管家，必研究安氏子孙。因为他们也是明珠后人的管家，长年吸附在明珠家族中。

安尚仁，又名安尚义，祖籍朝鲜。他是怎样来到中国而进入明珠家里？

一是所俘人员说。据叶恭绰《矩园余墨》载："实清初所俘朝鲜人编入内务府旗籍者，其时俘虏分与各贵族为奴，乃等闲事，其中不乏优秀分子翘然特出者。故清代大臣恒有抬旗之举，即消除奴籍之谓"。安尚仁隶满洲正黄旗，思考问题能从全局出发，做事讲究进止，胆大心细，善于应酬，脱离初来传唤洒扫之役，后掌握明府家务。

二是朝鲜使团说。清宗德二年（1637年）清太宗皇太极以武力压服朝鲜，使之成为清朝的藩属国。顺治元年（1644年）清政权迁都北京，朝鲜每年都以"进贡"或"谢恩"等名义派出使团前往北京。该使团除了携带向清朝进贡的物品外，还带着本国的土特产在中国从事商品贸易。朝鲜使团的进贡物资是由官府出公费，又雇佣本国的马匹驮运至北京，被称之为"卜驮"，将各种货物驮到凤凰城边门后，即把本国马匹遣回，然后在当地雇车运送。康熙七年（1668年）朝鲜领议大臣郑太和向国王禀报说："臣曾住北京，其归也，卜驮甚多，车马拥前。"朝鲜使团有的团员留在中国，依靠门户生存发展起来。

明珠准安尚仁当管家，可未想到安尚仁借机揽权，对下人心狠手辣。《啸亭续录》卷三“明傅家法”条中云“立主家长，司理家务，奴隶有不法者，许主家者立毙杖下”。《溪上遗闻录》载：“枋臣（指明珠）有幸仆曰安三，势倾京师，内外官僚多事之，如旧史之莩山先生者，欲先生一假借之而不得”。

明珠与安尚仁的主仆关系尚密，而家人与安尚仁的关系不协。容若云：“吾父信我不若信吾家某人。”（某人指的是安尚仁）。容若问姜振英：“家君待先生厚，然而率不得大有佽助？盖有人焉。”（指安尚仁中间作梗）。可见姜振英和安尚仁之间关系紧张。

安尚仁父子打着为明珠家经商的幌子，自己从中营利，由小坐大。安尚仁在北京城西北部皂荚屯一带遵明珠之嘱浚河修庙。王时鸿《重修榆河乡东岳行宫碑记》中对安尚仁歌功颂德。如“尚仁之志于是乎毕，而相国未竟之愿于是乎得遂，尚仁不特以乐善好施为福田利益，其不忘相国遗言而必欲备物尽致，无一毫遗憾而后止，尚仁亦贤矣哉!”又记“以传相国之遗意，著尚仁之美事云”。昌平区阳坊镇《药王庙重修记》载：“康熙甲午（即康熙五十三年，1714年），太傅明珠家人安尚仁奉其故主遗命重修。安多骄气，谓羽客韩公（一明）不之礼，负气去，遂成此亭亭之势云。”可见安尚仁傲慢跋扈。

安尚仁住北京什刹后海簪儿胡同（现孝友胡同），是正黄旗属地，与明珠府毗邻，势甚煊赫。

安尚仁长子安图，次子安岐，三孙安葑（凤）皆在天津，经营盐业。其中安岐（崎）字仪周，号麓村，居于天津东南沽水草堂，自幼读书，喜爱书法名画，因家资巨富，收藏大量字画，门额“古香书屋”，遂成为清代著名书画收藏家，著有《墨缘汇观》。昭梿《啸亭续录》载：“明太傅擅权时，其巨仆安图，最为豪横。士大夫与之交接，有楚滨、莩山之风。其子孙居津门，世为盐商，家乃巨富，近日登入仕版。有外典州牧、不肖宗室至有与其联姻眷者，亦数典忘其祖矣”。

此外，他们还在北京、天津、河南、安徽等地置田庄、设钱庄、开当铺，甚至在景德镇烧瓷，经营瓷器生意。清世宗胤禛派人查过安尚义，江西布政使常德寿《查讯安尚义烧造瓷器折》：“安尚义之子现在扬州行盐，自康熙五十九年（1720年）起差伊家人马自弘、杨宗，伙计俞登朝三人，每年用银九千两，在景德镇置买材料，雇工烧瓷。所烧瓷器尽行载到扬州转送进京。历年以来所用材料以及工匠价值，俱预行给发，并无短少，亦无招摇生事等语”。安家的财产由此而富天下。

树大招风，安尚仁还是被立案了。自康熙四十八年（1709年）四月十九日，直隶巡抚赵弘燮奏折（一）《安尚仁盐引案》。何为“引”？郑天挺《清史简述》中云：“凡承销盐都户部发给凭照，没有凭照的不许私卖。这种部发凭照称为‘引’，有‘引’的称为官盐。一包盐一个凭照，有多少包就称多少‘引’，每‘引’相当二百至二百五十斤”。又云：“盐商销盐各有专卖区域，称为‘引地’，是包销性质，先交巨额费用，领引承销，然后发交散商，按年完课。他们都是世袭的，所以称为‘引窝’”。康熙四十八年（1709年）十二月十六日又上奏折（二）中有“叔叔张希思因年老不能料理生意，将陈西七处引窝顺与钱仁，算还明府本利银子”。康熙四十九年（1710年）四月初五日上奏折（三）中载“议在安尚仁名下追出引窝银一十六万九千零四十八两入官克饷，不敢冒昧具疏”。

《安尚仁盐引案》涉及明珠三条。一是陈州七处地方原是张霖引名承办，借的是明府本银。二是康熙三十五年间退于钱二承办，每引四两作价，除还了明府的本利，找到了几万银子。三是安尚仁供“我的主子原有几两银子放债”。以上所述均属于高利贷性质。清代放高利贷是普遍现象。冯佐哲《和珅评传》载：“早在康熙、雍正统治时期，许多身居要职的显贵官僚都经营典当业。如索额图、明珠、徐乾学、高士奇和曹寅等人都开设当铺，进行高利贷盘剥”。

清代当铺林立，典当业盛行，大体分皇当、官当、民当三类。其中皇当又称内府官当，是用内务府广储司的“内库帑银”开设的当铺总称。经营者是内务府官员，所得利息则由皇帝支配，是内务府重要的财源之一。雍正年间当铺经营不衰，清世宗胤禛曾面谕发尔善等人“给尔等银二万两设法滋生”，这笔钱被用于开设当铺和买地。到雍正十二年十二月就“所得当铺利银并地租银二万二千二百九十八两六钱”。乾隆年间，内务府开设当铺之风更盛，列入“皇当”序列的当铺可供稽查的达三十余座，有准确字号可考的就有二十多座。

叶恭绰《墨缘汇观书后》一文中称“康熙皇帝既可以内府包衣曹寅之属绾盐政，则大臣如明珠等自亦可用所属包衣安图之类去做盐商。况当时政策上本有吸收知识分子潜销反侧之举，故曹氏亏空巨款，乃至皇帝以内帑为之填，安氏之交结士大夫，殆亦使之者”。

据张霖亲供，陈州七处地方原是犯官家引名承办，借的是明府本银。犯官于三十二年已出任去了。在安庆臬司任内时，叔叔张希思于三十五年间退与钱仁承办，每引四两作价。除还了明府的本利，找了几万银子，叔叔还了人家债务了等语。又河阴、荥阳、荥泽、汜水四处，向系王谦引名，于康熙三十三年二月退与金义报部更名承办。又许州向系张霖引名，于康熙四十二年退与何体仁报部更名承办。赵弘燮在奏折中云：“以上张霖引名，俱于未纪事以前顺与安尚仁，今查金义、钱仁原无其人，系安尚仁自立引名，同子安岐在津行盐，与孟恒帑定与引地”。

安氏父子在历史上也有过义举。雍正三年“天津大水，淹城砖十三级，城壕皆坏”。长芦盐政莽鹄立奏请重修天津城，并言资金来自安岐父子的主动捐，世宗（胤禛）准奏，并诏令“实心帮助，以褒其成”。

《永宪录·卷四》载：“雍正四年岁在丙午，故罪臣揆叙家人安图夤缘隆科多。自康熙五十二年至雍正二年，计银三十余万两，又娶红带之女为妾。逼勒自缢，事觉拿交刑部，籍没其家。因逮隆科多家人牛伦等质审，安图之父安三，当明珠为相时甚用事。圣祖洞鉴，珠令潜处扬州。挟巨赀行江西吉安等四府三十万引盐。及珠病革，圣祖欲问，又以安三祈恩，故复还京师。及揆叙卒，无子，以所有家财八百万献于宫府，令九贝子掌之。予安三银百两资生，以赡养叙母妻。”此录可看出安图上蹿下跳以及和明珠的关系。此时危如累卵，安图终被籍没家产，房舍被收为官房，从中抄出白银逾二百万两。事后，有了解安家底细的人透露出安图入官房院中仍埋藏着白银。从而引起两股人的贪欲。一股以天津安家人的仆人陈顺为首，伙同旗人江老格、马大、李五、何七、王立柱、七十儿等人，勾结簪儿胡同看守官房人，三次潜入原安家院内，在已作义学用房的山墙处，刨得银八千四百六十余两、金重二千二百二十两。另一股以太医院医士齐殿玺为首，联络正黄旗护军阿克敦及旗籍当差的法侃塞楞厄、赫雅图等认买安图之官房五十七间半，在此多次进行刨挖，共得银十万五千一百一十两。到了乾隆五年，这两起案件被内务府衙门缉获，陈顺、齐殿玺等均被逮捕，经内务府总管大臣允禄审理并按律治罪。结案后，又派员在安图之官房内陆续刨得银十万三百十五两。与收缴的赃银一并根据不同成色进行处理，有的交入内廷，有的熔化贮库。其中有九五以下成色银四万余两，世宗胤禛批示，交于圆明园工程处使用。

乾隆初年，安岐仍在纳兰容若七世孙成安家中，直到乾隆十年安岐才病殁。

董讷解惑学业进

董讷，字兹重，山东平原人。康熙六年（1667年），董讷以一甲三名的佳绩中进士，在馆选之前曾一度在北京西北郊开班授课。他为了减少徒步之苦，将家迁至清河镇，有诗《移居清河茅舍》：

邑小无城郭，零星二百家。
可怜同燕雀，何处种桑麻。
藉火聊分照，荒檐任自斜。
往来工所近，缓步踏平沙。
平和兼内敛，却自有锋芒。

诗中描写的“邑小无城郭，零星二百家”“踏平沙”，则是德胜门外清河镇的风貌。纳兰容若就在董讷教授的“工所”里学习。

徐乾学《通议大夫一等侍卫进士纳兰君墓志铭》载：“自幼聪敏，读书一再过即不忘。善为诗，在童子已出句惊人，久之益工”。容若机敏聪慧，又遇到一位好老师，真是幸运。董讷是一位汉学儒师，不仅传授知识，更将做人的道理、民本思想、做官的原则灌输给容若。因得董讷教授，深感学业大进。

董讷被朝廷任命为“官编修”，累擢至江南总督，因他“为政持大体，有惠于民”得到江南人民的爱戴，后受同僚倾轧，“左迁去”。当地老百姓自发组织，为他立生祠。

康熙二十四年，容若病逝后，董讷在《诔词》中回忆容若：“二十年前，余在编翰，受知夫子，夫子以余为迂疏，不惟不过督，且从而礼貌之，敦吐握之风，宽简澹之士。时公方成童舞象，固已嶔崎不群，相与纵谈汉魏，不以东海之士为孤僻而略也。数载之间，沉酣六艺，囊括百家，汲古博综，下帷不辍，兼之一日数行。聪敏绝世。凡诸天文象纬，舆地山川、宝笈琅函、虫鱼草木，靡不穷搜广采，考核精详，遂以子丑联鏣为名进士。”

康熙二十八年（1689年）正月清圣祖第二次南巡，视察河工，观览民情。老百姓执香齐刷刷跪在董讷生祠前，请求圣上让他们的好总督董讷官复原职，圣祖为之动容。

康熙四十年（1701年）董讷卒，享年六十三岁，著有《柳村诗集》。

正黄旗的官学生

纳兰容若生而颖异，聪敏早慧，好学不倦。“自少小已杰然见头角。喜读书，有堂构志”（韩菼《进士一等侍卫纳兰君神道碑》）。他读完了蒙馆考进了八旗官学。

八旗官学是为八旗子弟而设的学校，官学生由各佐领选“聪秀者，年龄在二十岁以下，十岁以上”（《清世宗实录》第75卷1153页）。先“申送都统验看，交国子监考录”（《清朝通志》第74卷，第7197页）。合格者才准入本旗官学校读书。每佐领选送来的官学生人数时有变化，一般是一二名。满、蒙、汉军的官学生比例亦不同。如顺治初定“八旗每佐领下各取官学生一名，三年一次，著为定例”，其中“满洲一百二十名，蒙古六十名，汉军一百二十名”（《清朝文献通考》第64卷，第5441页）。后来又根据实际情况做了调整，满洲减为八十名，蒙古减为四十名，汉军减为一百名。再后来又定满洲、汉军每佐领下各增官学生一名。

清朝初期，八旗官员缺乏“仅足敷京员之用”，各省地方府县皆用汉人，无满人任职。为了尽快培养人才，令八旗分为四处，两旗一处，“各立官学一所”（《清朝文献通考》第64卷，第5441页）。容若上的正黄旗官学在西直门内祖家街，学生主要学习满语骑射，也要求熟诵四书等汉学。

在八旗官学，容若很快便“木秀于林”，在同学眼里，他几乎是通才，翻译也好，作文甚佳，背书更是他拿手好戏。

太学生徘徊石鼓

康熙十年（1671年）容若十七岁，补为贡生，就读于国子监。国子监亦称太学，为全国最高学府，是掌国学政令的机关。贡生为学行优良者。获得八旗官员“起送”两名优贡，在进入国子监前必须考试，称为“考到”。考到列一二等的，还要由管理监事大臣和国子监祭酒进行复试，叫做“考验”。考验列一二等的，才准予入监，补班肄业。容若以优异的成绩顺利通过“考到”“考验”，成为国子监的“补班”太学生，也称“贡生”。“贡生”是科举制度中由州府县学选送至京师国子监读书的生员，意即贡献给皇帝的人才。

国子监汉代称做太学，晋代称国子学，唐代始称国子监。唐太宗贞观五年（631年）在西京（今长安）设立国子监，高宗龙朔二年（662年）又在东都置国子监。北京的国子监始建于元代。忽必烈建成大都后，于至元二十四年（1287年）在大都东城崇仁门（今东直门）内建国子学。正式营建是元成宗大德十年（1306年）。国子监东邻元成宗大德六年营建的孔庙，这种“左庙右学”的设计形式，体现了我国传统的建筑规制。明初洪武年改称“北平郡学”，永乐二年（1404年）仍称“国子学”，后改称“国子监”。清顺治元年（1644年）依古制设国子监，一应事宜，由

贡院（选自《唐土名胜图会》）

礼部掌行。十五年（1658年）改由本监自行办理。康熙二年（1663年）仍归礼部。康熙十年（1671年）又改归本监。一切应题应行事宜，均有本监掌行。国子监中彝伦堂额为清圣祖玄烨御书。

国子监坐北朝南，三进院落，占地广阔，院内柏树参天，肃穆怡静。

国子监的组织设置，职教诸官有祭酒、司业、监丞、博士、助教等，祭酒是最高领导人，满汉各一人。徐乾学《通议大夫一等侍卫进士纳兰君墓志铭》载："年十七补诸生，贡入太学，余弟立斋为祭酒，深器重之，谓余曰：司马公贤子，非常人也。"当时明珠任兵部尚书，故称为"司马公"。容若博得饱学之士的赞赏。

国子监的主要课程除四书五经《性理》《通鉴》外，还有二十一史等著作。容若熟背四书五经，练习八股文写作，在国子监见识了宿儒的风范，浸润了汉族文化的风骨。监生们不仅要有深厚的经史根底，卓越的属文能力，还会写出一笔好字，其书法行云流水。徐乾学《通议大夫一等侍卫进士纳兰君墓志铭》载："摹褚河南临本《禊帖》间出入于《黄庭内景经》"。"褚河南"是唐朝著名书法家河南郡公褚遂良。"禊贴"是东晋王羲之著名行书《兰亭序》帖的别称。徐乾学在另一篇文章中赞容若的字"结字端劲，合古法，诸公嗟叹"。他不满足于形似，而是力求神似，善于化用。

徐乾学《通议大夫一等侍卫进士纳兰君神道碑文》载："十七岁补诸生，贡太学有声，十八岁登贤书。"

容若在国子监读书期间，见到卧地的石鼓。从此，他经常细心观察、揣摩，旁征博引，写出一篇《石鼓记》。《石鼓记》载："予每过成均，徘徊石鼓间，辄竦然起敬曰：此三代法物之仅存者，远方儒生或未多见，身在辇毂，时时摩挲其下，岂非至幸？惜其至唐始显，而遂致疑义之纷纷也"。《元和志》云："石鼓在凤翔府天兴县南二十里，其数盈十，盖纪周宣王田于岐阳之事。而字用大篆，则史籀之所为作也"。这是容若就读国子监观览石鼓，并于此后撰此记。

容若曹寅交谊深

容若和曹寅两人同为“承平少年，乌衣公子”（况周颐《惠风词语》）。“貂耳朱轮，生长华膴”（杨芳灿《三家词选序》）。年齿相若，文采相荦，彼此仰慕。

说起容若与曹寅的友谊，须追溯到康熙十一年（1672年），那时容若18岁，曹寅15岁。是年八月应顺天乡试，容若和曹寅同中举人。正副考官为蔡启僔、徐乾学。同榜有韩菼、翁叔元、王鸿绪（榜名度心）、徐倬。

康熙十七年（1678年），九十月间，容若24岁，始任侍卫，入上驷院，戏称马曹。康熙十二年（1673年）曹寅任侍卫，在养鹰鹞处（内有养狗之役）戏称狗监。曹寅《题东亭夜语图》中有“马曹狗监共嘲难”句，指两人相处亲厚，言读随意。直到曹寅父曹玺“以积劳感疾”病故，寅到江宁治丧，后被命其为协理江宁织造事务。容若、曹寅两人同在一个部门任职，同僚长达六年之久。

康熙二十一年（1682年），容若28岁，曹寅25岁。与众友包括曹寅在内共集容若花间草堂，饮宴赋诗。在这次雅集中，曹寅有《貂裘换酒·壬戌元夕与其年先生赋》：

野客真如鹜，九逵中，烟花刺蹙，嬉游谁阻。鸡壁球场天下少，罗帕钿车无数。齐踏着，软红春土。背侧冠儿捱不转，闹蛾儿耍到街斜处。挝遍了，梁州鼓。

一丸才向城头吐，白琉璃秋毫无缺，打头三五。市色灯光争映发，平地鱼龙飞舞。早放尽，千门万户。蜡泪衣香消未得，倩玉梅手捻从头诉。细画出，胭脂谱。

康熙二十三年（1684年）容若30岁，曹寅27岁。清圣祖玄烨南巡，容

康熙帝南巡·出北京（选自《康熙南巡图》）

若随扈。十一月在江宁，容若特意会曹寅，并观看了楝亭。

康熙二十四年（1685年）容若31岁，曹寅28岁。是年五月初，曹寅至京，容若作《满江红·为曹子清题其先人所构楝亭，亭在金陵署中》：

籍甚平阳，羡奕叶、流传芳誉。君不见、山龙补衮，昔时兰署。饮罢石头城下水，移来燕子矶边树。倩一茎、黄楝作三槐，趋庭处。

延夕月，承朝露。看手泽，深余慕。更凤毛才思，登高能赋。入梦凭将图绘写，留题合遣纱笼护。正绿阴、青子盼乌衣，来非暮。

此词作于容若殁前不到一个月。《楝亭图》今存世，容若词前有小序，兹录如下：

《曹司空手植楝树记》

《诗》三百篇，凡贤人君子之寄托，以及野夫游女之讴吟，往往流连景物，遇一草一木之细，辄低迴太息而不忍置，非尽若召伯之棠"美斯爱，爱斯传"也。又况一草一木，倘为先人之所手植，则眷言遗泽，攀枝执条，泫然流涕，其所图以爱之而传之者，当何如切至也乎！余友曹君子清，风流儒雅，彬彬乎兼文学政事之长，叩其渊源，盖得之庭训者居多。子清为余言：其先人司空公当日奉命督江宁织造，清操惠政，久著东南；于时尚方资黼黻之华，闾阎鲜杼轴之叹；衙斋萧寂，携子清兄弟以从，方佩觿佩韘之年，温经课业，靡间寒暑。其书室外，司空亲栽楝树一株，今尚在无恙；当夫春葩未扬，秋实不落，冠剑廷立，俨如式凭。磋乎！曾几何时，而昔日之树，已非拱把之树，昔日之人，已非童稚之人矣！语毕，子清愀然念其先人。余谓子清："此即司空之甘棠也。惟周之初，召伯与元公尚父并称，其后伯禽抗世子法，齐侯伋任虎贲，直宿卫，惟燕嗣不甚著。今我国家重世臣，异日者，子清奉简书乘传而出，安知不建牙南服，踵武司空。则此一树也，先人之泽，于是乎延；后世之泽，又于是乎启矣。可无片言以志之？"因为赋长短句一阕。同赋者，锡山顾君梁汾。

康熙三十三年（1694年）盛夏，曹寅《题楝亭夜话图》诗曰：

紫雪冥濛楝花老，蛙鸣厅事多青草。庐江太守访故人，建康并驾能倾倒。两家门第皆列戟，中年领郡稍迟早。文采风流政有余，相逢甚欲抒怀抱。于时亦有不速客，合坐清严斗炎熇。岂无炙鲤与寒鷄，不乏蒸梨兼瀹枣。二簋用享古则然，宾酬主醉今诚少。忆昔宿卫明光宫，楞伽山人貌姣好。马曹狗监共嘲难，而今触痛伤枯槁。交情独剩张公子，晚识施君通纻缟。多闻直谅复奚疑，此乐不殊鱼在藻。始觉诗书是坦途，未防车毂当行潦。家家争唱饮水词，那兰小字几曾知。斑丝廓落谁同在？岑寂名场尔许时。

诗的前半部写旧日朋友相聚的畅快场景，引出"宾酬主醉今诚少"的感叹，接着追忆容若的文章，回忆在一起值班的趣事，继而又提"那兰小字"，可见对容若的知情之深，诗中有"而今触痛伤枯槁"表明容若早逝刺痛曹寅的心。

综上所述，从明珠和曹玺到容若和曹寅的交谊，是父一辈，子一辈的两代人，历史上通家之好，而今各自以兄弟相称，是清圣祖的近侍，是朝廷的重臣，“天子察君忠勤”（张玉书《进士纳兰君哀词》）。以“朋友为肺腑”（顾贞观《祭文》）。

送别老师蔡先生

蔡启僔，字石公，号崑阳，浙江德清人。其父蔡奕琛，在明代官至吏部侍郎。蔡启僔生于万历四十七年（1619年），清康熙九年（1670年）“捷南宫，天子亲擢第一”中状元。任翰林院检讨，日讲起居注官。康熙十一年（1672年）任顺天乡试主考。容若为此榜举人，因成为座主。后坐“副榜未取汉军卷罹吏议”，引咎归故里。

康熙十二年（1673年）蔡先生归故里，容若《摸鱼儿·送座主德清蔡先生》词：

问人生。头白京国，算来何事消得。不如罨画清溪上，蓑笠扁舟一只。人不识。且笑煮，鲈鱼趁著莼丝碧。无端酸鼻，向歧路消魂，征轮驿骑，断雁西风急。

英雄辈。事业东西南北。临风因甚成泣。酬知有愿频挥手，零雨凄其此日。休太息。须信道、诸公衮衮皆虚掷。年来踪迹。有多少雄心，几翻噩梦，泪点霜华织。

词中以不平之语慨叹人生在世何必留恋京城，而且熬白了头，不如早些归隐故里，过着闲适自乐的日子。祸出无端，令人悲痛欲泣，天地不是很广阔吗，不做官也可以成就事业，话到此迎风泪下。要分手时，细雨蒙蒙，挥手以报答知己了。要知道那衮衮诸公虽然很得意，但是所获都是身外浮名，虚掷岁月。

蔡德清先生以小过挂吏议归里，容若作为弟子心中愤世不公，在写给老师的信中表示同情和慰藉。也是中国文学史上书信作品的佳作。

康熙十五年蔡德清才复官，十六年（1677年）升右春坊赞善，那时他患足疾，便坚辞回乡，“药炉茶灶，以图书自娱”。康熙二十二年（1683年）卒，享年65岁。

赠徐座主诗四首

徐乾学，字原一，号健庵，江苏昆山人。康熙十一年（1672年）八月任顺天乡试副主考。纳兰容若在此科考中举人，此后容若作《上座主徐健庵先生书》，实际这是一封书信，概括地说有五层意思：

一、应科举之试，发榜之日，诸位学生拜过老师。见老师其貌，听老师训词，令人神驰。回家告诉父母大人和朋友“吾幸得师矣”。在梦里也是“吾真得师矣”。

二、古人把亲情、老师、君主三者之谊并列，是说父母有养育之恩，老师有成人之恩，君主有用人之恩。师之道古今大不相同。今天说的老师，私塾的教书先生为老师，考试的主考官为老师，官场的郡县长吏也为老师。学生是向老师学习，一是学习如何考科举，二是在校建立人脉关系，因而不热衷学术、文章和道德的追求。

三、看一看历史，唐先有韩愈，后有李翱、皇甫湜都甘心做他的学生；宋有程颐、朱熹及杨时、游酢、黄干这些老师，可见古人师道，是“道德、文章、学术”三者并重。而今徐先生“不止得其一也”而“固兼其三矣”。

四、徐先生教诲说“为臣贵有勿欺之忠”开始不懂其意，甚至认为“少年新进，未有官守，勿欺在心”。后来读《宋史》，寇准说“何敢

徐乾学像

欺君”，曼殊也说“不敢欺君？”余方体味到“所谓勿欺者，随地可以自尽”。后来镌刻“勿欺”闲章，践履自己，“自砥砺奋发”。

五、徐乾学出示自己多年收藏的宋元诸家经解，使容若打开眼界，“承示宋元诸家经解，俱时师所未见”。容若表示“当晓夜穷研，以副明训”，向满汉文化的高层次攀登。

康熙十一年（1672年）因乡试壬子科“坐副榜未取汉军卷，与（蔡）启僔并镌轶调用（削官）”。翌年回江南故乡。韩菼《资政大夫经筵讲官刑部尚书徐公乾学行状》云：“同主试者德清石斋蔡先生雅服公，惟公之从。榜出，文体一变，以至于今，经者咸谓功不减欧阳子也。会有摭公取副榜不及汉军旗者，坐降级归。”容若遂以此诗送行。

《秋日送徐健庵座主归江南四首》：

江枫千里送浮飔，玉佩朝天此暂辞。黄菊承杯频自覆，青林系马试教骑。朝端事业留他日，天下文章重往时。闻道至尊还侧席，柏梁高宴待题诗。

玉殿西头落暗飔，回波宁作望恩辞。蛾眉自是从相妒，骏骨由来岂任骑？白首尽为酬遇日，青山真奈送归时。严妆欲发频相顾，四始重拈教咏诗。

不同纨扇怨凉飔，咫尺重华好荐辞。衡岳雁排回日字，葛陂龙待化来骑。斑斓正好称觞暇，丝竹谁从著屐时。弱植敢忘春雨润，一生长诵角弓诗。

惆怅离筵拂面飔，几人鸾禁有宏辞。鱼因尺素殷勤剖，马为郭泥郑重骑。定省暂应纡远望，行藏端不负清时。春风好待鸣驺入，不用凄凉录别诗。

徐乾学归江南时在秋天，凉风袭身，但容若诗中很沉稳，不急不躁。因为他了解这位饱学能文的老师，虽然“归江南”，只是“此暂辞”，您还是老师，朝廷上的事留他日来做，文章好坏看昔日成就，皇上曾走至侧席赞许您，将来的宴会还等待您的“题诗”。从第一首可概全。

第四首结句是“春风好待鸣驺入，不用凄凉录别诗”。大意是“春风”很快就会到来，人们像过去一样尊重、敬仰您，不用凄凉来概括这次离别的情景。

当天余情未尽，又赋。作《即日又赋》：

商飚猎猎帝城西，极目平沙草色齐。
一夜霜清林叶下，五原秋迥塞鸿低。
相将绿酒浮萸菊，莫向黄云听鼓鼙。
此日登高兼送远，欲归还听玉骢嘶。

诗中大意：秋风阵阵在北京西郊掠过，黄沙拍打着小草。夜里下霜使得树叶纷纷落地，大雁向南方飞去了，人们已经用香料泡上了酒，等您来享用。不必在深秋季节里听思人的小鼓咚咚之声。今天我登高送您，您若是回京走在这里，听到您的坐骑嘶鸣声，我照例迎接。

康熙十四年（1675年）徐乾学复原职，翌年迁右赞善，充日讲起居注官、《明史》总裁官、迁侍讲学士、进詹事，二十六年迁左都御史，擢刑部尚书。二十九年春，清圣祖玄烨赐御书“光芒万丈”。

秋射猎沽酒西郊

满族是一个有着悠久历史和文化传统的少数民族，其先世曾以传奇般的弓弩骑猎，生息繁衍在白山黑水地带。入关以后，仍保持精骑善射，骁勇尚武的习俗。

纳兰容若《风流子·秋郊记事》：

平原草枯矣，重阳后，黄叶树骚骚。记玉勒青丝，落花时节，曾逢拾翠，忽忆吹箫。今来是、烧痕残碧尽，霜影乱红凋。秋水映空，寒烟如织，皂雕飞处，天惨云高。

人生须行乐，君知否，容易两鬓萧萧。自与东君作别，刬地无聊。算功名何许，此身博得，短衣射虎，沽酒西郊。便向夕阳影里，倚马挥毫。

这首词描绘广阔平坦的草原上，草已经枯黄了，凉风习习。在落花时节记得春日骑着马来此踏青时巧遇游春的女子，忽而听到箫声，今天是旧地重游，此地有被野火烧过的痕迹。眼前哀烟如织，秋水映天，黑雕飞处，天惨云高。你可知道人生苦短，应懂得歇肩享受，年龄不饶人啊，两鬓很快就稀疏花白，人老了，功名利禄算得了什么，真不如买酒小酌来得惬意痛快，在夕阳中倚着马儿，吟诗作赋，来得潇洒乘兴。

这篇词作是纳兰容若的早期作品，时间应在康熙十二三年。《今词初集》载有副题“秋尽友人邀猎”。

徐乾学《通议大夫一等侍卫进士纳兰君神道碑》云：“君有文武才，每从猎射，鸟兽必命中”。到了中午吃饭的时候，因为很兴奋，则在西郊买酒。因为都累了，所以野餐吃得很香。

这天的射猎直到傍晚。容若词云：“便向夕阳影里，倚马挥毫”，在夕阳中饮酒高谈，吟诗作赋是令人生快的事。况周颐《蕙风词话》云：“意境虽不甚深，风骨渐能骞举，视短调为有进，更进，庶几沉着矣”。这是况氏从文学角度对容若词的评价。这些雄文小令正像李慈铭《越缦堂读书记》中说的“言其所作多于扈跸侍猎时得之，容或然也”。

忆香严词慰座师

龚鼎孳，字孝升，号芝麓。安徽合肥市人。明崇祯七年（1634年）进士，官兵科给事中。李自成入京城，授直指使。入清，历官礼科给事中、太常寺少卿、左都御史、刑部尚书。与钱谦益、吴伟业并称“江左三大家”，著有《定山堂集》《香严词》等，合辑为《定山堂遗书》。《定山堂·诗余》中有《菩萨蛮·上巳前一日西郊冯氏园看海棠》《菩萨蛮·同诏九西郊冯氏园看海棠》《罗敷媚·朱右军司马招集西郊冯氏园看海棠》。冯氏园在北京西郊，是明代的太监冯保的私园。

冯保初为明嘉靖司礼监秉笔太监，隆庆时改任提督东厂兼掌印御马监，万历时任司礼监掌印太监兼管东厂。内倚太后，外依奸臣，挟持小皇帝，并为自己建寺作为养老之所。

冯保别字双林，而寺称“双林寺”。终因横行和贪财被逐放到南京，抄没其家产，贬谪死于江南。到清初王槐撰写的双林碑，皆存，还有佛殿三重，前两重寺僧居之，后殿奉玛哈嘎拉佛，并住西域梵僧，另辟门于寺左侧。后三殿内供三大士塑像，壁有绘画。寺后有明阳洞及台榭，筑土为山，山前有塔七级，周围有僧塔十余座。汤右曾《过双林寺》诗：

紫竹院菡萏亭（冯黛虹◎摄）

高柳蝉鸣已到门，小桥雨坏昼昏昏。
茶香一勺知新味，鸿爪何年识旧痕？
乍落槐花秋梦冷，自翻荷叶午风喧。
痴人未用痴相惜，宝带华缨一笑论。

有人说冯氏园在“北京广安门外”或“北京阜成门外”，因没有具体地点，显得地域太宽泛，如在草桥或小屯则不属北京西郊。

《龚芝麓年谱》康熙十二年“公五十九岁，春奉命典会试”，纳兰容若出其门下。容若《浣溪沙·西郊冯氏园看海棠，回忆香严词有感》：

谁道飘零不可怜。旧游时节好花天。断肠人去自今年。
一片晕红才著雨，几丝柔绿乍和烟。倩魂销尽夕阳前。

上片写谁说春花的飘零凋落让人痛惜怜爱，想起旧时同游正是春花烂漫的时光，从今往后，旧游不再，花开花落令人肝肠寸断。下片写濛濛的春雨洒在一片春花之上，显出一片晕红之色，几缕嫩绿的柳丝，在迷离的烟雨中飘拂。夕阳西下之时，独自面对这美好的景色，不禁黯然魂销。这是一首遗怀之作，表达容若对老师的敬仰爱戴和追忆。并效仿龚老师的绮婉之笔，女性化的词语，抒发自己的感受。

龚鼎孳仙逝于康熙十二年（1673年），纳兰容若词中有“断肠人去自今年”“倩魂销尽”句，词作于康熙十三年（1674年）。

挽歌县令刘富川

刘钦邻（1644–1674年），字邻哉，号江屏，江苏仪征人。曾任广西富川县令，故称“刘富川”。他出任富川知县前曾在北京滞留，结识纳兰容若。

吴三桂像

清初，吴三桂、尚可喜、耿继茂原为明将，后降清。清初封吴三桂为平西王，守云南；尚可喜为平南王，守广东；耿继茂为靖南王，守福建。他们不但拥有重兵，而且占据数省。其中吴三桂以消灭南明最后的永历朝，并执杀永历帝朱由榔，立功独大，晋封亲王，留镇云南。按旗兵编制共53佐领，另外还有绿营10营，耿、尚二部驻镇广东（耿部后移福建）各有15佐领，也有绿营。顺治九年（1652年）孔有德在桂林被李定国部包围，自杀，无子袭爵，所部有其婿孙延龄统帅，驻镇广西。这四部的军队合在一起总达十余万。其权势随之恶性膨胀，至康熙初年，已发展成为新的地方割据势力，成为危害国家统一的症结。

清圣祖亲政数年悉知藩王已经势成尾大，甚非国家之利了。他们握有独立的军队，享有独立的财权，不受户部稽核。而且朝廷每年还要拨给他们军费2000余万两。

康熙十二年（1673年）十二月二十八日，吴三桂捆了巡抚朱国治，并杀害他，又拷打傅礼达等，自称“天下都招讨兵马大元帅”，为明朝复仇。康熙十三年（1674年）四月耿精忠反。康熙十五年（1676年）三月尚之仪，接受吴三桂的“招讨大将军”的封号，亦反。

同年（1674年）九月，清朝驻守广西的抚蛮将军孙延龄投降吴三桂，吴封他为临江王。他便派部将李秀发率叛军围攻富川县。刘钦邻招募乡军严守县城，与叛军相持五十多天。城破，刘率家丁力战，战败被俘。

李对他严刑拷打，他痛骂李贼，誓不投降。孙延龄多次诱降，他坚贞不屈，在留绝命词后，乘机投水自尽。

纳兰容若得知刘富川以身殉国的消息，悲愤地写下《挽刘富川》：

人生非金石，胡为年岁忧？
有如我早死，谁复为沉浮？
我生二十年，四海息戈矛。
逆节忽萌生，斩木起炎州。
穷荒苦焚掠，野哭声啾啾。
墟落断炊烟，津梁绝行舟。
片纸入西粤，连营倏相投。
长吏或奔窜，城郭等废丘。
背恩宁有忌，降贼竟无羞。
余闻空太息，嗟彼巾帼俦。
黯澹金台望，苍茫桂林愁。
卓哉刘先生，浩气凌斗牛。
投躯赴清川，喷薄万古流。
谁过汨罗水，作赋从君游。
白云如君心，苍梧远悠悠。

诗中抨击了三藩之乱给国家和人民带来的惨烈灾难，鄙视附逆小人的“连营倏相投”，执掌大权的官吏四处“奔窜”，歌颂了刘富川爱国爱民的光辉事迹，阐述了开倒车的都是对国家统一的撕裂的行径。容若评价刘富川“卓哉刘先生，浩气凌斗牛。投躯赴清川，喷薄万古流”。这是对人世间正义的宣示，张扬历史的正能量。表明刘富川值得世人永远纪念，名垂千古。

施尊师归穹窿山

道教是中国固有的宗教，源于古代的神仙信仰和方仙之术。始创东汉，以《道德经》《太平经》为主要经典，魏晋以后又有发展和流变。明清以后道教渐衰。

容若是个英气勃勃、求学求知的青年，除了饱读儒家之学，他还杂学旁搜，上下求索，涉猎佛教和道教，博学广纳拓宽知识面，不是信仰。其主流思想还是汉文化，践行“正心、修身、齐家、治国、平天下”的理念，光大门楣。

施道渊，字亮生，道号铁竹，横塘人，清初著名道士。幼为朝真观道士，十九岁受法于演真，初莅法席。顺治八年（1651年）重修穹窿山道观（址在江苏吴县太湖畔）委以施主。后被封为养元抱一宣教演化法师。康熙十五年丙辰（1676年）秋入都设醮。与二十岁的容若相识。施尊师离京时容若作诗七律《送施尊师归穹窿》：

突兀穹窿山，丸丸多松柏。
造化钟灵秀，真人爰此宅。
真人号铁竹，鹤发长生客。
天风吹羽纶，长安驻云舄。
偶然怀故山，独鹤去无迹。
地偏宜古服，世远忘朝夕。
空坛松子落，小洞野花积。
苍崖采紫芝，丹灶煮白石。
檐前一片云，卷舒何自适。
他日再相见，我鬓应垂白。
愿此受丹经，冥心炼金液。

诗的大意是有一座孤耸陡起的穹窿山，上面长满高大直挺的松柏。大自然把它造化得钟灵秀美，修行得道的人多住此。有位别号铁竹的道士，白发童颜。整天搧着羽扇，常在无际的云海里。有时想那穹窿山，驾鹤而去不留痕迹。虽然地方偏古，远离人间，可能得到落地的松子，小洞里也有野花簇拥。从山崖采到的灵芝，灶里煮石炼丹，檐前漂浮着祥云，卷舒很自然。来日再相见，我的鬓角应垂白了。祝愿你静心读经书，潜心地炼丹。诗中表现了对所送的人的留恋，祝愿他所从事的事业成功。诗作于康熙十五年（1676年）秋。

越日，纳兰容若《再送施尊师归穹窿》诗：

紫府追随结愿深，曰归形色乍骎骎。
秋风落叶吹飞舄，夜风横江照鼓琴。
历劫飞沉宁有意，孤云去住亦何心。
贞元朝士谁相待，桃观重来试一寻。

诗中“秋风落叶吹飞舄”句，透露出此诗作于康熙十五年（1676年）秋。

康熙十七年（1678年）施道源卒，享年六十三岁，生前著作《玉留堂语录》《穹窿山志》。

韶华进士却赋闲

康熙十五年（1676年）纳兰容若以二甲七名，赐进士出身，本应“榜下即用”，事实上却未授官职。中进士未与馆选，在清史上少有。姜宸英《纳兰君墓表》载：“今上重器君，不欲出之外廷。置名二甲，久之，授三等侍卫”。韩菼《纳兰君神道碑文》载：“以二甲名次，选授三等侍卫”。徐乾学《纳兰君墓志铭》载：“名在二甲，赐进士出身，闭门扫轨，萧然若寒素，容或诣者，辄避匿”。根据赵秀亭先生《纳兰容若康熙十七年始任侍卫考》，可知（容若）“出任侍卫在康熙十七年（1678年）秋，已是他中进士之后两年有余”。赵秀亭先生发现容若在任侍卫期间有四个短板。

一是卢氏墓碑，缺失夫婿官爵，只写“皇清纳腊室”。卢氏于康熙十七年（1678年）七月二十八日葬于京郊皂荚屯，容若无职任，也就是说康熙十七年七月前容若无官衔。

二是《卢氏墓志铭》载：“年十八，归余同年生成德，姓纳腊氏，字容若。乌衣门巷，百两迎归……容若身居华阀，达类前修，青眼难期，红尘寡合”。墓志铭中只说“同年生”和“身居华阀”，没有提到是侍卫。

三是徐釚《万年欢·赠长白成侍中》《万年欢》词集《菊花词二集》中载：“已未新正四日”为康熙十八年（1679年）正月初四，说明容若任侍卫必在康熙十七年（1678年）内。

四是《康熙起居注》载康熙十七年（1678年）秋冬清圣祖玄烨三次赴遵化。其中第二次，十月初三起程，初五至温泉。再巡北边，十一月初四回京。纳兰容若于康熙十七年九十月间，侧身钩陈豹尾之间。从而看出中进士后被无端闲置两年半，容若的心被揉磨。在此期间，妻子卢氏辞世的刺激，“赋闲”的煎熬，使容若陷入了憔悴与哀苦的境地，从而写下哀感顽艳的词章。

确立康熙十七年（1678年）容若始任侍卫的意义。一、推翻“康熙十五年（1676年）容若始任侍卫俨然已成定论之说，拨开近百年来错误结论。二、树立了康熙十七年（1678年）九十月开始侍卫生涯，凡牵扯到这段历史的各种资料皆应重写。三、纠正容若词中风格凄婉是单纯的丧妻之因，不排除索额图集团的谗言，而使容若陷入哀苦境地。赵秀亭先生在纳兰容若研究中提出了新思想，新观点，新论断，也使纳兰容若的身世得到更为合理的诠释。

诗赠叶讱庵庶子

叶方蔼，字子吉，号讱庵，江苏昆山人。顺治十六年（1659年）一甲三名进士，授翰林院编修。顺治十八年江南奏销案中被指控拖欠一文钱遭黜斥，世上有“探花不如一文钱”之说。事白，还故官。康熙十二年，充日讲起居注官。十四年迁国子监司业，再迁侍讲。十五年初迁左庶子。

纳兰容若《长安行赠叶讱庵庶子》诗：

长安旧是帝王宅，万户千门丽金碧。
歌钟甲第尽王侯，绣幰雕鞍照长陌。
纷纷入眼竞繁华，春日春光好谁惜。
春风初吹上林草，一夜雪深山尽老。
雪花飞来大如席，化作新泥遍周道。
角声呜呜破早烟，惊鸦飞去未明天。
青楼绮阁不卷帘，玉河冻合层冰坚。
只疑此际行人绝，宁知槐柳森成列。
经过借问此为谁，云是东南贡游客。
嗟哉人生何不齐，清者如云浊者泥。
忽忆昆山叶夫子，磊磊落落随所栖。
羡君著书穷岁月，羡君意气凌云霓。
世无伯乐谁相识，骅骝日暮空长嘶。
我亦忧时人，志欲吞鲸鲵。
请君勿复言，此道弃如遗。
闻道西山有瑶草，何不同君一采之。

诗的大意说，京师帝后居住的地方，千门万户装饰得金碧辉煌。听编钟音乐，用绣幰雕鞍都是王侯之家，个个都在比富斗豪，谁还在珍惜春光呢？春风初吹，苑中草木，一夜大雪山都白啦。那雪花大如席，融化后官道遍是新泥。号声冲破清晨炊烟，受惊的鸦雀飞走了。而青楼里面的人还没卷帘，玉河冻如坚冰。此际路上不见行人，可以想到路边槐柳成行。经过这里敢问您是何人，说是东南来的游客。人生取向怎么不一样呢？清者如云浊如泥。忽然记起昆山叶先生，他磊落豁达不在乎自身栖处。羡慕他著书伴岁月，仰视他品德凌云。世间如果没有伯乐，谁也不知道你，好马也会在日暮中长嘶。我也忧虑在社会上活跃一时的人，其志如吞鲸鲵。请你不用答复我，此道已废弃或被遗忘了。听说西山有仙草，为何不同你一道采用？

纳兰容若这首七言诗有四个特点：

（一）假托西北长安，实写北京帝都。明蒋一葵《长安客话》“长安”指代北京；

（二）写作时间是康熙十五年初至五月前方蔼迁左庶子期间，诗中有“春风初吹上林草”句；

（三）诗中有名言警句。描写北京气候生态有“一夜雪深山尽老。雪花飞来大如席”。描写人生坎坷的有“世无伯乐谁相识，骅骝日暮空长嘶”；

（四）容若敬重叶方蔼。有“忽忆昆山叶夫子”“羡君著书穷岁月”句，为后人留下珍贵的文化遗产。

康熙十五年（1676年）五月又迁侍学士。十六年，命充《孝经衍义》总裁，进讲《通鉴》，转侍读学士。十七年充《鉴古辑览》《皇舆表》总裁，经筵讲官，直南书房。后兼掌院学士，兼礼部侍郎。

康熙十八年，召试博学宏词，命方蔼阅卷，总裁《明史》。十九年，上以讲幄劳，加方蔼尚书衔。二十年授刑部侍郎。二十一年（1682年）四月去世。谥文敏，有《读书斋偶存稿》《独赏集》。他为官清廉，不治生计。《清史稿》载：“方蔼故廉谨，其卒，以板扉为卧榻，支以四瓮，布帐多补缀，无以为殓，见者多以为难能。”寿终时竟然“贫不能殓”被人敬仰。

净业寺观莲怀友

净业寺位于西城区德胜门内顺城街46号。明嘉靖三十七年（1558年）内官监太监袁亨、司礼监太监妙福等捐资兴建，额曰智光寺。后改为净业寺，清重修。寺坐北朝南，中轴线上依次有山门3间，硬山调大脊筒瓦顶。前殿3间，硬山筒瓦调大脊，一斗二升麻叶交麻。叶头斗拱。东西配殿各面阔3间，硬山箍头脊。后殿5间，硬山调大脊。西配楼6间。现存西配楼及前殿。

励宗万《京城古迹考》“莲花池旧名积水潭，在都城西北隅，东西亘二里余，南北半之，西山诸泉从高梁河流入北水关，汇此。池多植莲，因名莲花池。池上有净业寺，又名净业河”。《燕都游览志》载：“净业寺，从德胜门西遁城下行，经转得此寺”。《明水轩日记》载：“净

净业寿荷（选自《鸿雪因缘图记》）

业寺门临水岸，去水止尺许。其东有轩，坐荫高柳，荷香袭人，江南云水之胜无以过此”。

净业寺地处幽静，南临水岸，树木成荫，颇有江南云水之胜，尤为盛夏消暑之佳境，明清文人多至浏览。明嘉靖进士刘效祖，有诗《净业寺看莲》：“杖履吾何适，逢僧曲水边。三乘开宝地，六月涌金莲。雨过尘心净，风来爽气偏。净生闲自惜，不是为逃禅”。万历四十四年（1616年）进士袁中道，有《净业寺独坐》诗：“城西湖水剩清凉，古寺凌波树几行。一里芙蓉通太液，一方蒲荻宛潇湘”。清朱彝尊《净业寺看荷花》有：“香刹缘堤转，官桥信水流。绿云千万顷，不见采莲舟”。

康熙十二年（1672年）严绳孙（字荪友）与纳兰容若相识。康熙十四年（1675年）邀孙住其家，明珠府第在德胜门后海北岸，距净业寺甚近，容若曾与荪友同在净业寺观荷花。康熙十五年（1676年）初夏，荪友南归无锡，容若怀念他，作《金人捧露盘·净业寺观莲有怀荪友》：

藕风轻，莲露冷，断虹收。正红窗，初上帘钩。田田翠盖，趁斜阳，鱼浪香浮。此时画阁垂杨岸，睡起梳头。

旧游踪，招提路，重到处，满离忧。想芙蓉湖上悠悠。红衣狼藉，卧看桃叶送兰舟。午风吹断江南梦，梦里菱讴。

上片写六月二十四日“观莲”节，荷塘里风轻露冷，一段彩虹消退，夕阳映红了窗户，照到了帘钩上。荷叶田田，鱼儿游来游去，涌起涟漪，荷香阵阵飘来。这时净业寺岸边杨柳也被风一阵一阵卷起。下片写“有怀”。作者沿着寺院的熟路重走，美景依旧，但身边无人陪伴，顿时有孤寂之感。想到过去友人，现在是否泛舟游玩。记得那一次游玩所见美人躺卧船上，那是多么甜蜜。下午微风乍起，吹散了江南梦，又传来湖上优美的采菱歌。

此词作于康熙十五年（1676年）的夏秋之间，荪友尚未回京。

丙辰年生日自寿

纳兰容若结交的朋友，多数是汉族士子。但也有具有汉族血统的满洲旗籍人，比如张纯修。康熙初年，容若和张纯修相识后，互不以贵游相待，而以诗画交契，很快结成“异性兄弟”，互访中增进友谊。张纯修，字子敏，号见阳，辽阳人。隶汉军正白旗，以绘画擅名，累官安徽庐州知府，有《语石轩词》一卷。

容若和张纯修经常唱和，容若《瑞鹤仙·丙辰年生日自寿，起用〈弹指词〉句，并呈见阳》词：

马齿加长矣。枉碌碌乾坤，问汝何事。浮名总如水。拚尊前杯酒，一生长醉。残阳影里，问归鸿、归来也未。且随缘、去住无心，冷眼华亭鹤唳。

无寐。宿醒犹在，小玉来言，日高花睡。明月阑杆，曾说与，应须记。是蛾眉便自、供人嫉妒，风雨飘残花蕊。叹光阴、老我无能，长歌而已。

丙辰即清康熙十五年（1676年），十二月十二日，是容若22岁生日，作此赋抒怀自寿，年岁在长，却因赋闲而碌碌无为，浮名总是如流水，最实在的是桌前酒杯，应记住才高使人嫉，不要做风雨中残花蕊。不要说自己“老我无能”，应是“宿醒犹在”。

送马云翎回江南

马翀，字云翎，江苏无锡人。康熙十一年（1672年）举人。同年冬入京。康熙十二年（1673年）在京应癸丑礼部试，不第，与纳兰容若相识。康熙十四年（1675年）冬，马云翎复入京，参加康熙十五年（1676年）三月廷试，得王士祯的赏识，使马云翎名显，又有大诗人吴梅村的赞誉，故马云翎名盛。但换不来功名，无奈只好回江南。容若《送马云翎归江南》诗：

侧身宇宙间，长啸久独立。
之子我友人，南归事蓑笠。
交情如谷风，澹澹复习习。
吹君度江去，片帆春雨湿。
弃捐世所悲，予独为君喜。
君归葺屋南山里，燕麦青青才覆雉。
新莺啼过眠未起，笑看我辈红尘死。

诗作大意是说，人来到这世间，都是长啸久独立。你是我的朋友，咱们的友谊比和煦的风和恬静的雨还珍贵，你一路有春风春雨的陪伴，就说没有考好，又落第了也没什么，我反倒为你高兴。你终于能回到自己的家园。燕麦长高了可以遮住雉鸡，每天过着莺啼未起的悠闲生活比什么都好，而我还没有脱离这红尘的缠绕。

旬日之后，容若情谊未尽，作《又赠马云翎》诗：

岧峣最高山，山气蒸为云。
物本相感生，相感乃相亲。
吁嗟人生不可拟，君南我北三千里。
一朝倾盖便相欢，两人心事如江水。
君身似是秋风客，身轻欲奋凌霄翮。
语君无限伤心事，终古长江江月白。
世事纷纷等飞絮，我今潦倒随所寓。

惟愿饮酒读君诗，花前醉卧梦君去。

此诗为定交之作。诗中“物本相感生，相感乃相亲”，这是交友的真谛。是以思想上的共鸣和艺术上的同调为基础，这种沟通已突破官阶地位，甚至民族的界限。人以群分，相知乃相亲。“一朝倾盖便相欢，两人心事如江水。”相交相得，再见如故。两人的友谊如江水日夜奔流，借此劝慰“语君无限伤心事，终古长江江月白”。你心中那些不快之事，最终如江上明月那样清白。我能乐得“饮酒读君诗”并“花前醉卧梦君去”。

康熙十七年（1678年）秋，马云翎病逝于江南，年仅三十岁，存诗集《末学草》《蝶园诗》。秦松龄著《马云翎传》。

容若作《又柳枝词》：

长条短叶漾东风，寒食青郊处处同。
不待含烟兼带雨，春山一半绿纱中。
马卿苦忆红泥阁，我亦伤心碧树村。
病骨沉绵词客死，更谁攀折与招魂。
（“绿杨天半红泥阁，朱槿风前翠袖人。”亡友马孝廉云翎“柳枝词”）
池上闲房碧树围，帘文如縠上斜晖。
生憎飞絮吹难定，一出红窗便不归。
翠袖寒轻立画桥，江讴越吹激山椒。
看来都未关情绪，别向东风弄柳条。
只恐随风化彩云，梦回酒醒怨斜曛。
陌头自领行人意，可奈闲来便见君。
三春何处系人情，惟有垂杨傍户明。
月到帘拢遮不断，雨来池馆听无声。
萧条齐映白蘋洲，宛转青蛾恨未休。
梅雨过时憔悴了，年年无绪到清秋。

密护轩窗障小楼，从今不作少年游。
一生几许心闲日，不见相思见又愁。

此诗为怀念马云翎之作，诗中“马卿苦忆红泥阁，我亦伤心碧树村。病骨沉绵词客死，更谁攀折与招魂”。马云翎屡试不第，英年早逝，使人扼腕，祝愿他“只恐随风化彩云”。容若的《又柳枝词》里不但有寄怀之情，而且有交谊之恒。

相夫教子颜氏妻

纳兰容若有位夫人颜氏，因娘家无人做官，在容若家中地位不高，又因不善丹铅，故未留下有关文字。与容若交契深厚的徐乾学、韩菼、姜宸英也不以文辞。

盛昱《雪履寻碑记》卷十三记：“颜氏，并诰赠一品夫人。（富格）公为颜氏太夫人所出……颜太夫人苦节持家，茹荼集蓼，赖前膝有此佳儿，差以自慰”。

乾隆三年赵殿最撰文《富格神道碑文》载：“夫人卢氏、颜氏，并诰赠一品夫人，公为颜氏太夫人所出”。此碑中载：“公卒于康熙庚辰（即康熙三十九年（1700年）春正月，距其生年二十有六”。推知福哥（唐孙华记为傅哥，赵殿最记为“公讳富格”），生于康熙十五年（1676年），又据康熙十三年（1674年）娶夫人卢氏，颜氏归容若略早于卢氏，应在康熙十二年（1673年）。

颜夫人进入容若家门，不但温柔敦厚，而且相夫教子，是纳兰妻室中长寿之人，也是住在桑榆墅生活最长的老夫人。她见证了桑榆墅的繁华和衰落。雍正十三年（1735年）纳兰容若之孙瞻岱呈给新皇帝弘历一道奏折：“臣于十一月二十三日在宣接闻臣祖母讣音，五内崩摧，不知所措。臣祖母颜氏，现年七十九岁，抚育臣父子两世遗孤，苦节五十余年”。文献告诉我们，颜氏卒于雍正十三年，享年79岁。

从颜氏结婚和地位分析，她与容若初居在明珠府邸，后移居海淀镇南的桑榆墅。

纳兰容若《剪梧桐·自度曲》词：

新睡觉，正漏尽、乌啼欲晓。任百种思量，都来拥枕，薄衾颠倒。土木形骸，分甘抛掷，只平白、占伊怀抱。听萧萧、一剪梧桐，此日秋声重到。

若不是、忧能伤人，甚青镜、朱颜易老。忆少日清狂，花间马上，软风斜照。端的而今，误因疏起，却懊恼、殢人年少。料应他此际闲眠，一样积愁难扫。

注刻本作“湘灵鼓瑟”。此篇为负疚悔恨之作，词中有“平白占伊”“殢人年少”，早年没有在乎她的情感。“误因疏起”，且“懊恼”自己，此阕或为颜氏而作。

这首词以赋法铺叙，道出了幽婉深意。刚睡又醒，听到漏声已断，乌鸦啼鸣，天就要亮了。病身难起，默默无语，泪痕未消。任各种愁绪都来侵袭，只有在这枕间颠倒辗转，挥之不去。不扭捏造作，而自甘憔悴，只是为了得到你的温馨爱抚。那梧桐叶吹落，便透露出已到秋天，如果不是忧愁伤人，那么镜子里的容颜怎么会日渐衰老？记得当初年少轻狂，花间马上，意气风发，而今憔悴，有些疏懒，青春毕竟无法挽留，耽误了大好年华，料想他此刻也一样闲来寂寞。

琴瑟嘉通卢夫人

容若正室卢氏，其父卢兴祖，汉军旗镶白旗人。祖籍永平（今河北卢龙）寄籍奉天（今辽宁沈阳），曾任大理寺少卿。顺治三年（1646年）由国子监官学生授为工部启心郎（后改称郎中），为部下各司长官，是清朝入关后培养的第一代文化人。顺治十八年（1661年）迁广东巡抚，康熙四年（1665年）迁两广总督加兵部尚书、都察院右副都御使，六年（1667年）解职，旋死。

卢氏夫人于顺治十四年十月初五日（1657年12月10日）生于北京，长于广州，康熙十三年（1674年）与纳兰容若成婚。容若有诗“南国素婵娟，春深别瘴烟”（《茉莉》）。《皇清纳腊室卢氏墓志铭》载：“夫人生而婉娈，性本端庄，贞气天情，恭容礼典。明珰佩月，即如淑女之章；晓镜临春，自有夫人之法。幼承母训，娴彼七襄；长读父书，佐其四德”。卢氏多半时间居住在后海明珠府邸，时而居住在桑榆墅。

容若和卢氏二人婚后，过着“闺房知己，琴瑟嘉通”的生活。足可看出夫妻感情弥笃。卢氏虽然教养良好，但对诗词歌赋并不谙熟，容若又不善饮酒，闺房诗酒唱合之趣就谈不到了。卢氏嫁给容若仅三年，产子后患病，弥月离世，对于容若原本即深怀忧楚的心灵更加伤痛无比，可谓年轻丧偶，人生之大不幸矣。

在容若和卢氏人生最美好的年华里，过着花前月下，幸福美满的日子，突然天人永隔，使得容若无法接受事实。康熙十六年（1677年），容若在《青衫湿遍·悼亡》阕中说“难禁寸裂柔肠”。在《于中好·十月初四风雨，其明日是亡妇生辰》写有“几回偷拭青衫泪”。在《忆江南·宿双林禅院有感》（心灰尽）中说：“心灰尽、有发未全僧。”大意是容若心如死灰，除了尚蓄发外，已与看破红尘的僧人一样了。“风雨消磨生死别，似曾相识只孤檠”。

康熙十六年或十七年（1677年或1678年），容若在《眼儿媚·中元夜有感》（手写香台金字经）词中云“手写香台金字经，惟愿结来生。”大意是容若在中元节亲手用金粉抄写经文，祭奠亡妻，祈愿能在来生与卢氏再结连理。在悲恸欲绝中定神说一段情话：“谁是我唯一的知己啊，可惜，卢氏已经离我而去，从来是多情好似无情，不要说大好时光容易度过”。《荷叶杯·知己一人谁是》词作“知己一人谁是？已矣。”有人性的质问也有理性的回答：“她已离去”。康熙十六年或十七年七月前，容若《望江南·宿双林禅院有感》（挑灯坐）词中“憔悴去，此恨有谁知。”大意：而今你已香消玉殒，已经离去，而我心中无限幽恨又有谁能知道？

康熙十九年（1680年）五月三十日是容若妻子逝世第三年的忌日，本应逐渐淡去，减轻苦痛，没想到祭奠中又陷入了哀恸。本来“人生难得一知己”，“待结个、他生知己”。只是却因为她过早去世，在这里又多了一份担忧：到来生怕两人都薄命，两人风烛残年。容若《金缕曲·亡妇忌日有感》（此恨何时已）中有“待结个、他生知已。还怕两人俱薄命，再缘悭、剩月零风里。清泪尽，纸灰起”。

容若《采桑子》（谢家庭院残更立）阙中有“此情已自成追忆，零落鸳鸯。雨歇微凉，十一年前梦一场。”据此推知这首词作于康熙二十三年（1684年）。

容若一首《山花子》（林下荒苔道韫家）“半世浮萍随逝水，一宵冷雨葬名花。魂似柳绵吹欲碎，绕天涯。”成为悼亡词中的美文。

容若的悼亡词，令人不忍卒读，堪称古代悼亡词之最，并在以下几个方面有所发展：

一、把悼亡词提高到文学创作的题材；

二、使悼亡词达到形式和内容的统一，独立于文学之中；

三、通过悼亡的追忆，展现人物的心里美；

四、悼亡词表现手法多样性，而实在是平白才能感动人。

深闺秀中官氏妻

继室官氏，见徐乾学《纳兰君墓志铭》中载："继室官氏，某官某之女"。韩菼《纳兰君神道碑铭》中亦载："继官氏，封淑人，某官某之女"。难以确定某"官氏"的家世。幸有徐乾学《通议大夫一等侍卫佐领纳兰君墓志铭》载："继室官氏，光禄大夫少保一等公仆尔普（又译作额尔喷）女，封淑人。"官氏本系地名，因以为姓，其氏族甚望，分布及广，是满族八大姓之一。官氏其父仆尔普于顺治九年（1652年）四月袭一等爵，顺治十六年（1659年）十一月出任内大臣，康熙二十三年（1683年）四月晋升领侍卫内大臣，康熙五十一年（1712年）十二月卒于任。一直是侍卫衙门的长官之一。也是纳兰容若出仕至逝世期间的上司，官氏出生的"瓜尔佳氏"家族，据《八旗满洲氏族通谱》记载，瓜尔佳氏在朝中任职的官员达六百余人，可见官氏也是显贵世家。

卢氏于康熙十六年五月三十日卒，三年后，即康熙十九年继娶官氏。容若《新月》词：

晚妆欲罢。更把纤眉临镜画。准待分明。和雨和烟两不胜。
莫教星替。守取团圆终必遂。此夜红楼。天上人间一样愁。

词上片写新月如眉，借以思念亡妻。下片无心娶官氏，家人催促，而容若却不热心，"守取团圆终必遂"新婚燕尔，形成"天上人间一样愁"。"此夜红楼"句，看来住在桑榆墅小红楼。

纳兰容若《虞美人》词：

银床淅沥青梧老。屧粉秋蛩扫。采香行处蹙连钱。拾得翠翘何恨不能言。
回廊一寸相思地。落月成孤倚。背灯和月就花阴。已是十年踪迹十年心。

词中描写井边梧桐的落叶淅淅沥沥，她的脚步也在那蟋蟀声中消失。地上芳草小径幽幽，伊人的芳踪已失，唤不回来。走在伊人走过之处，那里已是苔痕碧草萋萋。在草丛中拾得她戴过的翠翘玉簪，心中涌动着伤感无法倾诉。在曾经相约的回廊处徘徊，又独立于花阴月影之下，浮想联翩。而今，天上明月依旧，地上人事已非，转眼已过了十年时间。

纳兰容若与卢氏在康熙十三年结婚，又“十年踪迹”，词作于康熙二十二年。赵秀亭《纳兰丛话》载：“卢氏归容若在康熙十三年。既云‘十年心’，词作期则在康熙二十二年。所谓‘拾得翠翘何恨不能言’，盖有新人在侧，欲说不能耳。词当作于纳官氏后。十九年已有‘重理’之议，娶官氏或在十九年、二十年间。”

纳兰容若《青玉案·宿乌龙江》词：

东风卷地飘榆荚。才过了、连天雪。料得香闺香正彻。那知此夜，乌龙江畔，独对初三月。

多情不是偏多别。别离只为多情设。蝶梦百花花梦蝶。几时相见，西窗剪烛，细把而今说。

词中描写春风席卷，榆荚飞舞，漫天的大雪刚过去，遥想你闺房的熏炉中香气正浓。你怎么会知道，我现在正在黑龙江上，一个人对着一弯新月。多情本不是为了分别，然而分别倒是专为多情人而设。与你身处离别，犹如迷离恍惚之梦境。我们何时才能相聚，在轩窗之下一起剪烛花，诉说我的衷情。

康熙二十一年（1682年）春，自三月二十六日至四月初六，纳兰容若扈从圣祖东巡，此词作于途中，表达孤身在外的离愁和对闺中官氏和颜氏的深切怀念。

沈宛住西郊别墅

康熙二十三年（1684年）春，容若给顾贞观的信中有这样的话："又闻琴川沈姓有女颇佳，亦望吾哥略为留意"。同年九月下旬，容若得知自己要扈从圣祖康熙皇帝南巡，于九月二十七日又给顾贞观写信："吾哥所识天海风涛之人，未审可以晤对否？弟胸中块垒，非酒可浇，庶几得慧心人以晤言消之而已。沦落之余，方欲葬身柔乡，不知得如鄙人之愿否耳？"没等顾贞观回文，容若履侍卫之职扈从圣祖已动身，至十一月末才回京。

在此阴差阳错间，顾贞观携沈宛于九月来京。正值清圣祖推行禁止满汉通婚，违者治罪。谁也顶不住"满汉不通婚"的禁令，谁也冲破不了"门当户对"的桎梏。因而容若不能明媒正娶，沈宛不能进明府拜见公爹、公婆，只能住在西郊别墅。当年年底，容若收沈宛为妾。

陈见龙前来贺喜，并作《风入松・贺成容若纳妾》词：

佳人南国翠蛾眉。桃叶渡江迟，画船双桨逢迎便，细微见高阁帘垂。应是洛川瑶璧，移来海上琼枝。

何人解唱比红儿，错落碎珠玑。宝钗玉臂樗蒲戏，黄金钏，么凤齐飞。潋滟横波转处，迷离好梦醒时。

容若《菩萨蛮》词：

窗前桃蕊娇如倦。东风泪洗胭脂面。人在小红楼，离情唱石州。

夜来双燕宿。灯背屏腰绿。香尽雨阑珊。薄衾寒不寒。

词中描述窗前桃花绽放，花蕊娇滴中带着几分倦意。春风徐来，雨丝也沁润桃花，仿佛是美人卸妆时楚楚动人模样。女子独自在小红楼里，等待自己的爱人，唱起那《石州》小曲，思念远方的未归人。

入夜后，燕子双双飞回梁上的窝巢。而她一个人透过灯光映照的屏风，熏香逐渐烧尽，春雨也要停歇，四周幽暗，她只盖一床薄被应该感到寒意袭来。

这首词是写容若与沈宛婚后，容若又行役，沈宛孤寂无聊等待的情态。

沈宛北上与容若结合，而清初满汉不能通婚，还没有冰释。因而造成他们婚姻的悲剧。沈宛住在京师什么地方，一直为人们所关注。《偕梁汾过西郊别墅》诗做了回答。表面是容若陪顾贞观路过，实际上是进过或去过西郊别墅。容若和沈宛碰到困难，作为容若好朋友的顾贞观不能不管，需要在一起分析解决的办法和探望沈宛，这也正是他们过西郊别墅的目的。容若有七言诗《偕梁汾过西郊别墅》：

迟日三眠伴夕阳，一湾流水梦魂凉。
制成天海风涛曲，弹向东风总断肠。

又

小艇壶觞晚更携，醉眠斜照柳梢西。
诗成欲问寻巢燕，何处雕梁有旧泥？

此诗是写实之作，从写景到写物均依生活描写。首先是诗题，“西郊别墅”是从北京的方位上说，在北京的西郊海淀镇一带；其次诗中有“一湾流水”似别墅中的大泥湾、小泥湾浅湖。“制成天海风涛曲，弹向东风总断肠”此句是写沈宛和容若婚事受阻，结局让人伤心。诗中暗含告诉人们沈宛并非住篮室之所，而是北京西郊别墅，仍为深宅大院。分析西郊别墅距离“桑榆墅”不会太远，或者说西郊别墅是桑榆墅的别名。

诗词往来诉衷肠

江南才女沈宛进入纳兰容若生活，双方两心相悦，是一个美好的结合。尽管还有关山相阻，但已做了最大的努力。从容若词令中可以看出他对沈宛的关怀、爱慕和抚慰。

容若《浣溪沙》词：

十八年来堕世间。吹花嚼蕊弄冰弦。多情情寄阿谁边。

钗斜灯影背，红绵粉冷枕函偏。相看好处却无言。

词中描述：十八年来你流落人间，吹奏歌音，拨弄琴弦，不知道你的一颗心寄托在谁身上。背对着灯影，紫玉钗斜插在发鬓上，梳妆用的粉扑早已抛在一边，我在家也默默欣赏，相看不厌，一时竟相顾无言。

词中“吹花嚼蕊”此句代指沈宛，此阕作于康熙二十三年初。

又

欲问江梅瘦几分。只看愁损翠罗裙。麝篝衾冷惜余熏。

可耐暮寒长倚竹，便教春好不开门。枇杷花底校书人。

词中说要问江边梅树清瘦了几分，只要看看她翠罗裙的腰肢便知晓了。被子凉了，熏笼的麝香也快燃尽，唯留下余香惹人怜惜。可挡不住夜幕的寒气袭人，她依然矗立在瘦竹之侧，即使再好的春光也难让人提不起开门赏玩的兴趣，就好像那枇杷树下的读书之人一样。

沈宛通诗词，为校书人，此阕作于康熙二十三年。

容若《遐方怨》词：

欹角枕，掩红窗。梦到江南，伊家博山沉水香。

浣裙归晚坐思量。轻烟笼浅黛，月茫茫。

词中描写深夜时分，他灭了青灯，掩住红色的窗子，斜靠着枕头，不知不觉进入了梦乡，梦到她手持博山炉，炉中散发出沉水香的香气。而她刚刚洗衣归来，独自静静地坐在那里思量着什么。此刻，薄烟笼罩着山川，月色茫茫。

词中有“梦到江南”，应是沈宛的故乡。此阙似赠沈宛。

容若《菩萨蛮》词：

惜春春去惊新燠。粉融轻汗红绵扑。妆罢只思眠。江南四月天。
绿阴帘半揭。此景清幽绝。行度竹林风。单衫杏子红。

此篇描写初夏时节，侍女伤春的情景。怜惜春色，春天却已离去，天气出现丝丝微热，脸上感到出现汗渍，梳过后只想睡觉，细心感觉一下江南四月的天气。珠帘半揭，绿树成荫，景色秀丽而幽静。竹林的清风，杏红衣衫，显得自然灵动。

此阙云“江南四月天”，应是康熙二十三年秋冬间容若去过江南，此阙非纪实之作，大概二十四年春季容若为沈宛作。

又

乌丝画作回纹纸。香煤暗蚀藏头字。筝雁十三双。输他作一行。
相看仍似客。但道休相忆。索性不还家。落残红杏花。

乌丝栏上写着一首相思的回文诗，用芳香的眉笔涂掉了藏头的首字，留给收信人去猜想。信上的字工整排列，最重要的句子那就是藏头第一句。刚刚相聚，彼此还未熟稔，仍一味要走，互劝别后不要想念。索性就不要回去吧，任杏花凋落也不去理会。

词中有“相看仍似客”并道“休相忆”，这是容若与沈宛同居数月，却有碍于满汉不能通婚，做不成合法夫妻，“相看仍似客”还有些生分。眼下沈宛要归省江南，容若劝别老想着这了，再作归计。此词为赠沈宛而作，时间在康熙二十四年春。

沈宛工词，通音律，不但是容若的爱妻，而且是知音和吟侣，沈宛有词集名《选梦词》，今不见传。康熙二十九年（1690年）由徐乾学的三子徐树敏从《众香词》中选出五阙刊行。品味其情感为孤苦凄凉系沈宛思慕怀念恋人或者容若之作。特兹录如下：

《长命女·黄昏后》：

黄昏后，打窗风雨停还骤，不寐仍眠久。
渐渐寒侵锦被，细细香消金兽。添段新愁和感旧，拼却红颜瘦。

《一痕沙·望远》：

白玉帐寒夜静，帘幕月明微冷。两地看冰盘，路漫漫。
恼杀天边归雁，不寄慰愁书柬。谁料是归程，怅三星。

《菩萨蛮·忆旧》：

雁书蝶梦皆成杳，月户云窗人悄悄。记得画楼东，归骢系月中。
醒来灯未灭，心事和谁说？只有旧罗裳，偷沾泪两行。

《临江仙·春去》：

难驻青皇归去驾，飘零粉白脂红。今朝不比锦香丛。画梁双燕，应也恨匆匆。

迟日纱窗人自静，檐前铁马丁东。无情芳草唤愁侬。闲吟佳句，怪东雨兼风。

《朝玉阶·秋月有感》：

惆怅凄凄秋暮天，萧条离别后，已经年。乌丝旧咏细生怜。梦魂飞故国，不能前。

无穷幽怨类啼鹃，总教多血泪，亦徒然。枝分连理绝姻缘。独窥天上月，几回圆。

沈宛这五首词写的很妙、很巧、很感人，犹如杜鹃鸣声甚哀。《长命女·黄昏后》一吐分手后，仍被新愁和感旧纠结。《一痕沙·望远》谁料是归程，惆怅恼恨，天还不亮，走到何处是尽头。《菩萨蛮·忆旧》写雁书蝶梦皆成杳无踪迹。《临江仙·春去》似喻自己到处飘零，因而“恨匆匆”。《朝玉阶·秋月有感》已感受到“枝分连理绝姻缘”，恨那满汉不通婚的礼教，使得有情人难成眷属。

二辑 明珠花园

尼雅哈（又称倪迓韩、倪迓汉）为满洲八旗军人，隶正黄旗。顺治二年为骑都尉，授佐领，因有劳绩得昌平土地。其子明珠六岁丧母，十二岁丧父，由他长兄郑库抚养成人。出仕后官至武英殿大学士，兼礼部尚书，加太子太傅。在上庄村建有明珠花园。

明珠在国家发展的关头，及时提出和采取主撤三藩、重满用汉、崇文重教、统一台湾、用辅治河。清圣祖称"凤阁清才、鸾台雅望、典章练达、服勤匪懈"以沃朕心。纵观明珠一生其政绩、其文业，不愧是中国封建社会的明相，清代杰出的满族政治家。

明珠在上庄建立花园是当时满族官僚的时髦建筑。康熙朝的辅弼重臣索额图则在距京三十余里的大舟坞建造花园，称"索家花园"。

支撑本章的论据：

一、上庄井碑有纪年；

二、思源庄围墙；

三、花园石刻额"花经"；

四、明珠出资修建三座庙，庙从祀相公牌；

五、明珠浚河架桥，村民有口皆碑。

满洲八旗有庄田

天命十年（1625年）努尔哈赤为镇压被征服的辽沈地区汉民的反抗，全面推行庄园制。到了皇太极时，虽然下令整顿庄园，缩小了庄园的规模，但并没有动摇庄园主的经济地位。清军入关仍念念不忘自己的庄园，发生了圈地，建立了新的庄园，成了八旗制度赖以存在和发展的基础。有圈占，后来出现圈换。这是一种粗暴的手段，抢夺民田，用落后的方式管理民田。就其范围来说，多在京畿地区，对于全国经济来说不起很大影响。

努尔哈赤缢杀叶赫部贝勒金台石、布扬古，收降德尔格勒，随努尔哈赤军队迁徙建州，入籍遍旗。金台石长子德尔格勒、次子尼雅哈、三子沙浑隶满洲正黄旗，德尔格勒被授予三等副将。尼雅哈娶墨尔齐氏为妻，生有四子：长子扬武（又译郑库、郑奎、振库），次子直泰，三子明珠（又作明住），四子国立。

清朝顺治元年（1644年）睿亲王多尔衮率清军进入北京，六月定议建都北京，清世祖福临谕旨“分列八旗，拱卫皇居”。同年十二月，世祖诏令：“凡近京各州县民人无主荒田及明国皇帝、驸马、公、侯、太监等死于寇乱者，无主荒田甚多，尔部可概行清查，如本主尚存，或本主已死而子弟尚存者，量口给予，其余田地，尽行分给东来诸王、勋臣、兵丁人等。”于是空前野蛮的圈地席卷京畿各地。被圈占的土地转移到旗人手里，故称“旗地”。从阶层上分，皇室圈占的土地叫“皇庄”，个别文献称“官庄”，归内务府管理。宗室圈占的叫“王庄”，有的文献称“宗室庄田”，八旗官兵圈占的叫“八旗庄田”。从实质上可分两大类，一类是皇帝和王公贵族、官僚圈占的叫“皇庄”和“王庄”；一类是八旗官兵按“记丁授田”的办法，分给八旗官兵的“份地”叫“一般旗地”。京畿包括昌平州，兵丁包括尼雅哈。《清会典事例》载：“顺治元年定，民间无主田房，拨给八旗壮丁每人三十亩。”尼雅哈为八旗军人，可得土地30亩，还可以从清政府领取马甲钱粮。一般旗地可分为旗红册地、旗余地、旗升科地。旗红册地又可分为原占地、圈拨地和带地投充地。

八旗军行止是按照五行生克关系确定方位，北方属水，土能克水，土黄色，故黄旗居北方，正黄旗圈占的地应该在京城北方。尼雅哈所分得“份地”，则在京城之北。清沿明制，将北京城分为中城、东城、西城、南城和北城。北城在北安门到安定、德胜门里并北关外，包括玉河站、皂荚屯地区。清顺治二年（1645年）清世祖谕户部云“闻贫民无衣无食，饥寒切身者众，如因不能资生，欲投入满洲家为奴者，本主禀明该部，果系不能资生，即准投允”。社会上很快出现汉民投允之风，原非得已，恐被霸占，而是投充保家。

清政府为了加强昌平州地方治安，“国朝满洲正黄旗驻防营，顺治二年（1645年）设守尉一员，防御二员，骁骑校一员，笔帖式一员，甲兵五十名”（见《光绪昌平州志》营卫志十六）。《八旗通志·土地志二》载：“国初，诸王、勋戚及八旗臣工，俸糈之外即赐园地，复按所属壮丁拨给垧亩。”“昌平州人……正黄旗，顺治二年至康熙十七年，拨给旗人地共三千二百三十七顷五亩三分”。

满人以政治势力强夺汉人的土地和房屋，延续到光绪年间。旗人有了土地，又有了奴仆，农村逐渐出现各种“庄田”，并相应建立管理制度，设立庄头，只管招佃，并不直接组织生产。地主剥削的地租并不是用来交换或扩大再生产，而是用于个人生活享受，骄奢淫逸。所以农业也不能突破旧的生产关系来继续向前发展。尼雅哈、郑库的庄田在皂荚屯、上庄一带，按满洲正黄旗军人应有“份地”和“赐域”。“涓于今年（康熙五十六年）冬十月望乙未奉公葬于昌平州皂荚屯之赐域”。

尼雅哈病逝，明珠由其兄郑库抚养。到了顺治五年，朝廷拨给满洲官员住房。《八旗通志·营建志》载：“顺治五年提准，一品官给房二十间，二品官给房十五间，三品官给房十二间，四品官给房十间，五品官给房七间，六品、七品给房四间，八品官三间，护军、领催、甲兵，给

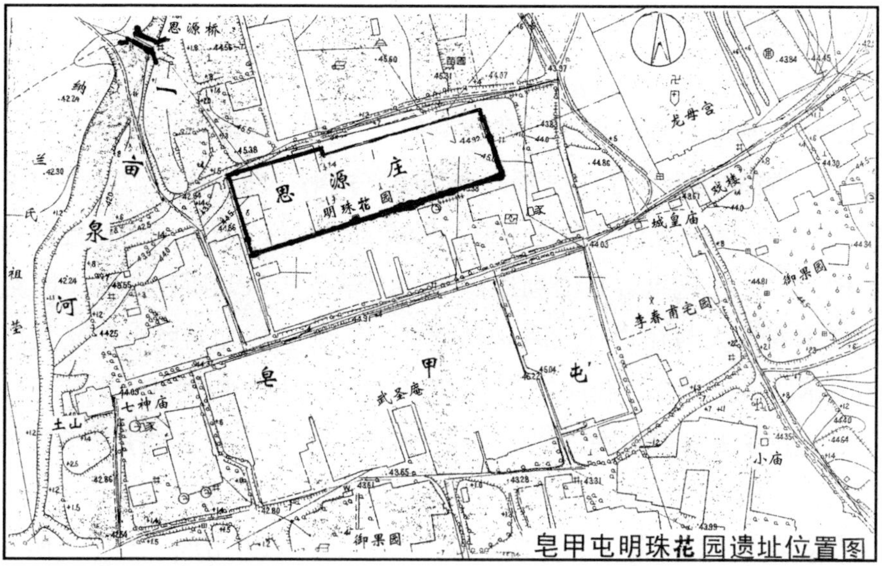

皂荚屯明珠花园遗址

房二间”。郑库袭骑都尉，官至四品，应该在城里分得十间房。

张一民文载：“据清内务府档案《会计司呈稿》：‘永安祖魁绪后嗣另门分居之那伦、那什等名下’的庄田”，“身祖瞻岱名下原有雍正九年分给岫岩等处地九顷三十亩，交庄头王明等承种。”文中永安即成安，是玉琳之子，魁绪即揆叙，明珠次子，那伦系瞻岱长子，岫岩为辽宁省丹东市的岫岩县。

村中耆老皆知明珠家有三庄，即永泰庄、思源庄、新庄（又称新立村后并入上庄），其中思源庄中有“量银场”后来讹传为“晾银场”。《八旗通志》载：“近京畿百姓带地来投，愿充纳粮庄头者，各按其地亩为纳银庄头，后有愿领入官地亩，设庄纳银者，宜为纳银庄头。”以投户为庄头，每年纳银收租，又称银庄。皂荚屯北侧的思源庄并非是兑银子的铺面，也不是制作金银配饰的首饰楼，而是每年用粮、果折合成银两交租的地方，又称银庄。皂荚屯故老相传“思源庄是明府家的”。此话不虚，检思源庄的文献，发现《重建龙王圣母庙碑之记》载：“孰不谓左右村人有志向善”，其中有“思源庄众善人等”。这是刻在石碑上的历史文献。

新立庄并入上庄

原北京西郊农场的果树一队南侧有一老井，井旁黄色花岗岩石，高120厘米，宽30厘米，厚20厘米，镌刻阴文楷书“新立庄”。老住户说新立庄村西、村南的人陆续搬进庄来，形成新的村落。《北京市海淀区地名志》载：“上庄这里曾是清朝康熙年间大学士明珠的所建花园，园荒废后，许多看坟人与住户迁入时称新立庄”。新立庄之名顾名思义是新建立的村落，后来简称“新庄”。“新庄”之名首见于康熙五十五年（1716年）《重建龙王圣母庙碑之记》一直到雍正十二年（1734年）《重修关帝庙碑文》中还记“新庄”，此后不见记载。新庄的人成为上庄的住户。

光绪十年（1884年），《畿辅通志》昌平州图中出现“上庄”地名。光绪十一年缪荃孙、刘万源《光绪昌平州志》明确记载“上庄村”，采访册云“距城（昌平县城）二十五里，东至皂甲屯一里，南至大牛房六里，西至常乐村四里，北至东小营二里，东南至小榆河六里，西南至大马房四里，东北至永太庄三里，西北至八家村四里”。地名是一种社会现象，初称“新立庄”的名字，又简化为“新庄”，最后并入“上庄”充分说明康雍乾年间，社会处于发展时期，人口增多形成很多新的聚落。《说文解字注》云“上，二，高也。此故文丄”。庄即村庄，组合在一起成为高高的庄或上上的庄。为叠词，赞美之意。

上庄井碑有纪年

《重修榆河乡东岳行宫碑记》载：“榆河乡中皂荚屯者或云昔造甲处，其地平原广野，土厚水甘。”适合建造花园。花园中部靠北称“明府花园”，西部称“西花园”。在西花园北部有小山，山前有井两口，前者为北街民众饮水的井，后者为“四眼井”用来浇地取水。前者有井

明府花园内井碑（冯黛虹◎摄）

碑镶嵌在井北墙上。碑首蟠龙高二十厘米，碑身高三十八厘米，碑座高十八厘米。石质汉白玉，碑身铭文“大清井泉龙王神位”。清初书写习惯加“大清”二字，以示清国入主中原，号令天下。落款为“辛丑岁葭月”，辛丑为顺治十八年（1661年）。

在古籍中对于井有很多的解释。

（1）凿地取水的深坑。《易·井》云：“改邑不改井。”孔颖达疏：“古者穿地取水，以瓶饮汲，谓之为井”。

（2）形状像井的东西，如天井，矿井。

（3）古制八家为井，引申为乡里，家宅，人口聚居地。陈子昂《谢赐冬衣表》“三军相庆，万井相欢”。

（4）形容整齐，如秩序井然。

（5）井是泉水的代称。《吕氏春秋·本味》“水之美者，三危之露；昆仑之井”。高诱注“井·泉。”

（6）《齐民要术·秋葵》“井，别作桔槔、辘轳”。注“井深用辘轳，井浅用桔槔”。

今人张清常先生说“胡同借自蒙古语水井”。蒙汉两族在元大都杂居共处，往来密切，语言交流相互借词不少。汉族在街巷道路等外增加了蒙古语，写成“胡同”“湖洞”等10种形式，而“胡同”最流行……后来也增加了“小巷义”（《北京街巷名称史话》）。

顺治十八年（1679年），明珠任内务府郎中，处于官运上升期，博览古籍，好书画，好建园亭。在上庄村建明珠花园顺理成章。康熙二十一年（1682年）十一月，明珠加赠太子太傅，上庄村的花园亦称“明府花园”。

明府花园内四眼井（冯黛虹◎摄）

纳兰容若《虞美人·绿荫帘外梧桐影》词作中有“玉虎牵金井”，玉虎，井上的辘轳，金井，井栏上雕饰之井。容若《如梦令·正是辘轳金井》辘轳，井上取水的起重装置。容若《忆江南·宿双林禅院有感》（心灰尽），中有“淅沥暗飘金井叶”。金井：井栏上有雕饰之井，淅沥：小雨淅淅沥沥地下个不停，落在装有雕饰的井栏上。

北京上庄镇的上庄村井碑虽小，但上面的年号已透露出明府花园的始建时期，成为明府花园的纪年。

明府花园有遗存

在清初的圈地中，尼雅哈和其子郑库、明珠所分得的土地，一部分用作坟地，一部分改做花园。世居在上庄地区的村民口传“明府花园”，有的说成“明朝花园”，实为明珠家族的乡下别墅。在皂荚屯一带，老乡都称为明府花园，也有一部人误传为明朝花园，其规模不如皇家和王府花园那么豪华，但可能是小巧玲珑，优雅别致，更富有自然野味，田园景色之美一定是可观的。1990年2月17日，上庄村倪德福，时年85岁，他说“纳兰家先有坟地，后有花园，现在的四眼井，就是用来浇花的”。

明府花园后墙（局部）（冯黛虹◎摄）

井碑透露出这里烟生齿繁，是早已被开发出的“熟地”。

康熙年的明府花园，南临玉河，河上架有永通桥（又称马房桥）和永福桥（又称玉河桥）。西北临龙湾子，河上有四虎桥、小桥（又称后门桥）和思源桥。花园呈长方形，东西长，南北短，花园占地200余亩，东西长656米，南北宽214米。花园正中间有更道，南达永通桥，北达小桥。更道以东的北面有马场，南面有车马库；更道以西的北侧有“西花园”，南部偏东有莲池，在马圈和莲池之间有东门口，在西花园和莲池之间有西门口，花园更道之南有大影壁，再南为花园大道。大道西有娘娘庙一座。而今更道、马圈、莲池、北小桥、车马库、西花园、东门口、西门口、大影壁、娘娘庙、四眼井、后门桥均称为上庄村街巷中的地名。西花园中有四眼井，以供上庄西街民众饮水，俗称“北头大井”。井壁为青砖，井口直径2.3米，上覆石条，有提水圆眼四个，每个圆眼68厘米。

明府花园东北角围墙（冯黛虹◎摄）

莲池中有散落的汉白玉镂空石板，长152厘米，宽75厘米。花园西北角有鱼神庙，此庙建在龙湾子河中，水中有柏木钉做基，上面横摆石条五层，每层宽50厘米，并用灰海墁夯实，再上砖筑小庙，有龛洞，供奉鱼神。

花径石额露真容

明府花园“花径”石刻（黄兆桐提供）

1992年2月底，在上庄村明府花园西北角的西花园，村民朱长礼，时年五十岁，在此发现了“花径”石刻额。长120厘米，宽30厘米，“花径”二字，字体清秀遒劲。对于研究西花园及明府花园提供了重要的实物资料。

在纳兰容若词作里有花径描写，如《鬓云松令》：

枕函香，花径漏。依约相逢，絮语黄昏后。时节薄寒人病酒。刬地梨花，彻夜东风瘦。掩银屏，垂翠袖。何处吹箫，脉脉情微逗。肠断月明红豆蔻，月似当时，人似当时否？

这首词是怀念恋人的，词中“枕函香，花径漏。依约相逢，絮语黄昏后”。枕头上留着她睡后的余香，花径里尚有春意。你在花径下徘徊的倩影，流露出少女的情怀。温柔的絮语，使黄昏也变得如此美丽。词作于康熙十六年前。

容若另一首《琵琶行·中秋》：

碧海年年，试问取，冰轮为谁圆缺？吹到一片秋香，清辉了如雪。愁中看好天良夜，争知道尽成悲咽！只影而今，那堪重对，旧时明月。

花径里，戏捉迷藏，曾惹下萧萧井梧叶。记否轻纨小扇，又几番凉热。只落得，填膺百感，总茫茫，不管离别。一任紫玉无情，夜寒吹裂。

词中“花径里，戏捉迷藏，曾惹下萧萧井梧叶。记否轻纨小扇，又几番凉热”，描绘了花前月下二人相会的景致。下片回忆中秋时刻在鲜花小径追逐嬉戏，惹得梧桐树叶纷纷飘落，还记得轻纱团扇陪伴了几个深秋。这都是旧时明月，留下的甜蜜回忆。词作于康熙十七年前。

姜宸英游城北庄

姜宸英（1628–1699）清诗文家，字西溟，号湛园。浙江慈溪人。康熙十八年（1679年）荐博学鸿词，荐入明史馆。纂修《刑法志》，又入《一统志》局为分纂。康熙三十六年成进士，授翰林院编修后二年充顺天府乡试副考官，以物论纷被劾罢，卒狱中，与朱彝尊、严绳孙称“江南三布衣”，著有《姜先生全集》。

姜宸英像

姜宸英《容若邀游城北庄移舟晚酌》诗：“散漫杨花雪满堤，停船只在画廊西。东风底事吹归急，不管狂夫醉如泥。”

城北，京城的北部。明人张爵《京城五城坊巷胡同集》作于明嘉靖三十九年（1650年），记述了北京中城、东城、西城、南城和北城三十三坊的名称。其中城北在北安门至安定、德胜门里并北关外。北关外又包括土城、小关、清河、巩华城、玉河站、皂荚屯。

姜宸英的诗中“杨花满堤”，有“停船”，地点在“画廊西”，时间上已是“东风”的春季，人物中有“狂夫”。从地点上分析应在城北皂荚屯。此地是水乡泽国，皂荚屯自元就有皇帝御点的“皂甲纳钵”之名。纳钵又称捺钵，是皇帝出行的行营。明代建烟墩，急递铺，清代明珠家族葬此，使皂荚屯声明远播。

明府花园在纳兰容若眼里为“郊园”。一是建筑规制为“园亭”；二是京师的“北郊”。容若《郊园即事》诗：“胜侣招频懒，幽寻度石梁。地应邻射圃，花不碍球场。解带晴丝弱，披襟露叶凉。此间萧散绝，随意倒壶觞。”

这是一座招友来到北郊的皂荚屯郊游的明府花园。这里有花圃，有射猎场，有球场，有石桥，有花草绿树的点缀，没有长者的管束，成为贵族游玩和作乐的最佳地方。

康熙二十四年五月，纳兰容若病逝，好友徐炯写有《挽诗》后被收录到康熙刻本《通志堂集·附录》中。“惨澹郊原色，槐风咽暮茄。土中埋玉树，天上别灵槎。古道通门旧，高文举世夸。言寻读书处，涕泪洒青霞”。

诗中描写皂荚屯的明府花园有些惨淡，槐树经风后有些咽悲，土中的埋有玉树，天上的有灵槎。皂荚屯东有秦汉古道，明清以来有民间称之为的骆驼道。此道可达南口镇、居庸关，西通大同，北通蒙古高原。词中“古道通门旧”指北京西北古道，距纳兰家老宅门不远。“言寻读书处”是说纳兰容若上官学期间或假日，曾在此读书。徐炯回忆起来这些往事潸然泪下。

端午雨眺红桥路

六环路上“横桥”（冯黛虹◎摄）

纳兰容若，学识渊博，通晓文史，其先祖为蒙古人，姓土默特，名叫胜根打喇汉（又译作星息达尔汉、星根达尔汉）。容若从姓氏的层面他留心金代历史，从史学层面他留心满族历史，从亲历层面更加效忠于大清国。容若有《五日》《午日雨眺》词作，词中“红桥路”和元帝文宗有关。

至治三年（1323年），御史大夫铁失等弑英宗于上都南坡。届时也孙铁木耳以晋王总大兵于漠北，被拥立为帝，史称泰定帝。泰定五年（1328年）七月，泰定帝在上都清暑期间病逝。丞相倒剌沙和梁王王禅等立九岁的皇太子阿剌吉八继位，是为天顺帝。而留守在大都的签枢密院事、钦察人燕铁木儿乘机发动政派兵变。他以他家时代掌握的京都宿卫军精锐钦察军为主力，封锁府库，拘收百官印信，派兵扼守居庸诸隘，并遣使迅速迎接出居江陵的武宗次子图贴睦尔来京。图贴睦尔途径汴梁，河南行省平章伯颜大征兵丁，发兵护送北上。

九月图贴睦尔接帝位于大都，改元天历，史称文宗。当时，他的哥哥和世琜还远在阿尔泰山以西之地。文宗在即位诏中曾表示“谨俟大兄之至，以遂朕固让之心”。并遣使迎接和世琜回朝。

扈从去上都的军将家属都留在大都，事变发生后，他们先后脱身南走。阿剌卫指挥脱脱木儿、贵赤卫指挥使脱迭也率军来归。因而增强了大都的军势。

上都兵分道进攻大都。王禅等率军南迫榆林，燕帖木儿乘其不及布阵，立即发动进攻，北军败走。这时另一部上都军由诸王也帖木儿与辽东平章秃满贴儿率领，已自辽东抵迁民镇。文宗急令燕帖木儿东出蓟州抵御。燕帖木儿正挥军东向时，王禅兵又重新过来，袭破居庸关，逼近昌平。燕帖木儿于是分兵令脱脱木儿往御辽东兵于蓟州檀子山，自己与北军大战于红桥，再战于白浮，双方胜负难分，竟相持三日。入夜，燕帖木儿出奇兵跳敌阵，夹营以吹铜角作为疑兵。北军惊骇大乱，自相撞击，弃营夺路逃走。燕帖木儿乘胜追至昌平以北，王禅单骑亡走。燕帖木儿进一步收复了居庸关，分兵三万，加强防守。又经数十次厮杀，文宗和燕帖木儿很快取得胜利。

（元）熊梦祥《析津志》中有昌平县桥梁条中“双塔一，即江桥，立燕帖木儿碑处，此乃去白浮村五里许。龙王泉祖之庙，为诸泉水之始”。双塔附近没有江桥，缘何出现江桥？笔者以为：一是红桥、江桥字形貌似；二是刻板后熊梦祥对讹字失校。

明代已降，《永乐大典》中载：“双塔一，即红桥，立燕帖木儿碑处，此乃去白浮村五里许”。显然采录熊梦祥的《析津志》，没有新意。《明

横桥门牌（冯黛虹◎摄）

一统志》谓之涧河，发源八达岭下。东南流出南口外，至狼窝潜伏，山水发时，下流迳北小营村东，红桥村西，双塔村北，入北沙河。

清康熙年间，纳兰容若去过昌平州红桥，并留下两首词作。

容若《卜算子·五日》：

村静午鸡啼，绿暗新阴覆。一展轻帘出画墙，道是端阳酒。

早晚夕阳蝉，又噪长堤柳。青鬓长青自古谁，弹指黄花九。

这首词描写端午节中乡村小景：村庄里一片宁静，正午后有几声鸡鸣。这里春意盎然，绿树已经成荫。掀起珠帘，刚出门就能看到酒幌子伸到了画墙，预示着酒铺里卖雄黄酒。夕阳笼着双塔河长堤，蝉声阵阵不停，自古以来又有谁能保持浓黑的鬓发，时光飞逝，马上就到重阳节。

作者以白描手法绘制一幅昌平州端午村景图。动中有静，画面感极美，表现农村原生态生活氛围。

容若《摸鱼儿·午日雨眺》：

涨痕添，半篙柔绿，蒲稍荇叶无数。空蒙台榭烟柳暗，白鸟衔鱼欲舞。红桥路。正一派、画船箫鼓中流住。呕哑柔橹，又早拂新荷，沿堤忽转，冲破翠钱雨。

蒹葭渚，不减潇湘深处。霏霏漠漠如雾。滴成一片鲛人泪，也似汨罗投赋。愁难谱。只彩线、香菰脉脉成千古。伤心莫语，记那日旗亭，水嬉散尽，中酒阻风去。

这首词描写雨后双塔河水涨，水面已涨至半蒿，沿岸和水浅的地方长着一片片蒲柳和荷叶。楼台掩映，柳枝暗沉，白鸟衔着鱼儿起舞，桥外的水路上一派画船齐发，萧鼓阵阵，流连在水中央。随着轻柔的划桨之声，船已拂过新荷，沿着河堤忽转，冲破所下的雨。长满芦苇的洲渚，多么像潇湘之地的深处。烟雨空濛，小雨丝丝，愁意难书。只有把彩线缠裹香菰和叶裹黏米的粽子投到水中，重复着这千年古习，用来平抚那些伤心事儿。记着一次端午时候，在酒楼处泼水嬉戏，人们散尽了，我饮酒至半酣，在扑面的风中踏上归途。

容若之所以能去红桥访古，一是心中有强烈的求知欲望；二是路程不远。由皂荚屯去红桥3公里，由桑榆墅去红桥14公里；三是端午节又称“沐兰节”，又是契丹、女真族的“走马射柳”之俗。

此作非扈从而作。康熙十五年（1676年）至康熙十七年（1678年）二年多的时间，容若本为好古之儒，便去红桥采风，并留下多感伤情的词。

自光绪年后对元代两都鏖战和红桥变迁均有记录。光绪五年（1879年）设局修纂，十二年（1886年）成书的《光绪顺天府志》载：“文宗天历元年（1328年）八月丁未，雅克特穆尔遣其弟萨都守居庸关，腾吉斯屯古北口。壬子，托克托穆尔帅其军自上都归，即命守北口。癸丑，上都诸王以兵分道攻大都。九月庚申，朔，雅克特穆尔督师居庸关。己巳，遣萨都拒辽东兵于蓟州东流沙河。敖拉守居庸关（元文宗纪）。甲戌，诏：雅克特穆尔将兵出蓟州，拒图们岱尔（即也先帖木儿）。乙亥，上都旺沁兵破居庸关，将士皆溃。雅克穆尔军次三河。丙子。旺沁游兵至大口（今清河西）。雅克特穆尔还军次榆河。帝出齐化门视师。辛巳，雅克特穆尔与上都军大战于白浮之野（在昌平州东南）。败之。癸未，旺沁等收集散亡，復来战。雅克特穆尔列阵白浮，西敌不敢犯。至夜萨都、托克托穆尔前后夹攻，败走之，追及于昌平北（元史列传作昌平栗园），斩首数千级，降者万余人。乙酉上都兵入古北口，将士皆溃。”

《光绪昌平州志》大事表第五载：“致和元年八月，调诸卫兵守居庸关及卢儿岭。九月，上都王禅游兵至大口，雅克特穆尔迎战于榆河，败之，追奔至红桥北，又败之。师据红桥，大战白浮之野，雅克特穆尔手刃七人于阵，败之，王禅收集散亡复来战，雅克特穆尔列阵白浮之西，至夜萨敦托克托穆尔前后夹击败走之，追及于昌平北，斩首数千级”。“至顺治二年（1333年）三月，发通州官粮赈昌平等处饥民。四月诏建雅克特穆尔生祠于红桥南，树碑以记其功。五月次红桥，临视雅克特穆尔生祠”。

同书载红桥今废：“在州西南十五里。元文宗燕铁木儿建祠立碑处也，今桥亡，而村仍名红桥。”《红桥村采访册》：“距城（昌平州城）十二里。东至马池口三里，南至双塔三里。西至四家庄六里，北至上念头六里，东南至楼子庄三里，西南至古城二里，东北至下念头二里，西北至小营四里。”

横桥东街（冯黛虹◎摄）

进入中华民国，典籍中不见“红桥村”的记载，而《民国四年（1915年）昌平县图》标为“横桥村”，《冀东分县图昌平县》标为“横桥村”。1941年7月至1942年2月《昌宛联合县佐公署行政区划示意图》标“横桥村”。民国三十七年（1948年）三月印《河北省昌平县全图》标为“横桥”。1997年出版的《北京市昌平县地名志》亦有“横桥”词条“马池口镇辖村，位于镇西南部，在镇人民政府驻地西南二三公里、县城西南六七公里。东北距马池口2.2公里，南距海淀区上庄乡双塔村2.2公里。西南距土城1公里，北距昌平火车站1.5公里。元代成村，称红桥村，因桥得名，明初设军屯。后演变为今称。村域面积4.3平方公里，聚落占74万平方米，呈东西向矩形。以村委会驻地为中心，两条主街呈十字形交叉。东南向街长1300米，混凝土路面。南北向街长800米，沥青路面，均宽6米。有647户，2324人”。

对于容若词中“红桥路”，论者一种认为《浣溪沙·红桥怀古》

有“旧时明月扬州”句，认为红桥载扬州。一种认为容若扈从清圣祖南巡扬州，是在十月，而词中时间是五月，故“红桥路”不在扬州。一种认为“红桥路”中红桥是一般的赤色阑，应是泛指。笔者以为容若词中“红桥路”应是元代昌平州红桥村。研究“红桥路”的历史地理，对于理解容若《午日雨眺》词尤为重要。

横桥社区（冯黛虹◎摄）

玉黄李子贡果园

皂荚屯南侧有个果园叫南园子。因在东园子之西又称西园子。皂荚屯东侧有个果园叫东园子。两园皆为康熙年间明珠在皂荚屯开辟的园圃。后来交给汉军镶黄旗的应氏经营，自产自用，时而送进宫里让文武官员尝鲜。雍正年间将这两个园子收为内务府掌仪司管理。改为每年征赋（缴纳果品）。《大清会典》载：“凡果园之赋核焉”，则有掌仪司查核具题。果品下树后派人将果品送至西华门外南长街织女桥掌仪司衙署查验。然后将成车的果品送到该司下属的果房。这两个园子因产李子、白梨、山里红受人喜欢，誉满京城。南园子称为御果园，东园子称为官果园。昌平西贯市学者麻兆庆《昌平外志》云：“吾乡皂甲屯，有御果园，例贡李，色紫味甘，他李不及也”。最后一次往宫里送李子是由应选宽送去的，应选宽家住皂荚屯南街西头路北。1935年出版的《旧都文物略》一书云：“李有朱、绿李，玉黄李”。产于延庆县玉皇庙村的“玉黄李”，产于密云县的“绿李、朱李”，产于京郊皂荚屯的“玉黄李”，直到当代仍是京都特产。

南园子在皂荚屯南，出产李子、白梨、山里红。李子是向朝廷纳赋上税的贡品。昔日果园面积70余亩，其土是用骆驼从他处驮来的。所产李子个大，紫红色白霜，香甜可口。农历六月至八月成熟后，柔软多汁，肉质细脆。时间经过了上百年，果农换了数代，果树换了数茬，经历数百次风雨，培育李子的技术终于传承了下来。应志增家住御果园，满洲正黄旗人，昔日嫁接的李子树就在门外菜园中。1968年生产队将南园子的李子树全部刨光，改成农田，菜园子中的李子树属于自家的树木，得以幸免。树径达20厘米，树冠1.5米，树龄35年。2012年这棵李子树，结果十余枚。2014年4月20日，北京市文物局副局长韩永来到应志增家，嘱咐要保护起来，再培养二三棵。2011年西郊农场果树技术员张铁山在自家院中，以桃木为本嫁接御果园的李子枝条，树径已有50厘米，树高130厘米，当年开花。菜园南有三棵，树龄5年，长有三杈，开满花，已结果。村委会搞绿化要收回土地，张家无奈将李子树卖给了上庄第三中学。2013年3月29日，将树运走，张铁山的妻子应选茹（应选宽的女儿）站在菜园，眼睁睁地看着，久久不能释怀。

东园子在皂荚屯之东，原机务队一带，最初官果园面积70余亩，也出产李子、白梨、山里红。《光绪昌平州志》载：“昌平物产之著名者……李，皂角屯贡李最佳”。这里产的白梨为平顶，可摞七八个而不倒，果皮黄白色，薄而有光泽，肉细、汁多、核小。山里红为青心，而其他产地皆为粉红色，皂荚屯的山里红大而圆，果肉松软，酸甜适口，深得皇家垂爱。应氏家族为生产、培育京郊著名特产，付出了汗水，也为皂荚屯争得了荣誉，故而东园子也成为应氏家族的茔域。经过“文化大革命”平整土地，数十个坟头皆被平掉。现在东园子应氏家族中，老一辈应选德住在龙母宫东小石桥南，现年90岁，有二男二女。

收粮地点量银场

在上庄村龙母宫西侧，有个小庄叫思源庄，庄内有种田交租过秤的地方，叫“量银场”，后来讹传为“晾银场”。村民说这里是明珠晾银子的地方。《八旗通志》载：“近京畿百姓带地来投，愿充纳粮庄头者，各按其地亩为纳银庄头，后有愿领入官地亩，设庄纳银者，亦为纳银庄头”。以投户为庄头，每年纳银收租，又称银庄、钱粮庄。皂荚屯北侧的思源庄并非是兑换银子的铺面，也不是制作金银配饰的首饰楼，而是每年用粮、果折合成银两交租的地方，故称纳银庄。皂荚屯故老相传“思源庄是明府家的”。此话不虚，检思源庄的文献，发现《重建龙王圣母庙碑之记》载：“孰不谓左右村人有志向善”，其中有“思源庄众善人等”这是刻在石碑上的文字。时间是康熙五十五年（1716年），从历史上看，应在顺治初年至康熙初年，客观的说这座碑不是专门记录思源庄始建时间的。但已明白地说明此庄就是八旗的庄田，“思源庄”则是这庄田的字号。

而今思源庄的四至：东至李玉瑞家（皂荚屯82号），西至魏景华家（皂荚屯37号），南临皂荚屯后街，北至官土坑。随着时间的推移，思源庄北部形成苇坑。面积达30亩，中间深3米，周边浅至0.5米。思源庄周围原有海墁墙，底基宽1米，出地面0.8米，上口0.5米，残高3.5米。思源庄内有水井三口，皆为清初大井。东井在李玉瑞家。中井在应树宽家，井口1.5米，内壁为青砖。西井在何文生家中，井距南墙6米。思源庄里的住户，随着历史而变化，现在思源庄住着李、何、魏、杨四姓，原本皆为满族，民国后有的家庭户口本改为汉族。

思源庄北墙有缺口。北墙呈东西走向，由皂荚屯37号往东至皂荚屯82号西墙，突然由北向南拐六米，再往东到李玉瑞家东墙，形成缺口，当地人称为“缺缺”。据村内魏景泉（1935年9月生人）说，思源庄缺的东北角，折合四亩地。

当年建造思源庄的人有汉学功底，粗通营造之法。《吴越春秋》

载：“筑城以卫君，造郭以为民，此城郭以始也。”“造郭以守民”用的是墙体或壕沟。思源庄缺东北角有其社会因素，是与古代“抑盈扬谦”的传统观念有关。西周初年，周公子伯禽就封于鲁，行前周公戒之曰：“天道亏盈而益谦，地道变盈而流谦。”大意是说“满招损，谦受益，人道也”，谦喻吉祥。“是以衣成则必缺衽，宫（墙垣）成则必缺隅”（《韩诗外传》卷三）。思源庄缺角并不稀奇，甘肃省宁夏城则缺东北角。思源庄缺角与古意正合，北京西北城墙不是也缺角吗。从思源庄缺角折射出中华民族固有的抑盈因为扬谦之美德。从客观因素上说北京城缺角是因为有水域所致，而思源庄缺角正是因为有苇坑造成的。

修葺寺庙为立德

皂荚屯周围寺庙棋布，小庙不算，单说大庙就有四座。东北方向近处有龙王圣母庙，远处有东岳庙，东南有真武庙，西北有药王庙。这些庙宇一方面平抑人们的心里诉求，稳定社会；一方面是人们逛庙、购物的好去处。庙宇由于年久失修，已经破败。《重修榆河乡东岳行宫碑记》载：“梵宫琳宇与丙舍邻而鼎峙于二三里内者，曰东岳庙，曰真武庙，曰龙母宫，皆古名刹而颓圮，渐沦没于荒烟蔓草中。相国每过而唏嘘，皆欲鼎新之，于役王事匆匆未能也。”明珠健在时，朝廷内部斗争激烈复杂，修庙宇对明珠不利。康熙四十七年（1708年）明珠去世时，政治角斗余波未尽，也没动工。康熙五十六年（1717年）明珠次子揆叙去世，因圣祖玄烨“诏赐全葬”，借此机会修葺寺庙。“乃大集工师，土木并举，三载以来，劳费备至，而所葺东岳庙、真武庙、龙母宫者皆先后落成，涂茨丹雘，美哉轮奂”（《重修榆河乡东岳行宫碑记》）。

东岳行宫，简称东岳庙，位于永泰庄，坐北朝南，占地面积15亩，整个建筑壮观，做工考究，分东、中、西三路，以西、中路为主。

东岳庙山门（冯黛虹◎摄）

西路三进，山门面阔一间，四柱为方形石柱，悬山调大脊，前后枋上各有六攒重昂单翘斗拱，两山面各有三攒一斗二斤交麻叶头斗拱。前檐悬木匾，上书“东岳庙”三字，蓝底金字。山门左右各置石狮子，其中一个在民国后期被打破。进山门的台阶为7级。山门旁开角门两个，钟鼓楼（其中钟楼解放后拆除）为双层歇山顶，单翘重昂斗拱。前殿面阔三间，硬山调大脊，脊上砖雕花饰，面积86平方米。明间开石拱券门，上镌精美的五龙穿云高浮雕图案，门上方石匾额书“瞻岱之门”，檐檩绘和玺彩画。东西配殿面阔各三间，内供十殿阎罗。

正殿面阔三间，进深三间，单檐庑顶殿，单翘重昂斗拱，殿内供奉东岳大帝，殿前有花岗岩石板砌筑的月台，面积达90平方米。庙碑首题《重修榆河乡东岳行宫碑记》，原立于正殿月台南。螭首龟趺，石材良好，装饰精美，形体硕大，碑高5.3米，宽1.31米，厚0.61米。碑文撰写者王时鸿，书丹者狄贻孙，篆额者王澎。于康熙五十九年（1720年）立。1966年“文化大革命”中一群人将碑推倒，摔成两段，赑屃头部落地，碑身与碑座脱离，长期卧地。1980年7月后，北京市文物部门将碑拉到五

东岳庙石碑（冯黛虹◎摄）

东岳庙龙虎殿（瞻岱之门）（冯黛虹◎摄）

东岳行宫碑

塔寺，至今未归。

1983年左右在东岳庙正殿月台前出土一对明代汉白玉石狮子，前腿已损，现存另处。后殿面阔五间，硬山调大脊，旋子彩画，供奉眼光娘娘、碧霞元君和子孙娘娘。东西两端各有转角殿五间，东转角殿内有享堂一座，安置在底座上，享堂高1米，宽1.2米，质地为汉白玉，上为庑顶殿，下为月亮门，内有牌位，上写明珠的官衔和名字。在此从祀明珠，一是对施主的表彰，二是倡导善人解囊。转角殿后罩楼上下两层，每层九间。

中路前有药王殿，面阔五间，后为禅房，四合院布局，该院前殿面阔三间，北面有抱厦，内供关帝，西头有便门可通院内。东西配殿面阔各三间，后殿面阔五间。

东路北有土房五间，为杂役居住和存物之处，东厢房五间为加工粮食碾磨之屋和堆放农具。东厢房和北土房之间有水井一口，青砖井壁，青条石井台。该井为自流井，旁砌方形砖池，水入其中以供取用，解放后被填死。

东岳庙西路南百米处有戏台，是个单体建筑，坐北朝南，与山门相对，由花岗石条砌筑，南边有出水石槽2个，地面以下有柏木钉和海墁夯筑，出地面的条石为6层，高3米，戏台东西宽7.8米，南北长14.7米，其中台面进深6.9米，形制为三面开口式，观众可以从东北西三个方向观戏。结构为双重竖联式，前为演戏台面，后为扮戏房，顶部为双卷勾连搭式建筑，前部为歇山式敞轩，后部为硬山式瓦顶。山墙开什锦

永泰庄东岳庙戏台（冯黛虹◎摄）

窗，用以透光。戏台前的两柱上端有云字形挂钩，用来悬挂楹联。戏台经过历史的洗礼，风雨的剥蚀，而额枋上面彩画云头、牙脚、包袱等纹样仍清晰可辨。画面大体有山水、花鸟、人物、城关、古塔、罗锅桥、六角亭等。

戏台东侧梁枋包袱内画有5层教楼堂，穹顶上安装十字架。戏台西侧的额枋包袱内绘有一位传教士乘马行驶在乡间，显示出中国历史上就不盲目守旧，不盲目排外，因而开创了盛世。戏台立柱尽管已无披麻挂灰，仍有力挺千钧之势，其规模在全国农村戏台中居首位。

真武庙雌雄狮、水井及基址（冯黛虹◎摄）

真武庙位于上庄镇李家坟村，因建在高15米的土台之上，俗称高庙。土台西南百米处有口水井，青条石井台，上面有两个圆形井口，土台南侧有台阶有33级，土台之上为海墁地面，南北长55米，东西宽16米，占地面积达30亩，透露出原有建筑的基础。

真武庙建立年代无考，从《重修榆河乡东岳行宫碑记》得知清康熙五十九年（1720年）重建，该庙坐北朝南，三进院落，依次为山门、前殿、东西配殿、正殿和斋房。周以河光蛋石围墙。山门面阔一间，左右置汉白玉门狮子，狮座高83厘米，宽42厘米，前殿面阔三间供奉药王。东西配殿各三间，东配殿前有白果树（银杏树）一株，树径1.5米，西配殿前有楸树一株。正殿面阔5间，殿内正中台案高1.5米，上面供奉青石雕凿的神像，高1.6米，东西两山墙前为七十二司雕像，院内有铁鼎香炉一尊，东一间前有清代石碑一座，螭首龟趺，正殿之北3米处有豆松，稍南有卧龙松一棵。

正殿后西北处有前后带坡起脊的汉白玉小房。坐落在1.5米的台明之上。小房高1.6米，宽2米，筒瓦歇山顶，并按比缩小门窗，门里小牌位，上写“武英殿大学士兼礼部尚书明珠之灵位”，这是从祀明珠的享殿。再后为斋房五间，东西有耳房一间。

新中国成立后，真武庙主持叫真静，村民称“小马子”，东西配殿做校舍，1964年作养鸡场，1965年辟为养老院。上庄村人唐悦华兼院长。斋房早已拆除，西侧一间房内曾住说书的老媪，1966年彻底拆除真武庙，山门前的两尊门狮被移放在基建公司大门南。

龙王圣母庙，又称龙母宫，位于皂荚屯东北处，《重建龙王圣母庙之记》载“此地自有龙母庙数十年”，“创之者不知何代”。只知康熙五十五年（1716年）春动工修建“不数月而遂告成焉，入庙瞻仰见其圣象巍峨，栋宇辉煌”。龙王圣母庙坐北朝南，占地7亩。建筑布局精巧，错落有致，独具一格，分为东中西三路，以西路和中路为主。

山门前左右夹杆石上面刻有装饰图案，原立旗杆。山门面阔一间，砖石结构，筒瓦歇山顶，垂脊有仙人骑凤。前檐下为券门，汉白玉云子浮雕镶边，其上石匾额“龙王圣母庙”，山门两侧有旁门，筒瓦歇山顶，单翘三踩斗拱。东西配殿，面阔各三间。前殿面阔三间，筒瓦悬山调大脊，东一间前立《重建龙王圣母庙之记》碑，碑身周边刻有精美图案，高180厘米，宽75厘米，螭首龟趺，“文化大革命”被推倒，立起后碑身安反了。

东西配殿，面阔各三间，西配殿西临庙墙处有皂荚树2棵，后来干枯。后殿面阔五间，悬山调大脊，供奉释迦摩尼坐像，后有船型背光，屏风后有韦陀菩萨立像。后殿西一间前有石案卧地，长1.7米。东西配殿

龙母宫山门及钟楼，石碑，东路殿
（冯黛虹◎摄）

龙母庙碑碑文

分列，悬山调大脊。其中东配殿是中间开门，殿内是从祀明珠的享堂。享堂在特质的基座上，堂高1.5米，宽1.2米，筒瓦庑顶殿，上面有微型窗户和券门，门内有牌位，上面写“礼部尚书武英殿大学士明珠之灵位”。英煦斋《皂角屯龙母宫诗》云：“金谷已生周道草，石龛犹剩相功牌”。原注：“康熙明相墓道，近在咫尺，颓败过甚。佛殿东楹佛龛内，尚供相石主”。

中路，前殿面阔三间，为茶棚。茶棚西有角门，北有东西朝房各三间一耳，院中有柏树4棵，树径40厘米，泥盆鱼缸4个。往北为中殿，面阔五间，为客厅，昔日红漆条案上摆有经卷，下有小抽箍。客厅东一间为穿堂门，往北为东西分列盝顶二间，用作伙房或下房，再北是东西屋各三间，房前有银杏树2株，树径20厘米，北面房阔2间，筒瓦悬山调大脊，中间供奉南海观音。

东路南有大门，东边由南向北依次有厨房五间，草棚三间，牲口棚五间，磨道碾盘三间，房屋均是硬山仰瓦。猪圈存五间，其正北有皂荚树一株，西北靠南处有水井一眼。再北为院墙靠东辟小北门。东路之东为菜园子，南与南院门齐，北与小北门齐，中部偏西有水井一口。龙王圣母庙外墙为土红色，墙北部有杏树，号称百亩杏林，再北为柏树林。

龙母宫西路山门之南有戏楼，戏楼坐北朝南，与山门对应，建于清康熙五十五年（1716年），光绪年间皂荚屯人李春圃开森昌木厂，维修清东陵时，自购木材称铜钞（发黄）铁钞（发黑）为南洋硬木，用来修缮龙母宫戏楼。该戏楼比东岳庙戏楼高，台下地宫中有陶土缸一口，起收音作用。基地是八层条石（每层20余厘米）砌就的。台面为东西北三面敞开，顶部为筒瓦卷棚，造型巍峨、壮丽、沉稳。1976年上庄公社二大队中少数干部不顾国家文物保护法，指挥一些人拆除了戏楼，给国家古建筑造成不可弥补的损失。

药王庙位于皂荚屯西北的阳坊镇，坐落在西大街16号。始建于明代，清康熙五十三年（1714年），已故武英殿大学士兼礼部尚书明珠出钱修葺，这是他参与公益事业的善举。药王庙坐北朝南，地势北高南低，落差1.5米，建筑格局分中东西三路，以中路和东路为主。

中路三进，山门面阔三间，筒瓦悬山顶，中间为券门，汉白玉镶边。次间为石券窗，门外有隔街矮墙，汉白玉墙帽。进山门为第一院落，北侧有小戏楼一座，坐南朝北。再北为前殿的月台，高1.5米，巨石铺砌。前殿面阔5间，称药王殿，筒瓦重檐庑山顶，是药王庙中体量最大，造型最漂亮的殿堂。殿内供奉药王等。殿前有石碑四座，其中有光绪十六年（1890年）的立碑，这些碑记载着历次维修的情况，最后一次修葺是1919年。每逢农历四月廿五至廿八日举办庙会。方圆百里的善男信女来庙进香。光绪十六年（1890年）春，麻兆庆《药王庙重修记》载："检阅旧碑，访诸耆老，佥曰：康熙甲午，太傅明珠家人安尚仁奉其故主遗命重修"。康熙甲午为康熙五十三年（1714年），这是明珠修葺药王庙的重要佐证，不但旧碑中有记载，而且光绪年间麻兆庆亦撰文载于碑中，立石存证。

后殿在中轴线上的最后边，面阔五间，筒瓦悬山。垂脊前有仙人骑凤，后面排有形象各异的神兽。正脊中间为二龙戏珠的透雕，两端饰吞脊兽。后殿内供奉子孙娘娘、眼光娘娘。山墙上博风是花篮造型，篮中盛有牡丹花4朵。檐下有单翘三踩斗拱。台明高1.5米，巨石做基础，中部开有9级台阶。东边阶前建落地式文物碑：北京市昌平区人民政府2003年7月公布，北京市昌平区文化委员会2004年7月立。

昌平区文物保护牌（冯黛虹◎摄）

药王庙后殿（冯黛虹◎摄）

东路前殿面阔三间，筒瓦悬山调大脊，供奉关公。中殿面阔五间，筒瓦硬山卷棚，前出廊后出厦。中间为穿堂门，前后有台阶3级。穿过前殿进入院中，左右配殿各三间，筒瓦硬山卷棚，北殿面阔五间，筒瓦硬山卷棚。旋子彩画，画心题材包括山水、花鸟，梁枋上的包袱，每层曲线做退晕处理，殿堂台明均用条石压面，美观坚固。

阳坊药王庙东跨院南户方（冯黛虹◎摄）

阳坊药王庙东跨院东西配房（冯黛虹◎摄）

阳坊药王庙东跨院西房（冯黛虹◎摄）

西路的中间部位有砖塔一座，塔下地宫是老主持羽化之缸，周围有坟十余座。新中国成立后渐渐推平，盖成排房。此庙址昔日为阳坊完小。1953年拆除药王庙中的神像，1956年拆卸南北两座戏楼，1958年拆毁前殿，木材用于盖房，石料用于修桥。而今，后殿巍然屹立，幽静典雅的东跨院依然有药王庙的余韵。

戏台在山门南80米处，坐南朝北，卷棚庑殿顶，体型硕大，可惜解放后被拆除。

北玉河关帝庙位于北玉河村南，建于明嘉靖三十年（1551年）原名“灵应关帝庙”。清康熙四十四年（1705年）修建，康熙四十八年（1709年）聊以粗就，康熙六十年（1721年）重整庙宇，雍正四年（1726年）重拓新基，历四载始竣，雍正九年（1731年）旋经地震，危于一旦，雍正十二年（1734年）再备重修。《北京名胜古迹词典》载："清乾隆年间（1736–1795）重修"但未注出处。

新中国成立之前，关帝庙曾作乡公所和小学校，随之村农会组织拉倒神像。1950年9月，作为野战医院仓库。1951年改做病房。1974年成为医院家属院。2000年家属陆续搬出，庙宇闲置荒芜。2012年3月，北京市海淀区政府投资对关帝庙进行保护性修复。

关帝庙坐东朝西，占地17亩，由西往东中轴线上有山门、前殿、后殿，两侧环以配殿、寮房，使两重殿宇连为一体。整个建筑小巧、严谨、精美。

山门面阔一间，硬山箍头脊，两侧开有旁门。前殿面阔三间，灰色青瓦，硬山调大脊，大木小式做法，排山滴水，殿内柱形圆形，柱础镜式，台阶三级，垂带象眼为青石，前殿南北寮房各五间，青筒瓦排山勾滴。卷棚箍头脊，小式建筑。后殿面阔三间，灰色筒瓦，单层硬山，小式建筑。南北各有耳殿二间，后殿南北配殿各三间，灰色简瓦，箍头脊，小式做法。山面青砖丝缝，拍排山滴水。台基长方形青条石所制。台阶二级，如意踏跺，青石质地。

北玉河关帝庙山门（冯黛虹◎摄）

上图为关帝庙一进殿，下图为关帝庙中的明代石匾（冯黛虹◎摄）

关帝庙的古树，前院南有柏树一株，后院靠近前殿后檐有柏树两株，靠后殿北侧有柏树一株。

戏台是关帝庙的单体建筑，位于山门前50米，坐西朝东，高于地面80厘米，长宽各8米，青砖砌就。1950年在这里唱过戏，后来戏台残破，砖被人拆走，1962–1965年医院在此址建养猪场。

关帝庙曾出土明代《重修灵应关帝庙碑记》碑，长122厘米，宽44厘米，厚14厘米。碑头圆形，已经断为两段，碑文涣沥不清，上有嘉靖三十八年（1559年），原存于西郊农场二机耕门道西方房。关帝庙的后殿北配殿前为汉白玉门额，长105厘米，宽4厘米，厚15厘米，尚能辨认出护国□□禅林，竖款“众善人等修建”文字。

《重修关帝庙碑记》刻于清雍正十二年（1734年）四月，碑首为双龙戏珠，碑高164厘米，宽85厘米，阳额高宽均27厘米，僧人通理撰文，任琨正书，杨正篆额，周鸣岐、贾国玉镌刻。碑阴是舍地题名，其中有纳兰家族“宁秀布什地六亩”。地点“东至道，西至旗地，南至香火，北至庄窠”。明珠管家“安尚仁施地三十六亩，坐落关家坟西，东至坟，西至沟，南至道，北至旗地，又施一地段，东至道，西至龙母宫香火，南至沟，北至道”。

由此凸显六个历史信息：一是截至雍正十二年（1734年）明珠一代

关帝庙碑（阳）

关帝庙碑（阴）

已经故去，其子一代也撒手人寰，唯揆叙的孙子宁秀健在。管家安尚仁还在，人已老矣。二是宁秀、安尚仁仍属皂荚屯或新庄（后改为上庄）合村众善人，说明两庄仍有联系。三是关家坟一带的祭田原本是“老圈地”，后来落入管家安尚仁之手。四是皂荚屯和新庄地区是旗地和民地交错，旗人和民人杂居之地，同在一个村落供奉关羽。五是捐地反映了施主的经济实力和社会地位。六是施主捐地为寺庙经济提供了不动产的资源。

浚河架桥再行善

围绕东岳庙、真武庙、龙母庙，南有南沙河，河上架有马房桥、榆河桥，西北有一亩泉河，河上架有三水桥、思源桥。这四座桥和一亩泉河皆为康熙年间的治水工程。明珠把皂荚屯十里内的河架石梁，以期延年看成自己为官的政绩。于是出巨资将原木桥改为石桥，并疏浚了一亩泉水。《重修榆河乡东岳行宫碑记》载：“复以榆河、马坊皆为三刹及墓道通衢，而清河一亩泉水，漂溢为患，向有木桥各一，日久就圮，行人病涉，复于两地各构石梁以通行役，而沮洳卑湿之径，一归坦途”。明珠在为社会公益奉献的同时，也为进墓地方便，而架桥疏河，流芳百世。

榆河桥是通往西北居庸关的大桥之一，元明前称榆河桥，桥在李家坟村东。南沙河从西北走来。《光绪顺天府志》载：“南沙河出西山鳌鱼沟”。《昌平山水记》载：“西山有泉，东流为南沙河”。其上源支流有五，河境内长16公里，流域面积210平方公里。南沙河古称温余河，元代称榆河，上面有木桥。清康熙年间，明珠出资将木桥改为石桥，使之为百姓永远造福，并更名为永福桥。呈东西走向，桥身下是花岗岩五个方孔。全桥长22米，宽5．75米，桥墩南面皆有迎水角，桥面中段略高于两端，微呈拱形，两侧有高45厘米的素面石护栏，两端桥头处砌有石驳岸。康熙十二年（1673年），吴都梁《昌平州志》载：“永福桥，在州西南三十五里，榆河村北”。《光绪顺天府志》载：“永福桥，在城西南三十五里，榆河北”。《光绪昌平州志》载：“永福桥，《旧志》在州西南三十五里，榆河村北”。1990年10月20日，北京市海淀区政府对南沙河三期治理中，因河床逐年淤高，使得永福桥面比今河床高2.5米。于1991

明珠建造永福桥（后称榆河桥）（焦雄◎摄）

年拆除了古老的永福桥。为了方便通行，则在西玉河村东河道弯处下游200米，新建长100米，宽6米的钢筋混凝土大桥。

马房桥和榆河桥（又称永福桥）是在同一条河上的两座桥，马房桥在榆河上游，榆河桥在其下游。清康熙年间明珠出资修马房桥，易木桥为石桥，希冀民众长久通行，更名为永通桥。康熙十二年（1673），吴都梁《昌平州志》载："永通桥，跨榆河桥"。《光绪顺天府志》载："永通桥，城西南跨通榆河故道"。《光绪昌平州志》载："永通桥，《旧志》在州西榆河桥上，今水不由故道"。永通桥下泥沙俱下，流水不畅，1959年初北京市农林水利局编拟了《温榆河上中游梯级开发规划》，在此基础上，北京市市政工程设计院提出《沙河几温榆河上游水库方案》，工程建设于1959年11月开工，施工中拆除了马坊石桥，1960年6月29日，工程全部竣工交付使用。经过14年的运营后，木质闸板腐蚀变质，不能再用，于1970年将18块木质闸板换成钢板。1984年10月至1985年4月水闸又进行改建，将翻板闸门全部改成电动升降立式启闭闸门。又在上庄水闸西侧建钢筋混凝土桥，桥两端配有汉白玉栏杆和栏板，时称"上庄大桥"。

三水是指一亩泉之水，八口村之水，大浸、二浸之水形成三水，在西辛立屯东合流。

一亩泉的记述很多，《元一统志》载："河源出县孟村一亩泉，东流至顺州入白河"。说的是孟村旁有一亩泉，孟村系元代村名，后来消失。明代《永乐大典》载："一亩泉在治州西南新屯，十五里，广约一亩"。提出一亩泉在新屯。清代《天府广记》载："一亩泉在昌平州西南新屯，广一亩许"。新屯是新立屯的缩写。康熙十二年（1673年），吴都梁《昌平州志》载："新立屯，西四十里"。新立屯今写作"辛力屯"，看来一亩泉已有800多年的历史，是一股水源。

八口村地处平原，地势西高东低，高崖口沟经八口村北边缘，属北沙河水系，为长年河道，该地曾有十余条沟的水网区，故称八沟村，后更名为八口村，其水由八口村流向东南，在辛力屯东汇成河流。

大浸、二浸是辛力屯东北一亩泉重源潜发。大浸自地下涌出泉眼3个，二浸冒出小泉眼6个。大浸、二浸积水为潭，东西长800米，南北宽500米，形成达70亩的水面，水中心部稍西有3亩旱地，岛水相映，草木茂盛，风景绮丽，滢澈涵虚。清康熙年间，明珠出资，整修大浸、二浸，条石作基修岸建岛，加盖凉亭种植莲子。索额图在太舟坞村北的别墅种莲子。从地缘上看两地相距50里，形成南北之势。索额图是康熙朝的“辅弼重臣”，明珠是康熙朝的宰辅，当时有“要做官，问索三；要讲情，问老明”的民谣。索、明二人皆为圣祖玄烨的左膀右臂。巧合的是1984年夏，太舟坞村北和辛力屯村东的两个水塘忽然盛开两池荷花，参观者络绎不绝，《北京晚报》对太舟坞做了相关报道并配以照片。人们百思不得其解，原来莲子是长寿的植物种子之一。虽然距百年之上，碰上适宜莲子生长的温度就会生根开花。

由辛力屯村北可到双塔村、八口村、后章村等，村民称这里是“六股道”。但被一亩泉水、八口村水和大浸、二浸水阻隔，村中利用木材架桥。康熙年间，明珠出资修建了三水石桥，使之更加坚固，百姓出门方便。《光绪昌平州志》载：“三水桥，《旧至》在州西南四十五里”。后被讹传为“三座桥”，古籍中没有三座桥，实为三水桥。该桥由六块基石铺就，长5米，宽4米，一孔平桥。20世纪80年代，一亩泉水少，八口村水湮废，大浸、二浸不旺，在平整土地时，用炸药爆破大北坡和大东坡，用此土填埋了三水石桥。

思源桥在思源庄西北角，杨永福老宅的西面，原为木桥，是纳兰家族由此东向西进入祖坟的桥梁。康熙年间，明珠独资修缮该桥，易木为石，桥身为花岗岩三孔平桥，阶条石接缝处用铁银锭锁死。北侧的基石为分水角。桥面可走骡马大车和汽车。桥的东岸有砖石结构的水井。明珠修缮思源桥也是为了皂荚屯和附近村落的乡亲耕作、运输方便，造福于乡里。这座石桥可惜于1973年被拆毁。

疏河道指的是从一亩泉至皂荚屯这段河道。一亩泉在元代久负盛名。《元一统志》载："昌平西虎眼泉、孟村一亩泉、西来马眼泉……诸水毕合"。同书还载："通惠河在县东南，乃龙泉、白浮及马眼、一亩等泉，合流入榆河处"。《元史·河渠志·通惠河》载："世祖至元二十八年（1291年），都水监守部守敬奉召兴举水利，因建言：疏凿通州至大都河，改引浑水溉田，于旧闸河踪迹清水，上自昌平白浮村引神山泉，西折南转，过双塔、榆河、一亩、玉泉诸水，至西水门入都城，南汇为积水潭，东南出文明门，东至通州高丽庄入白河"。同书又云："双塔河，源出昌平县孟村一亩泉，经双塔店而东，至丰善村入榆河"。《昌平州志》载："一亩泉在州西南十五里"。到了明代一亩泉水细流不畅，经过修理时通时阻。一亩泉水不旺，河流如绳。

康熙年明珠多次出资挑挖，整治河道，使水自辛力屯流向东南，经后章村北折而南，奔罗家坟村南，东注到东小营南，河道加宽，经皂荚屯西而折南，绕上庄村北又折西，于魏家坟村注入南沙河。《光绪昌平州志》载："一亩泉在北辛力屯东，南流迳皂角屯西明太傅墓前，入南沙河"。光绪年间，一亩泉河远不及康熙年间那么旺盛了，但有水"时流"。麻兆庆《昌平外志》载："而新屯东南有泉……按泉方广丈许，水仅尺深，灌田数亩，时涸时流，流亦不过田间沟洫。东南，迳后章村东。罗家坟南、小营村南，河身变宽两丈许，盖康熙时太傅明珠以茔地风水穿引有阻，中止者也。又东南，迳造甲屯西。转西，迳明太傅墓前。西南，入南榆河"。这条河长约10公里，称一亩泉河，流经上庄北，村民称之"后河"。水流到纳兰家族墓前，粼粼碧波，犹如蟠龙。村民称之为"龙湾子"，河底用花岗岩石铺就，两堤用黄色石块衬砌，岸边栽植杨柳，谓之"铜邦铁底"。此河不但使明珠家族墓地前的文河水流动起来，更主要是浇灌流域的田园，使乡里受益，是明珠的卓行善举。

综上所述，明珠家族为官勤政练达，屡著劳绩，泽润百姓，轻财好施。客观地说人无完人，确有自身的缺点，全面评价明珠的功过应以清高宗弘历的谕旨为结论。明珠家族的墓地，是其人生的归宿，在生死两件大事上，皂荚屯占其一端，震古烁今。至于郭琇的弹章，明珠被罢相，不仅是由于贪赎。对于胤禛切责、羞辱、毁誉揆叙，不仅是由于不忠不孝，皆是清廷内部政治斗争的结果，或是掌权者玩平衡术的产物。古语“懿德茂行，可以励俗”，明珠家族留在皂荚屯的岁月痕迹，供人凭吊，供人缅怀，供人研究。

上庄村龙湾子冬景（冯黛虹◎摄）

三辑　渌水亭馆

渌水亭是纳兰容若读书和著书的地方，也是他与文友宴集的场所。他和玉泉山有着不解之缘，进而构成他生活的一部分。

清代学者每谈渌水亭的地点，不约而同均说在玉泉山下。民国年间有学者论在后海明珠府中，论据虽不足，但影响不小，似乎成了信史，压倒一切。渌水亭又称西园，是清代学者们文酒诗会的精神家园，尤其容若在此编辑《渌水亭杂识》和校刻《通志堂经解》，使渌水亭成为容若著书立传的地方。

支撑本章的论据有：

一、乾隆年间古籍书均云渌水亭在玉泉山麓；

二、玉泉山上有楞伽洞，是容若之号的参照物；

三、玉泉山东的四槐居古槐为康熙年间。

名山佳水玉泉山

北京西郊的玉泉山，不但是名山佳水，且古迹很多。

第一位开发、建设玉泉山的是金代章宗完颜璟，他是世宗嫡孙，显宗子。大定八年（1168年）生。大定二十九年（1189年）即位，改元明昌、承安、泰和，在位二十年，年四十一岁。章宗天资聪悟，诗词多有称者。《金史》载："宛平有玉泉山行宫"。《金史·章宗纪》载："金章宗游览玉泉山达八次之多"。并在玉泉山顶建芙蓉殿。元代中书令（丞相）耶律楚材填词《鹧鸪天·题七真洞》：

花界倾颓事已迁，浩歌遥望意茫然。江山王气空千劫，桃李春风又一年。

横翠嶂，架寒烟。野花平碧怨啼鹃。不知何限人间梦？并触沉思到酒边。

玉泉试茗（选自《鸿雪因缘图记》）

元代，文人学士将“燕京八景”当作诗、词、曲的题材唱和，广为流传。陈孚于元至元二十九年（1292年）著《刚中诗集》其中“咏神京八景”中有“玉泉垂虹”，这是第一个把玉泉山列为八景之一。到了明永乐十二年（1414年）画家王绂《北京八景图》名目中仍有“玉泉垂虹”。翰林侍讲邹辑《玉泉垂虹》诗：

碧嶂云岩喷玉泉，长流宁是瀑流悬。
遥看素练明秋壑，郤讶晴虹饮碧川。
飞沫拂林空翠湿，激波溅石碎珠圜。
传闻绝顶芙蓉殿，犹记明昌避暑年。

诗人曾棨《玉泉山》诗：

跳珠溅玉出岩多，尽日寒声洒薜萝。
秋影涵空翻雪练，晓光横野落银河。
潺湲旧绕芙蓉殿，滉漾遥添太液波。
更待西湖春浪阔，尊罍再听濯缨歌。

在玉泉山南坡有两座上下距离不远的上华严寺和下华严寺。这两座庙门的寺额，都是明英宗朱祁镇在正统年间御题的，非常难得。在下华严洞的石壁上还镌有嘉靖年间首辅大臣夏言的词作：

人事沧桑有变迁，灵岩玉洞自岿然。朝衣几共游山日，佛界仍存刻石年。
嗟岁月，惜风烟，等闲花发又啼鹃。只将彩笔题僧壁，玉带长留向日边。

明《长安客话》卷三“华严寺”载：“寺北石壁其巉，亦有泉喷出，作裂帛声，俗称裂帛泉”。

玉泉山下裂帛湖（冯黛虹◎摄）

崇祯八年（1635年）刊印的《帝京景物略》载："玉泉山山根碎石卓卓，泉亦碎而涌流，声短短不属，杂然难静听，絮如语。去山不数武，遂湖，裂帛湖也。泉迸湖底，伏如练帛，裂而珠之，直弹湖面，涣然合于湖……湖方数丈，水澄以鲜，深而浮色，定而荡光"。

明诗人谭贞默《裂帛湖》：

樾阴众泉区，非泉洑流也。
谡谡树杪声，乃在重潭下。

入清以来，吴长元云："裂帛湖，泉源仰射如珠串，古榆荫潭上，极幽秀"。

王士祯《裂帛湖》诗：

裂帛湖光碧玉环，人家终日映潺湲。
分明一幅蔡侯纸，写出湖南千万山。

朱彝尊诗：

裂帛湖流两岸平，柳阴风暖燕飞轻。
年光冷笑长安客，开遍山桃不出城。

玉泉山是座名山，不但山下有裂帛湖，而且北峰山腰处有楞伽洞，该洞口东向，左边峭壁雕凿神像，山洞尽处有古佛三尊，两侧有侍者。玉泉山楞伽洞距山下渌水亭很近，可以说玉泉山楞伽洞为纳兰容若取号提供了粉本。

康熙十七年（1678年）七月，卢氏葬于皂荚屯西，或稍后容若以楞伽为名。以分散心中亡妻之痛，并不壁观、面壁坐禅。梁佩兰在《挽诗》里写道："佛说楞伽好，年来自署名，几曾忘夙慧，早已悟他生"。正是对楞伽字号的诠释。

楞伽为地名，新作馂伽、骏伽。是狮子国（锡兰岛）之山名，又作宝名，认为不可到，难入之义。《佛学大辞典》载："佛尝在此说大乘经，名楞伽经"。狮子国曰："国东南隅有馂（勒登反）伽山，岩谷幽峻，神鬼游舍"。佛陀进楞伽讲说佛法，于是有《楞伽阿跋罗宝经》即楞伽经，成为中土禅宗的早期经典。容若以楞伽为号，寓意做个敢于闯山，敢于进山得宝之山人。

容若在生活中，时有"断肠""惆怅""憔悴"的境遇，但他内心的定力乃是"正心、修身、齐家、治国、平天下"的理念。容若多次游玉泉山，山上有楞伽洞，山下有玉泉，可以说容若从玉泉山的明山秀水中汲取了很多艺术营养。

万春园里误春期

在科举制度下，士大夫阶层受到上层礼教的器重和下层的追捧，使得"十年布衣无人晓，一朝成名天下知"。秀才一旦金榜题名，也可变成状元、宰相。

元代进士登第，皇帝赐恩荣宴。欧阳玄，字原功，号圭斋，浏阳（今属湖南）人，延祐二年（1315年）进士，国子博士，官至翰林学士承旨，著有《圭斋文集》。为官作《京城杂咏》：

龙笙凤管舞轻盈，步障游看花满城。
行到琼林春更好，新来进士唱名声。

诗中“琼林”意喻万春园。

元泰定时进士宋褧，字显夫，元代大都（北京）人，官至翰林院直学士，著有《燕石集》。宋褧《同年会》诗：

临水亭台似曲江，同年人物宴华堂。
婵娟笑弄龙香拨，醽醁深涵鸟羽觞。
醉后方言频尔汝，座中除日互平章。
从来期集输京洛，仍见诗歌播八方。

作者自注：泰定元年甲子（1324年）登第，三月十三日崇天门唱名，四月二十六日帝赐恩荣宴，四月二十九日同年会于海岸之万春园，五月赐章服，五月二十一日上表谢恩。此诗即是时之作。

到了清代《日下旧闻考》载：“万春园久废，以其地考之，当近火神庙后亭云”。即今前海东岸，火神庙稍北处。

容若在廷试前，突然患病，使学业中断。徐乾学《通议大夫一等侍卫进士纳兰君墓志铭》载：“将廷对，患寒疾”。从而失去康熙十二年三月殿试的机会。容若《幸举礼闱以病未与廷试》诗云：

晓榻茶烟揽鬓丝，万春园里误春期。
谁知江上题名日，虚拟兰成射策时。
紫陌无游非隔面，玉阶有梦镇愁眉。
漳滨强对新红杏，一夜东风感旧知。

诗中“万春园里误春期”就是说这次未参加殿试懊悔不已。有的学者将“万春园”解释为清代的园林。据史料记载，圆明园是由圆明、长春、绮春三园组成。乾隆三十五年（1770年）定名绮春，嘉庆间始作缮葺，仁宗顒琰《绮春园记》载：“蒙皇考（指高宗弘历）定名绮春。同治十二年（1873年）十月初一日，奉旨绮春园改名万春园”。这就是清万春园的始称，而到了宣统三年（1911年）清王朝则崩盘，清万春园也成了历史。历史上重名之事时有发生，断不可把清代的万春园当作元代的万春园。

容若《渌水亭杂谈》中载：“元时，海子岸昔万春园，进士登第恩荣宴后，会同于此”。已将元代万春园的功能说得很清楚。“万春园里误春期”是“以病未与廷试”从效果上耽误了时间和前程。之后，容若《采桑子》词作：

桃花羞作无情死，感激东风。吹落娇红。飞入闲窗伴懊侬。

谁怜辛苦东阳瘦，也为春慵。不及芙蓉。一片幽情冷处浓。

词中“桃花”表示时令，即三月。“懊侬”说心情，“东阳瘦”暗喻自己身体病况。殿试机会难得，三年轮一回，故而“羞作”，后悔莫及，容若似在舔舐自己的伤口。

效仿王右军修禊

魏晋南北朝，是书法艺术品繁荣时期。王羲之初任秘书郎，继任右军将领、会稽内史，因而人称“王右军”。他的书法雄逸遒劲，不激不厉，是力度与风韵的完美结合，动势与静态的高度统一，开一代新风，树百体楷模。

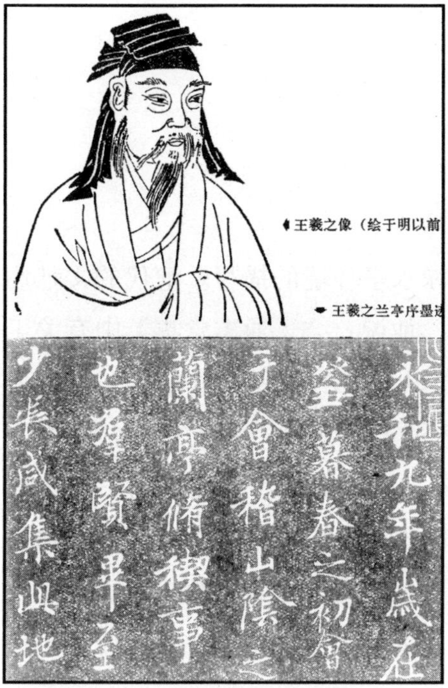

王羲之兰亭序墨迹拓页

兰亭在浙江绍兴市西南14公里的兰渚山下，东晋大书法家王羲之撰书《兰亭总序》记述永和九年（公元353年）三月三日他与好友在此修禊的盛况，禊为古代于春秋两季在水边举行的一种祭礼。《水经·浙江水注》记载："湖口有亭，号曰兰亭。亦曰兰上里。太守王羲之、谢安兄弟数往造焉。吴郡太守谢勖封兰亭侯，盖取此亭以为封号也"。古亭几经迁移，今亭为康熙三十七年（1698年）重建，还有流觞亭、右军将祠、碑亭等古迹。碑亭内有大石碑一块，上刻"鹅池"二字，传为王羲之所书。

清初自康熙后，征战渐少，国势渐盛。容若景仰王右军兰亭修禊之举，他以玉泉山象征会稽兰山，以玉泉山东侧的玉泉象征会稽曲溪，在此建渌水亭，象征会稽兰亭。他在《渌水亭诗集》中云："王将军兰亭修禊，悲陈迹俯仰，今古同情。"

"渌水"语意清澈之水。文选汉张平子（衡）《东京赋》："于东则洪池清籞，渌水澹澹"。曹植《洛神赋》："灼若芙蕖出绿波"。《子夜四时歌·夏歌》中有："青荷盖渌水"。北魏郦道元《水经注》："西湖东西二里，南北三里，盖燕之旧池也。渌水澄澹，川亭望远，为游瞩之胜所"。《水经注》里的西湖，在蓟城的西侧。蓟丘在城内的西北隅。燕地西湖，非明清瓮山脚下的西湖，即清乾隆年间称昆明湖，而是指今北京西客站的"莲花池"。侯仁之先生说："先有莲花池，后有北京城。莲花池是北京的生命源头。"看来，北京城的成长和莲花池关系甚为密切。

容若《渌水亭》诗：

野色湖光两不分，碧云万顷变黄云。
分明一幅江村画，着个闲亭挂夕曛。

这既是对渌水亭的命名诗，也是对渌水亭环境的描写。清代的文献均说在玉泉山下。1930年张任政提出疑义，他说："《通志堂集》中有关于渌水诸篇，均未尝稍涉玉泉山者，而尤以《渌水亭宴集诗序》一编，最足资研究之材料。严绳孙《渌水亭观荷诗》有云：'渍花当径合，添涨过城分'，按什刹海水来自城外玉泉山，玩其语气，当在城内。又边袖石《什刹海诗》诗云：'鸡头池涸谁能记，渌水亭荒不可寻'。考鸡头池为什刹后海之别称。据此则渌水亭确在什刹海，不在玉泉山无疑。"

此说简单、生硬、草率下了结论："据此则渌水亭确在什刹海，不在玉泉山无疑"。

其理由不实：涉玉泉山者多。容若《渌水亭宴集诗序》中云："偶听玉泉呜咽，非无旧日之声；时看妆阁凄凉，不似当年之色"。周起渭题："言从玉泉山，前汇太液池"。康熙十九年（1680年）十二月二十日，容若随驾玉泉山，作《玉泉》诗：

芙蓉殿俯御河寒，残月西风并马看。
十里松杉清绝处，不知晓雪在西山。

玉泉山周围水域有鸡头米。北京河泽水塘鸡头米更盛。鸡头米，又称老鸡头，即"芡"，其种子叫"芡实"。北京儿歌"老鸡头，浑身刺儿开紫花，圆圆的叶儿水上爬，结个果儿像鸡头，煮熟吃起顶呱呱！"秋天可摘像鸡头的花托，到街市去卖。这东西既不像慈姑那样绵软，也不像藕似的那样脆硬，而是软硬适口。《燕京岁时记》中载："七月中旬则菱芡已登，沿街吆卖，曰：‘老鸡头才上河’。盖皆御河中物也”。御河后称长河，可见长河中也有此物也。《长安客话》载西湖（瓮山下）“筑堤列塍，为葘为畬，菱芡连菰，靡不毕备”。玉泉山下，清泉澎湃，潴而为湖，十里菰蒲，少不了菱荷芡实。

渌水亭在什刹海的说法过于武断。没有过硬的文献颠覆不了吴长远的记载，“渌水亭在玉泉山麓”，没有确凿渌水亭在后海明珠府邸，就不能说渌水亭在城内。

吴长元，字太初，浙江仁和人，久居京华，根据自己实地考察所得，并结合古籍和碑碣所载进行考证。正如《例言》“采掇大纲，事详语略”。四库全书馆编修邵晋涵评价吴长元云：“仁和吴君太初，久客都下，雅才洽闻。公卿士大夫争招致雠校艺文，益充拓其识。博观而约取，以身所涉历，融洽前言，编纂成书，题曰《宸垣识略》。其叙载必有依据，语尚雅驯”。文中“以身所涉历”“叙载必有依据”是他为学之道。《宸垣识略》是一部有关北京地方文献的重要书籍。

戴璐《藤阴杂记》云：“渌水亭为容若著书处，在玉泉山下。”戴璐，字敏夫，号菔塘，浙江归安人。乾隆二十八年（1763年）进士，历任都察院给事中、大仆寺卿。作者对琳宫梵宇、贤踪名绩，停车咨访，笔之于书。

周寿昌，字应甫，一字荇农，晚号自庵，湖南长沙人。道光二十五年（1845年）进士，选庶吉士，授编修，官至内阁学士兼礼部侍郎。三年，再署户部。所著《思益堂日札》云：“渌水亭在玉泉山下，为容若著书处。”这些作者“言必有据，事必有典”，经得起历史的检验。

民国年间张任政《清纳兰容若先生性德年谱》中载：“渌水亭据《宸垣识略》十四卷云，在玉泉山麓，且相传亦有是说。”张氏不敢承认渌水亭在玉泉山麓，便把这个严肃的结论说成“相传亦有是说”。

香港徐照华《纳兰性德与其词作及文学理论之研究》中载：“容若另有筑别馆名曰渌水亭，于此读书会客，备文酒之盛会。案渌水亭据《宸垣识略》卷十四，谓其地乃在玉泉山麓。”

香港盛冬玲《纳兰性德词选》载：“渌水亭是纳兰家别墅，原址在北京西郊玉泉山下（见《宸垣识略》卷十四）。”该书三联书店香港分店，1986年8月香港第一版第一次印刷。

人生若只如初见

容若《木兰花令·拟古决绝词》云：

人生若只如初见。何事秋风悲画扇。等闲变却故人心，却道故人心易变。
骊山语罢清宵半。泪雨零铃终不怨。何如薄幸锦衣郎，比翼连枝当日愿。

曲调：原为唐教坊曲，后用为词牌。属花间词派，指以唐词人温庭筠、五代前蜀词人韦庄为代表，以写男女相思离别为主要特征的词派。温庭筠（812–870年），原名岐，字飞卿，太原（今山西太原）人。一生不得志，生活放荡不羁，晚年任方城尉和国子助教。诗与李商隐齐名，但成就不如李。有《温庭筠诗集》，又名《金荃集》。其中《菩萨蛮》等是唐教坊曲名。韦庄（836–910年），字端己，长安杜陵（今陕西西安）人。韦应物四世孙，唐末进士，后入蜀为王建掌书记。在前蜀官至宰相，有《浣花集》。其中《女冠子》为唐教坊曲名。从特点来看，温词浓艳华美，韦词疏淡明丽，代表花间派的两种风格，其他人的词作多蹈温、韦余风。清李调元《雨村词话》云“花间最为古艳”。

词牌：一作木兰花。汪刻本无“令”字。

副题：汪刻本作“拟古决绝词，柬友”。《宋书·乐志》引古辞《白头吟》“闻君有两意，故来相决绝”。唐元稹有《古决绝词》三首。因而本题有“拟古”。决绝谓绝交、绝情。柬友二字是写给友人的，而友人是谁，词作无明说。

人生若只如初见，意思说与意中人相处应当总像刚刚相识的时候，那样地热情，那样地甜蜜，那样地温馨。

秋风悲画扇：扇子到了秋凉即不用，喻女子因时移被弃。班婕妤原为汉成帝的宠妃，善诗赋，有美德。后被赵飞燕谗言，退居冷宫，作有诗《团扇歌》，又称《怨歌行》："裁成合欢扇，团团似明月。出入君怀袖，动摇微风发。常恐秋节至，凉飙夺炎热。弃捐箧笥中，恩情中道绝"。后常用"秋风团扇"意象比喻妇人，因年老色衰而被弃。南朝梁刘孝绰《班婕妤怨》诗："妾身似秋扇，君恩绝履綦"。

等闲二句：意思说如今轻易地变了心，却反而说情人间就是容易变心的。故人指情人。

骊山语罢清宵半：骊山在长安（今西安）东。唐时此山有华清宫，内有长生殿，传为唐明皇与杨玉环深宵盟誓，愿世世为夫妻。唐·白居易《长恨歌》："七月七日长生殿，夜半无人私语时。在天愿作比翼鸟，在地愿作连理枝"。对此作了生动的描写。安史乱起，明皇入蜀，于马嵬坡赐死杨玉环。杨死前云："妾诚负国恩，死无恨矣"。唐·郑处诲《唐明皇杂录补遗》载："明皇既幸蜀，西南行初入斜谷。属霖雨涉旬，于栈道雨中闻铃，音与山相应。上既悼念贵妃，采其声为《雨霖铃》曲，以寄恨焉"。这里说亡妻已逝，如今唯有自己空自怅痛了。

薄幸锦衣郎。薄幸，薄情、负心。清·洪昇《长生殿·怂合》云："从来薄幸男儿辈，多负了佳人意"。指的是唐玄宗。锦衣郎：锦衣，华美的服装。《诗·秦风·终南》云："君子至止，锦衣狐裘"。《木兰花》词中，作者控诉男子薄情，从而表态与之决绝。虽然有一段美好的情缘，却生变故。词中用女子的口吻，控诉男子的薄情，从而表态与之决绝。如若双方只拥有甜美的初识，就不会有今日的弃别。而今故情已非，恋人却直言人心易变。作者又以唐明皇和杨玉环的爱情，暗喻自己的情怀。说唐明皇虽属薄情郎，但却与所爱之人结下生死恋情。杨玉环虽然香消魂断，但对这段爱情依然无怨无悔。

在人生中，人与人的关系，不可能“只如初见”。容若《送荪友》诗中云：“人生何如不相识，君老燕南我江北。何如相逢不相合，更无别恨横胸臆”。浮生如此，别多会少。交往会产生情感，情感受到利益的取舍而变化。容若《虞美人·秋夕信步》（愁痕满地无人省）中云：“薄情转是多情累，曲曲柔肠碎”。容若《南乡子·为亡妇题照》中云：“泪咽却无声，只向从前悔薄情”。又《虞美人》（黄昏又听城头角）中云：“多情自古原多病，清镜怜清影”。对镜子一照，发现自己清瘦了。容若《山花子》（风絮飘残已化萍）中云：“人到情多情转薄，而今真个悔多情。”

古代四美图

容若在一首《为友人赋》七绝诗中云：

长安北望杳茫茫，泣向熏笼忆旧香。
惆怅玉环空寄与，紫薇郎是薄情郎。

紫薇郎：薇亦作微，唐代官名，是紫微侍郎的简称，后改称中书侍郎。薄情郎见《云斋广录》载：“进士丁渥在太学，梦归家见妻于灯下披笺握管，为书寄生。生曰‘我已至矣，何用书为？’妻但挥涕而不答。又于别幅见诗一首云：泪湿香罗帕，临风不肯干。欲凭西去雁，寄予薄情看”。

锦衣郎为何薄幸如斯，词中没有透露，作者只站在被抛弃的少女立场，对薄情人痛加诟詈。或许锦衣郎有不上台面的难言之隐，但从经济上说锦衣郎的生活条件总是比被弃少女生活得好。被嘲为薄幸、薄情的紫薇郎或锦衣郎细究起来，不一定是真正的薄情、薄幸。都是利益的取舍和价值选择的支配下丧失公德的行为。从封建社会上说被弃女是弱势群体，从结局上说被弃女是受害者，应当受到鞭挞和谴责。容若把怨恨之情倾泼到锦衣郎的身上，让锦衣郎去忏悔，去接受罪恶的审判，凸显了容若为人的正气贯今古。

渌水亭又称西园

康熙十二年三月，容若忽得寒疾，未与廷试，成为终生缺憾。他“身在高门广厦，常有山泽鱼鸟之思”（韩菼《进士一等侍卫纳兰君神道碑》），加之长期读书，倍觉枯燥，需要劳逸结合，于是在玉泉山下东麓择地建渌水亭，作为疗养和读书之用。

因不是短期行为，故做小型构筑，如渌水亭、馆舍、伙房、下人居室及马棚。对此，容若有五言古诗：

结庐倚深谷，花落长闭关。
日出众鸟去，良久孤云还。
回风送疏雨，微芬扇幽兰。
白日但静坐，坐对门前山。
生世多苦辛，何如日闲闲。

诗中“结庐依深谷”，告诉人们馆舍盖在玉泉山下东麓谷中。“坐对门前山”句，说的是坐在院中就能看见玉泉山，此地山高水长，风光迤迺，适合调养和学习。“何如日闲闲”容若提醒自己哪能闲过一日。

容若“结庐”地方恰如玉泉山东麓的四槐居小村。“渌水亭为纳兰性德著书处，在玉泉山下。”这是清代学者戴璐的名句。玉泉山下什么地方建渌水亭？却成为一个谜。为了求得其解，笔者到玉泉山东麓访求、探究，觉得四槐居依山傍水，又在朱彝尊词中所有“一湾裂帛湖流远”之侧，此地原有寺庙标记，三合房基，占地24亩，雍正十年（1732）年辟为圆明园太监义地，并附设香火地30亩。1950年12月5日公产房清管局统计四槐居二、十一、十二、十四、十五号共有29间。目前村南道旁有古槐4株，其中两株树围则在250厘米，为康熙年间古树。由此疑似渌水亭遗址。

容若以才华横溢、真诚待人、儒雅之风，在朋友圈内成为核心人物，使得渌水亭胜友如云，高朋满座。

渌水亭又称“西园”。容若在《渌水亭宴集诗序》中云：“但逢有酒开尊，何须北海；偶遇良辰雅集，即是西园矣。且今日芝兰满座，客尽凌云”，此文作于康熙十二年（1673年）。所以称之“西园”是说此亭在明珠宅第的西北，而简称之“西园”。既称西园，说明已构成园林规模，即清初文坛所称的园亭或别墅，难怪吴长元在《宸垣识略》一书中明确指出，渌水亭是“大学士明珠别墅”。

容若《木兰花慢·立秋夜雨，送梁汾南行》有“乍西园蝴蝶，轻翻麝粉，暗惹蜂黄。炎凉。”这首词作于康熙二十年（1681年）夏，大意是秋风乍起，园林中蝴蝶翩翩，轻轻地翻动着翅膀上的香粉，暗暗地逗弄着蜜蜂，天气冷热不停地变换，蜜蜂和蝴蝶匆匆闪避，有些世态炎凉。

容若的师友在诗词中多次提到西园。沈尔璟，字凤于，号冀召，浙江乌程人。康熙二十一年（1682年）进士，著有《月团词》一卷。其中有一首《芳草渡·读侧帽词》载：“遗鞭处，卷帘时。西园夜雨不禁支。凭侧帽，翻调笑，琢新词”。

杜诏，字紫纶，江苏无锡人。康熙五十年（1711年）举人，明年，钦赐进士，著有《云川阁集》等。他在《满江红·过渌水亭》中载：“水晶帘下，绿荷香满，尽日不放东阁闭，无时肯罢西园宴。十年间，海内几词人，同游宦。”

严我斯，字就思，号存庵，浙江归安（今湖州）人。康熙三年（1664年）中进士，著有《尺五堂诗删》。其诗“花落空阶月到轩，每从佳日忆西园。”

徐树谷《挽诗》（康熙刻本《通志堂集·附录》）：

暝带辞亲泪，行迷恋阙魂。
祇馀芳宴地，冷月下西园。

陆肯堂《挽诗》（康熙刻本《通志堂集·附录》）：

东阁时方启，西园客屡延。
岁输千匹绢，月奉一囊钱。

西园是渌水亭另一个爱称，这里的山山水水，名士往来，记载着一代文豪的诗篇。

撰辑《渌水亭杂识》

《渌水亭杂识》是纳兰容若在康熙十二年至十五年（1673–1676年）间的作品，属随笔记录，题材广泛，分为四节，涉及政治、经济、历史、文化、地理、科学等领域。文章中已显露出他踔厉风发、进取向上的气质，以及他赞赏西方科技，主张引进近代文明以利民生。

《渌水亭杂识》载：“西人云：望远镜窥金星，亦有弦望。夫月借日光以有光，故有弦望。金星自有光，不仗日光，不知何以有弦望。”“武侯木牛流马，古有言是小车者。西人有自行车，前轮绝小，后轮绝大，则有以高临下之势，故平地亦得自行。或即木牛流马乎？而坎曲折，大费人力也。”“西人长于象数而短于义理，有书名《七克》，亦教人作善者也。尊其天主为至极而谤佛，又全不知佛道。”由此可知，容若不单单读中国的书，还阅读西方书籍来丰富自己。

《渌水亭杂识》还记：“白樱桃生京师西山中，微酸，不及朱樱之甘硕”。容若又勤于考证古寺中文物：

卧佛寺在北京西郊寿安山，寺中的卧佛被誉为“神州第一铜卧佛”，殿前原有娑罗树，被誉为“京师七树”之一。

卧佛寺的娑罗树又因其年代久远而闻名。明朝刘侗、于奕正认为娑罗树“初入中国，参山、天台、与此（指寿安山）而三”。清代谈迁《北游录》“像（指檀香）卧佛像自唐与娑罗同植”，孙承泽《春明梦余录》“殿

香山卧佛寺琉璃牌坊

前娑罗树来自西域，唐建寺时所植”。

清圣祖玄烨曾写下《娑罗树歌》：“娑罗珍木不易得，此树惟应月中植。想见初从西域移，山中有人多未识。海桐结蕊松梠形，千花散尽七叶青。山禽回翔不敢集，虚堂落子风泠泠。楚州遗碑今已偃，峨眉雪外双林远。未若兹山近可游，灵根终古蟠层巘。繁荫亭午转团圞，回睇精蓝路几盘。凭教紫府仙山树，写入披香殿里看”。

容若也在《渌水亭杂识》中有载：“五台山僧侈言娑罗树灵异，至画图镂版，然如巴陵、淮阴、安西、伊洛、临安、白下、峨眉山，在处有之。闻广州南海神庙四木特高，今京师卧佛寺二株，亦有干霄之势。顾或著或不著，草木亦有幸不幸也”。文中不但对娑罗树的“灵异”举出产地，对“四木特高”提到广州，还提到“今京师卧佛寺二株，亦有干霄之势”。

上图为功德寺原石匾额，下图为功德寺中原券门石（冯黛虹◎摄）

由此可见，康熙年间容若的记载，对于研究卧佛寺和娑罗树有一定的历史资料价值。

功德寺在海淀区青龙桥西，建于元代，修于明代。蒋一葵《长安客话》中载：“功德寺修于宣德二年（1427年）因改今名。正殿及方丈凡七进，基皆九撰，拟掖庭制度，费数十万缗。皆神僧板庵大觉禅师制木球使者乞诸檀那所得。使者大如斗，圆如球，绘以五彩，不胫而走。禅师每遣入侯门戚里，见诸贵人，使者以首点地作叩首状，人皆笑迎之，争为输金，即禁籞清严之地亦入焉。喜拾尤多，而黄门不知所由入。后禅师示寂，使者木槁，寺僧犹以高座重茵供置寺中，至今人犹以名求观云”。宣德十年（1435年） 宣庙西郊省殓，驻跸功德寺，因留鸾仗寺中。自后遂为列圣驻跸之所。嘉靖时，寺遂废。

清康熙年间，功德寺虽然久废，但穹碑、木球仍存，人们对木球之设不解其意。容若在《渌水亭杂识》中有载：“功德寺有木球使者，其事近于怪。按宋张世南《游宦纪闻》载，雪峰寺僧义在于唐懿宗咸通十一年（870年）开山创寺，乾符二年（875年）赐号正觉禅师。寺有木球，相传受正觉役使。呼仆延客，球皆自往来。嘉泰间寺灾，球忽滚入池中，得不坏。然则以木球为使，浮屠固有其术，盖有先板庵而役之者矣”。容若对上述现象的评语是“其事近于怪”。

查慎行有《废功德寺诗》：“瓦落空墙土尽崩，杂耕犹剩两三僧。晨参柏子留禅偈，夜看松花照鬼灯。驻跸亭边牛饲草，钓鱼台畔鼠攀藤。木球斗大今安用？自古琳宫有废兴”。可见，功德寺木球入诗。

大慧寺在北京海淀区魏公村东的钢铁研究总院。院内有一座油漆剥落

翻建后功德寺东朝房（冯黛虹◎摄）

的殿宇叫“大悲宝殿”，是古刹大慧寺的一部分建筑。因寺中有一尊精美的大佛，数百年来当地民众称之大佛寺。

毛奇龄《明武宗外记》上载：“七月，上私幸南海子，西行经畏吾村大佛寺，以临西山”。说的是朱厚照曾自行去过大慧寺。因历史资料匮乏，明书《长安客话》未载，《帝京景物略》仅有“大佛寺”三字而无下文。从《宛署杂记》中，可知“大慧寺，在畏吾村，正德太监张惟建，赐护持敕谕。十年，学士李东阳撰真武殿铭”。

纳兰容若《渌水亭杂识》中载：“明正德癸酉（即正德八年，1513年），司礼监太监张雄建寺于宛平县香山乡畏吾村，赐额曰大慧，并护敕勒于碑。寺有大悲殿，重檐架之，中范铜为佛像，高五丈，土人遂呼为大佛寺。嘉靖中，太监麦某提督东厂，于其左增盖佑圣观，于是合寺观计之，殿宇凡一百八十三楹，拓地四百二十一亩。盖是时世宗方信道士而厌缁流，内官唯恐寺刹之毁，故建道观于其旁，而寺后之山又有真武祠，藉此以存寺也。寺之始建，大学士茶陵李东阳为碑，工部尚书汤阴

大慧寺中大悲殿

李遂书之，新宁伯谭祐篆额。其增置佑圣观也，大学士余姚李本撰文，礼部尚书高安吴山书之，成国公朱希忠篆额。其后，万历壬辰重修，则太子太保礼部尚书太仓王锡爵撰记。”

容若对大慧寺始建年代、建寺人员、殿宇数量、占地庄田记述较详、较早，廓清了大慧寺非张惟所建，而是张雄。

1979年10月，北京市文物工作队编印的《北京名胜古迹》上载：“可惜那明代的铜佛，在敌伪时期被日本侵略军毁掉了。目前大悲殿内虽然仍旧屹立着一尊大佛，并有两个协侍菩萨，却是木胎砺粉描彩的，为解放前补制，形象甚为笨拙，与殿内两山墙下的原来明代保留下来的二十八诸天塑像比较起来，就太欠和谐协调了”。北京市文物事业管理局编印的《北京名胜古迹辞典》上云：“大铜像抗日战争时期毁掉了，现存的木胎新绘的立佛和两个协侍是以后补塑的。”

以上二文没指明具体时间，但根据历史似应在1943年至1945年，日军将大悲宝殿中的千手观音铜佛毁劫做子弹。解放后，大慧寺尚存山门、前照壁和东西配殿。后来，逐渐湮废，今天只剩下大悲宝殿一处。二层

大悲殿内千手千眼观音菩萨泥塑立像

外檐下仍存“大悲宝殿”额。殿前中部有一株君迁子（即黑枣树），树径80厘米。殿前右方有一卧碑，系康熙四十三年（1704年）立《康熙辛已大悲寺灯会碑记》一通。殿前左方有宣统元年（1909年）该寺主持僧立的《重修大悲阁记善碑文》。殿后左方有《京都西直门里外香灯圣会众信人公立碑》卧地。再后，原为方丈院现存松槐各二株。1957年10月28日，大慧寺被公布为北京市第一批文物保护单位。

渌水亭宴集观荷

玉泉山下东麓，路北住着百户人家，这里湖山映带景色美，湖畔青山气色新。纳兰容若在此建房筑亭，作为读书、著书的场所。

容若是个学习型的人，家中藏书充满栋宇。张玉书《进士纳兰君哀词》中云：“僳值稍暇，留精问学，缥缃插架，丹黄满家”。纳兰容若曾说：“闲庭照白日，一室罗古今”，并且以“朋友为肺腑”。南北学子知道容若的学识和为人纷纷穷鸟入怀。康熙十二年（1673年），严绳孙已是五十一岁，来到渌水亭拜见只有十九岁的容若。朱彝尊比容若年长26岁，比容若之父明珠还大六岁，于康熙十三年（1674年）正月到渌水亭畔，拜见容若也要希风望泽。

康熙十八年（1679年）夏，朱彝尊、陈维崧、严绳孙、姜宸英、秦松龄、张纯修、汪楫在纳兰容若别墅渌水亭雅集，观荷饮酒。朱、陈各填《台城路》词，严、姜各赋五律一首。

朱彝尊《台城路·夏日同对岩、荪友、西溟、其年、舟次、见阳，饮容若渌水亭》：

一湾裂帛湖流远，沙堤恰环门径。岸划青秧，桥连皂荚，惯得游骢相并。林渊锦镜。爱压水虚亭，翠螺遥映。几日温风，藕花开遍鹭鸶顶。

不知何者是客，醉眠无不可，有底心性。研粉长笺，翻香小曲，比似江南风景，看来也胜。只少片天斜，树头帆影。分我鱼矶，浅莎吟到暝。

朱彝尊在词中明确指出渌水亭在裂帛湖旁，指出渌水亭毗邻西湖的沙堤。这条沙堤北起功德寺，南达西湖中的龙王庙。即今颐和园中的龙王庙。《山行杂记》载："西湖北岸长堤五六里，堤柳多合抱，龙王庙据其中"。《潇碧堂集》载："步长堤，息龙王庙。香风绕袖，至功德寺"。沙堤两岸青秧，桥连皂荚树，非北部的皂荚（甲）屯，而指桥边的皂荚树。

陈维崧《齐天乐·渌水亭观荷同对岩、荪友、竹垞、舟次、西溟，饮容若处作》：

分明一幅江南景，恰是凤城深处。野翠罗罗，嫩晴历历，扑到空香万缕。早村人语。是柳下沟塍，篱边儿女。稻叶菱丝，隔纱长作打窗雨。

莲房箭鞍簇簇，西洲都盖满，睡鸭新乳。碧甃回廊，黄泥小灶，几斛冷泉亲煮。倚阑凝伫，记罨画东头，旧寻诗路，招个烟樯，飘侬溪畔去。

陈维崧指出渌水亭观荷的地点是农村，这里有众多柳树、沟埂、篱笆、野翠、稻叶、菱丝。简直就像江南景色。这恰恰似京都的深处。具体说这个地方是青龙桥地区的渌水亭。

严绳孙《渌水亭观荷，次西溟韵》（四首）：

久识林塘好，新亭惬所期。
花低随燕掠，波动见鱼吹。
凉气全侵席，轻阴尚覆池。
茶瓜留客惯，行坐总相宜。

远见廉纤雨，都随断续云。

渍花当径合，添涨过城分。
树梢惊残角，鸥边逗夕曛。
渔歌疑可即，此外欲何闻。

宫云湿更浮，清漏接章沟。
抗馆烟中远，疏泉天上流。
银鞍临水映，金弹隔林收。
多谢门前客，风尘郏漫投。

碧瓦压堤斜，居人半卖花。
欲想湖上女，并舟折残霞。
蘸绿安帆幅，搴红卷袖纱。
空留薜萝月，应识旧渔家。

严绳孙的第一首诗中描写了玉泉山东麓渌水亭的风物，歌颂这里林塘优美，并说新建的亭馆非常得体、适当，使人满意称心。花未长高，还能看见水下的游鱼，夏天在这里饮宴还有凉气，身上很爽。吃着农家的茶饭，已经感到很满足。

第二首描写纤细的小雨，花上已有积水，想到水涨的情景，雨若再大就要漫城了。只能看到“树梢”和听到远处的角号声。

第三首描写渌水亭馆也在烟雨中，那玉泉水就像从天上下来的客人，一路上都是风尘仆仆。

第四首描写这里的斜堤，居者多为卖花。泛舟女在晚霞的映照下，卷着袖婀娜多姿，构成一幅美丽的图画。

又成绝句（二首）：

醉向前除眼倍明，疏帘青簟坐纵横。

只看叶叶风翻去，不辨荷声更雨声。

懒甚嵇生得所知，每逢清景不胜思。
何年吹笛横塘晚，忆著觚稜雨暗时。

这两首绝句是接前面的《渌水亭观荷，次西溟韵》写的，故称《又成绝句》。诗中描写醉向台阶，眼还看得清楚，窗帘青簟，湖上荷叶被风吹得翻来翻去，辨不清是荷叶声还是下雨声。三国魏的嵇康，是“竹林七贤”之一，嵇康《与山巨源绝交书》自称“性复疏懒”，此处诗人自谦称“懒甚嵇生”。哪年吹笛在横塘想起著作棱角被雨淋有些暗淡了。

这次宴会，宾主尽欢，连侍立在侧斟酒布菜的婢女也深受感染，即兴吟出“一杯一杯又一杯，主人（指容若）醉倒玉山颓，主人大醉卷帘起，招入青山把客陪”。

康熙十八年（1679年）夏在渌水亭宴集观荷，是一次文学沙龙，成为满族志士向汉族学习中原文化和汉族文人向满族统治者的靠近，双方希望得到援引。吴兆宜说渌水亭是“王孙甲第，穷鸟入怀”。从另一个层面说，渌水亭是诸位文士，各自心中的创伤在一定程度上得到抚慰和救治，在一定范围里放飞灵魂的地方。从国家角度上看渌水亭雅宴的重要价值，是清初的政治需要，有利于消除民族隔阂，促进全国各民族的团结。

渌水亭幽选地偏

中国园林美学中，正和偏是相对的，正为堂皇，偏为幽美。时间长了有一种感觉正为呆板，偏为灵动。

陶渊明（365–427年），字元亮，浔阳柴桑（今江西九江西南）人。

是我国文学史上的伟大诗人之一，有诗文共一百三十余篇，有《靖节先生集》传世。陶渊明在《饮酒》中“其五”云：

结庐在人境，而无车马喧。
问君何能尔？心远地自偏。
采菊东篱下，悠然见南山。
山气日夕佳，飞鸟相与还。
此中有真意，欲辨已忘言。

前四句大意：陶渊明想在庄里建造住宅，选择没有世俗来往的喧闹，怎样才能做到这样？只有心远离尘俗，到偏远之地才能求得清净。“心远地自偏”指明了居所的位置。

明崇祯年间刊行的《园治》，作者计成是古典园林发展史上最为重要、最负盛名的美学思想家。《园治》一书是我国古代最完整的一部园林学专著，系统地总结了当时丰富造园经验，其学术价值为世界公认。计成《园治·园说》称：“凡结林园，无分村郭，地偏为胜”。可见中国园林选址，讲究地偏。

秦松龄（1637–1714年），清诗文家，字汉石，又字次椒，号留仙，又号对岩，江南无锡（今属江苏）人。顺治十二年（1655年）进士，授检讨，以奏销案落职。康熙十八年（1679年）举博学鸿词，复授检讨，与修《明史》。二十三年主顺天乡试，又被究解任。著有《毛诗日笺》《苍岘山人文集》《微云词》。

康熙十四年（1675年）正月秦松龄有诗：“渌水亭幽选地偏，稻香荷气扑尊前。夜阑怕犯金吾禁，几度同君对榻眠”。秦松龄道出了渌水亭方向和环境，醉后不能归，多次和容若躺在一床。容若的渌水亭建在玉泉山下，若以明府而论，不但是“幽远”，而且“地偏”。

康熙十三年（1674年），容若到玉泉山下东麓踏察，此地前有一湾湖水，后有山，左为瓮山，右为玉泉山，风景极佳，符合自己“揽取山川风物以自觉，广资博闻”（韩菼《进士一等侍卫纳兰君神道碑》）。于是，容若在父亲明珠的帮助下在玉泉山东麓建立了渌水亭。

我们知道《渌水亭杂识》作于康熙十二年至十五年间，据此推知“渌水亭”三字始于康熙十二年，经过选址、命名、施工，使得渌水亭得以建成，且具有一定规模。

康熙十六年（1677年）五月三十日，容若妻卢氏去世，便在海淀镇南择地新建住所，取名桑榆墅。随着康熙十八年（1679年）博学鸿儒的举荐，渌水亭的常客绝大多数被清廷任用，有的在京师，有的在外埠，官身不由己，正是容若所说的“人生别易会常难”。渌水亭的房屋没人住，长期不通风，建筑则易损毁。渌水亭在玉泉山东麓，紧靠山根，雨水、冰雹比其他地方格外多，增加了亭馆的损毁。随着时间的推移，渌水亭渐渐破旧了。蔡升元云：“渌水亭边宾从散，乌衣巷口衰杨舞”。查慎行云：“江湖词客今星散，冷落池亭近十年”。可知渌水亭荒疏时间不短了。容若《百字令·废园有感》词：

玉泉山下四槐居村落（冯黛虹◎摄）

红标牌（冯黛虹◎摄）

片红飞减，甚东风不语。只催漂泊。石上胭脂花上露，谁与画眉商略。碧甃瓶沉，紫钱钗掩，雀踏金铃索。韶华如梦，为寻好梦担阁。

又是金粉空梁，定巢燕子，一口香泥落。欲写华笺凭寄与，多少心情难托。梅豆圆时，柳棉飘处，失记当时约。斜阳冉冉，断魂分付残角。

词中描写废园之景而引起无限纠结。“欲写华笺凭寄与，多少心情难托”。找不到解决的办法。词中“雀踏金铃索”，即在绳子上拴铃，乌雀踏花，拉绳铃响，将鸟驱散。玉泉山在辽、金、元、明时期就是名山名园，金铃索是轰鸟的妙招，到了清初还保留此俗，进而凸显玉泉山下的渌水亭仍保留辽、金的遗风。渌水亭记录着容若足迹与回忆，承载着满汉兄弟唱和及友谊，不能轻易废止，最好搬家续名。旨在爰惜嘉名，保留那份情感。

从效果上说，“废园”是玉泉山下渌水亭的结束。从时间上说，桑榆墅是渌水亭“寄予”的开始。其证据是梁佩兰诗句“更筑闲馆，渌水之下”。更筑闲馆，就是另选地址，再筑闲馆。写作时间似在康熙十八年（1679年）。也就是说从这一年开始，桑榆墅又填建了渌水亭。从距离上来说，由玉泉山下到海淀镇南的桑榆墅相距五六里。

致《张纯修简》（第二十八简）载：“容若曰：渌水一樽，黯然言别，渐行渐远，执手何期？”这是容若怀念张纯修而写的短信。康奉、李宏、张志主编《纳兰成德集》按：“此简系年在康熙十八年秋，张纯修就任湖南江华县知县后不久”。

致《张纯修简》（第二十九简）载：“四月二十一日，成德白：朝来坐渌水亭，风花乱飞，烟柳如织，则正年时把酒分襟之处也”。朝来坐渌水亭，说明渌水亭很近，早晨可到亭边一坐。康奉、李宏、张志主编《纳兰成德集》按：“此简系年在康熙十九年（1680年），张纯修正在江华县县任上”。

纳兰容若《秋千索·渌水亭春望》：

垆边唤酒双鬟亚。春已到、卖花帘下。
一道香尘碎绿苹，看白袷、亲调马。
烟丝宛宛愁萦挂。剩几笔、晚晴图画。
半枕芙蕖压浪眠，教费尽、莺儿语。

这首词描绘春回人间，站在渌水亭畔，放眼望去，一眼看到双鬟低垂的少女在酒肆买酒，帘下的人在卖花，湖里的鸭鹅在戏水，岸边的白衣人在驯马。突然马儿飞驰而过，卷起的尘土搅碎了一池浮萍。香烟袅袅，牵挂悠悠。在这傍晚晴朗的美景下，头枕着芙蕖也能睡眠，即使黄鹂再叫也不要去管它。

词中写渌水亭春天景色。赵秀亭、冯统一《纳兰性德行年录》中系于康熙十九年。

容若《天仙子·渌水亭秋夜》：

水浴凉蟾风入袂。鱼鳞蹙损金波碎。好天良夜酒盈尊，心自醉。愁难睡。西风月落城乌起。

这首词描摹了渌水亭秋夜景色。水中月色浮动，清风吹起衣袖，鱼儿游动搅动了池中的涟漪。面对如此美景，应对酒当歌。因为心中有愁绪，久久难以入睡。这时月亮已西下，山边的乌鸦飞起在寻找食物。

此篇对渌水亭秋夜之景描摹如画，又面对如此好天良夜。赵秀亭、冯统一在《纳兰性德行年录》中系于康熙二十年。

纵观以上罗列，看出康熙十八年是渌水亭的节点。容若将玉泉山下的渌水亭移植到海淀镇南的桑榆墅，使得渌水亭起死回生。这样就出现两个渌水亭。玉泉山渌水亭即将成为“废园”，把有价值的器物就近拉到桑榆墅，亭子题匾移到桑榆墅，以示爱屋及乌。这个时间点就是康熙十八年。

差可以康熙十八年以前属玉泉山下的渌水亭。康熙十九年以后为桑榆墅中的渌水亭当之，这样就能解释康熙十九年、二十年还有容若在渌水亭的身影。继而言之容若在这个阶段的这些书札和词作也都是容若在桑榆墅里完成的。

满汉合作注经解

《通志堂经解》是一部阐释儒家经义的丛书，分为易、书、诗、春秋、三礼、孝经、四书（论语、孟子类）总计一百四十种，一千七百八十八卷。各序介绍经解的作者、内容、版本和学术上流派，少数附带议论。

容若于康熙十二年（1673年）开始编辑至康熙十六年（1677年）刊成，接着便撰写《通志堂经解序》。徐乾学《通志堂经解序》载："经始葵丑，逾二年讫工"。而现在看到最早刊本是康熙十九年，看来《通志堂经解》真正完工当在康熙十九年。

容若在编辑《通志堂经解》中付出了极大的精力。

一、容若是此书的首倡者之一；

二、容若参与此书的搜集、编目和底本的抉择；

三、容若参加了此书的校勘；

四、容若参加此书的撰序，有不少的卓见。

编校《通志堂经解》由清圣祖玄烨出思想，明珠出钱，徐乾学出主意并亲自动手，由容若负责组织落实，方得完工。

徐乾学说成书的过程是："余兄弟家所藏本，复加校勘，便假秀水曹秋岳，无锡秦对岩，常熟钱遵王、毛季斧，温陵黄俞邰及竹垞家藏旧板书若钞本，厘择是正，总若干种，谋雕版行世。门人纳兰容若，尤怂恿是举，捐金倡始，同志群相助成，次第开雕。经始于康熙癸丑，逾二年讫工，藉以表彰先哲，嘉惠来学。功在发余，其敢掠美！因叙其缘起，志之首简”。

徐文告诉我们，《通志堂经解》底本主要是徐乾学及其兄弟元文、秉义家所藏的书，且已经做过校勘。又从朋友曹溶（字秋岳）、秦松龄（字对岩）、钱曾（字遵王）、毛扆（字季斧）、黄虞稷（俞邰）、朱彝尊（竹垞）等著名文人和藏书家借得很多抄本，加以校勘，厘择是正。

容若治学的态度非常严谨，他在《合订大易集义粹言序》中说：“余窃病其未备，因于十一家书中，将讲论《系辞》以下相发明者一一采集，与《粹言》合而订之，间以臆见，考其源委，定其体例，芟其繁芜，补其脱漏，成八十卷。庶使二书之发凡、起例互相吻合，而十八家之精义奥旨，无不网罗毕具”。

容若在《经解总序》中说“惜乎其书流传日久， 十不存一二。余向属友人秦对岩、朱竹垞购诸藏书之家，间有所得，雕版既漫漶断阙，不可卒读。钞本讹误尤多，其间完善无讹者，又十不得一二。间以启座主徐先生，先生乃尽出其藏本示余小子，曰：‘是吾三十年心力所择取而校订者。’余且喜且愕，求之先生，钞得一百四十种。自《子夏易传》外，唐人之书仅二三种，其余皆宋、元诸儒所撰述，而明人所著间存一二。请捐资经始与同志雕版行世。先生喜曰：‘是吾志也’。遂略叙作者大意于各卷之首，而复述其雕刻之意如此”。今日翻检此文可以看出容若也绝没有掠美之意。

韩菼《纳兰君神道碑》称他“晚乃笃意于经史，且欲窥寻性命之学，将尽裒辑宋元以来诸儒说经之书以行世，其志盖日进而未止也”。容若《上座主徐健庵先生书》载：“承示宋元诸家经解，俱时师所未见，某当晓夜穷研，以副明训。其余诸书，尚望次第以授，俾得卒业焉”。足见他对经史的钻研勤奋刻苦，且有一定成就。

《通志堂经解》的编辑、校勘，正值“三藩之乱”，吴三桂、耿精忠等藩王相继发动反清战争，清朝的王辅臣、孙延龄等将军和曹申吉、罗森等督抚，也都随之反叛。还有大量的地方官吏持观望态度，不积极参与平叛战争。在这种形势下，容若表彰忠节、倡导尽心任事、忠于君主，具有现实意义。有利于弘扬正义，维护祖国完整统一，维护稳定的社会秩序和经济发展。容若在序文中大声疾呼："《春秋》何义乎？尊周明法，黜霸崇王，彰善伐恶而已！"

综上所述，《通志堂经解》在编辑史上起承上启下的作用，在中国学术发展中是一个标志点，在研究和推动传统文化中是鸿篇巨制，也是满汉合作，整理文化遗产的范例。

四辑　桑榆别墅

纳兰容若成年后，其父母就忙着为其操办婚姻和建房单居。康熙十三年（1674年）择地海淀镇南的双榆树村建造房舍。除了正堂、客厅、小楼之外，还有凉亭、回廊、花厅、假山、小桥。又在园内栽植珍贵果木和奇花异草。最后题园名：“桑榆墅”。“桑榆”语出《后汉书·冯异传》：“失之东隅，收之桑榆”。东隅指日出处，桑榆指日落处。桑榆指地点讲，即方位。按太阳之运转，太阳日出的地方为东隅，北京后海的明珠府在东，双榆树村在西。一个日出，一个收日，故称桑榆墅。桑榆用来指日落余光所在处。也用来比喻桑榆晚景。刘禹锡《酬乐天咏老见示》诗：“莫道桑榆晚，微霞尚满天”。

桑榆墅是明珠早年去玉泉山上朝，后期改为去畅春园上朝的住处，免受路遥之苦。自然也是容若、妻子及儿女生活的故居。桑榆墅在历史上的作用：一是吴兆骞赦归北京，到容若家拜访的地点；二是容若赴东北觇梭龙的出发点；三是容若和顾贞观在小楼夜望攀谈之地。

桑榆墅即今双榆树村。

支撑本章的论据：

一、容若母觉罗氏殁后，葬于双榆树村；

二、容若子福格葬于双榆树村；

三、桑榆墅地下出土数十件细软；

四、桑榆墅址上有翁仲、石像生；

五、双榆树村中原有明代的兴国寺。

小构园林寂不哗

双榆一柱（冯黛虹◎摄）

容若宅中筑的茅屋也是今人探讨的课题之一。有的学者认为在后海明珠府，余以为在西郊桑榆墅内。这两处虽然均为赐地，但建筑规制不同。后海明珠府邸布局严谨，殿堂尺寸、附属设备都有严格规定，不许私搭乱建，违制遭弹劾。而郊区别墅则灵活，景点可体现园主人的意志。因此我认为容若为顾贞观所建的茅屋，当在京都的桑榆墅内。

康熙十六年（1677年）初，顾贞观离京，十七年（1678年）七月容若始建茅屋，并邀之。容若致张见阳第一简云："茅屋尚未营成，俟葺补已就，当竭诚邀驾作一日剧谈耳。"手简后顾贞观跋语云："卿自见其朱门，贫道如游蓬户——容兄因仆作此语，构此见招"。茅屋尚未营成当在康熙十七年（1678年）。

康熙十八年（1679年）夏，茅屋筑成，改称草堂或花间草堂。容若《于中好·小构园林寂不哗》词：

小构园林寂不哗。疏篱曲径仿山家。昼长吟罢风流子，忽听楸枰响碧纱。

添竹石，伴烟霞。拟凭尊酒慰年华。休嗟髀里今生肉，努力春来自种花。

《瑶华集》有副题《小园》。也就是说词名又称“小园”。这首词描写规模小巧的园林寂而不喧，径曲篱疏，好似深处山里的人家。长昼漫漫，一曲《风流子》吟罢，忽听到落棋的声音从碧纱窗内传出来。添一些竹石来衬托烟霭和霞光，准备用酒来慰藉自己的年华。不要嗟叹而今髀里长肉的烦恼，等春天到来时亲自在这里努力劳作。

词中描绘的田野村貌风光，犹如优美安静恬淡静谧的水墨山水画。余以为作者长期处在紧张无序的侍卫职业，而产生烦恼情绪，渴望有个平稳洒脱的生活。

容若《满江红·茅屋新成却赋》：

问我何心，却构此、三楹茅屋。可学得、海鸥无事，闲飞闲宿。百感都随流水去，一身还被浮名束。误东风、迟日杏花天，红牙曲。

尘土梦，蕉中鹿。翻覆手，看棋局。且耽闲殢酒，消他薄福。雪后谁遮檐角翠，雨余好种墙阴绿。有些些欲说向寒宵，西窗烛。

这首词开始问我为何要造三间草房，只因闲居于此。要像自由自在的海鸥那样，将心中的感慨都付于流水，抛开人世浮名的束缚。春天晚来，杏花迟开。

拍击红牙板把歌唱。任凭世事无常，翻云覆雨，我只需在这里饮酒作歌。追求一点快乐。一场雪遮盖了檐角的翠绿，等雨后在墙阴处种一些植物，就在这座茅屋里我们可以夜夜叙谈，有些话我要向你倾诉。

词中以建茅屋为引端，抒发向往自由安闲的心念，委婉地表达了词人内心意向和眼前生活的矛盾状态。

康熙十九年（1680年），容若《寄梁汾并葺茅屋以招之》诗云：

三年此离别，作客滞何方。
随意一尊酒，殷勤看夕阳。
世谁容皎洁，天特任疏狂。
聚首羡麋鹿，为君构草堂。

草堂落成于康熙十八至十九年，该诗当作于此。

妻棺暂厝双林寺

康熙十三年（1674年）纳兰容若和卢氏完婚，二人感情弥笃。三年后卢氏病逝，灵柩暂厝双林寺。容若前去守柩。

双林寺在双榆树村南三公里许，即今北京海淀区紫竹院公园。《谷城山房集》载：“万历初。大珰冯保营葬地。造寺曰双林。双林，冯之别

紫竹院东门太湖石（冯黛虹◎摄）

双林寺塔（选自《古都文物略》）

字也”。冯保，明朝权宦之一。字永亭，号双林，深州（今河北省深县）人。嘉靖中任司礼监秉笔太监。隆庆时提督东厂兼掌御马监，万历时任司礼监掌印太监兼掌东厂，集内外大权于一身。生前建寺，死后作为自己的营葬地。“寺前为山门，金刚、钟鼓二楼，天王殿宇中为佛殿，左右伽蓝、护法，后为方丈，左右斋堂、禅堂。两侧厨、库、僧房。其后垒土石为山，高可丈余，上为明阳洞，左台右榭，群卉丛萃，凡寺之所宜者无所不备矣。工始于二月之春，落成于八月之秋，命名双林”（王槐《双林寺碑略》）。

冯保内依太后，外依张居正，挟持小皇帝，气焰甚盛，被皇帝憎恨。张居正去世，太后归政后，冯保失去了依靠，已长大的明神宗为了抒发多年的积怨，接受了太监张鲸的建议，让冯保回私宅双林寺闲住，然后发配到南京孝陵，抄没了冯保的家产，贬谪死于江南，葬在留都皇厂。他精心修建的双林寺营葬地也没有用上。万历四年（1576年），南印度僧人足克衿戳古尔前来北京，弘扬藏传佛教，初息天宁寺。后过阜成门外二里沟，见一松盘覆，趺坐其下。默持陀罗尼咒，太监毕某禀于朝廷，赐金制禅衣，赐寺名西域双林寺。事隔二十六年，又一位印度梵僧，名叫锁喃嚷结，“初至中国，住五台山罗睺寺，两年后遇太监刘润，引至北京双林寺。万历三十年（1602年）五月，启奏明肃皇太后，命住万寿庵（即万寿寺）持咒三年，有番经厂太监张贵奏于御前，令引见，命住双林寺，设坛济幽四十九昼夜，赐紫衣宝冠，命西经厂掌坛教授中贵”。

明代诗人叶映榴《双林禅寺观荷》诗“胜侣寻幽刹，芳筵对水张。宿红窥镜影，高翠捧珠光。雨后人尤爱，觞传我亦狂。相看尘土气，俱付碧云乡”。可想知双林禅院的景象。明诗人于慎行《双林寺歌》云：“道旁佛宫谁者筑？珠楼宝殿横山麓。僧徒指点为予说，此寺方成主人逐”。明诗人冯琦《双林寺歌》云：“大第深沉别有人，野寺凄凉已无主。试看今日蓬与蒿，试看旧日石与牢。豪华意气竟何在，寂寞楼台空复高。

黄金台前车已覆，黄金坞中满已扑”。后两首诗是描写冯保失宠败落，双林寺被宫里收回。

清康熙十六年（1677年）五月，容若《忆江南·宿双林禅院有感》词：

心灰尽、有发未全僧。风雨消磨生死别，似曾相识只孤檠，情在不能醒。
摇落后，清吹那堪听。淅沥暗飘金井叶，乍闻风定又钟声，薄福荐倾城。

中国丧葬的主要特征是厚葬、隆祭、久祀。又以忠孝为轴心，忠以孝为表，家以孝立业。妻子死后叫“嫔”，俗称“故嫔”。卢氏亡故，使容若伤心备至。自己犹如长发的僧人，流逝的时间总是冲不淡悲痛的思念，不由得沉溺于情天恨海之中。细雨飘落在井边的树叶上，风停后传来寺院的钟声。对于亡妻无尽的思念！卢氏先死，暂时不能入祖坟，或让亡人与佛结个缘，对其超生、转世都有好处，因而选择距桑榆墅较近明季古刹双林禅寺浮葬。

容若《望江南·宿双林禅寺有感》词：

挑灯坐，坐久忆年时。薄雾笼花娇欲泣，夜深微月下杨枝。催道太眠迟。
憔悴去，此恨有谁知。天上人间俱怅望，经声佛火两凄迷。未梦已先疑。

阙中有“忆年时”句，则作于康熙十七年（1678年）。容若在双林寺，夜守卢氏灵堂，经受着失去妻子的痛苦煎熬。

《卢氏墓志铭》中云：“于其殁也，悼亡之音不少，知己之恨尤深”。说的是卢氏逝后，容若写了不少悼亡的诗词，来表达知己早逝的思念。

容若《寻芳草·萧寺记梦》中云：

客夜怎生过。梦相伴，倚窗吟和。薄嗔佯笑道，若不是恁凄凉。肯来么。
来去苦匆匆，准拟待、晓钟敲破。乍偎人、一闪灯花堕，却对着琉璃火。

萧寺是对佛寺的称谓。上片写梦境，刻画了在梦里与妻相会，又想到她那娇嗔佯笑的动人形象。下片说好梦不长，来去匆匆。突然间，“晓钟敲破”，从佳梦中惊醒，使他不胜惆怅。结穴处是临湖殿榭灯火琉璃，耐人寻味。词作表达了对所爱之人的深深思念和怨离之情。

《致张纯修简》第十五简：

亡妇灵柩决于十二日行矣，生死殊途，一别如雨。此后但以浊酒浇坟土，洒酸泪，以当一面耳。嗟夫，悲矣！

夫人卢氏康熙十六年卒，次年七月二十八日下葬，此札七月十二日。卢氏撒手人寰，容若承受了“中年丧妻”的巨大悲痛，不知洒下多少思念泪，总感到夫人来去匆匆，人生苦短。

家在寒林独掩扉

康熙十七年（1678年），容若把卢氏安葬后，便在海淀镇南双榆树大兴土木，建造桑榆墅。还着手建茅屋，以备顾贞观来京小住，容若《南乡子·秋暮村居》词：

红叶满寒溪。一路空山万木齐。试上小楼极目望，高低。一片烟笼十里陂。

吠犬杂鸣鸡。灯火荧荧归路迷。乍逐横山时近远，东西。家在寒林独掩扉。

词中“红叶”“万木齐”“小楼”“十里坡”皆为桑榆墅景点和深秋景象。“试上小楼极目望，高低，一片烟笼十里陂”，大意是“登楼远眺，可看到高高低低的山峦和被烟雾笼罩的的宽广湖面”。这首词描绘典型环境，秋天红叶之际，登楼极目望，山分高低错落，水塘上有“烟笼”。还能听见村上的犬吠鸡鸣，这就是我居住的环境。

中国园林大致可分为两大类型。一类是专为帝王建造的苑囿，一类是私家营造的园林。前者规模较大，富丽堂皇。后者建筑集中，平易怡人。如：桑榆墅，属于私家经营的园林。

明珠和其子能在此建园，喜欢海淀“平地有家，滮洒四出（《长安客话》）”。原来这个地段有古渠。渠身面阔23米，底宽近14米，深约3米，渠底距地表4.7米，水流系由南向北流动，从渠内沉积物分析，其年代不早于两汉。岳升阳、夏正楷、徐海鹏专家认为与曹魏时期修建的车厢渠有关。其河道从国家图书馆到中关村，又奔向清河，被称为“双榆树古渠”，是一条古老的人工渠道。这是海淀地理历史环境研究的新成果。因地下水较浅，掘地出水，是造园条件。

1978年开始建设双榆树住宅小区，而北部的大泥湾和南部的小泥湾仍没有消失，直到1984年仍有浅湖的痕迹。夏季一弯水，冬季一片蒿子。在双榆树地界还有一条水沟，由北向南汇入高粱河。

双榆树村有明代古刹兴国寺。1928年《北平特别市寺庙登记》载：“兴国寺坐落西郊三分署双榆树村七号，建于明朝，康熙年重修，私建。本庙面积二亩七分余，房殿三十七间。管理及使用状况为自置庙产，由王华亭看护。庙内法物泥像八尊，木像三尊，铁磬一个，铁钟一口，鼓一个，铁烛扦四对，磁香炉四个，铁香炉七个，木鱼一个，另有杨树两棵，砖井一眼。”

1936年北平市又进行寺庙总登记：兴国寺（僧庙）坐落西郊第三分署双榆树七号，建于明，康熙年重修，属私建。不动产土地三亩七分，房屋三十四间，管理使用状况为供佛自住。庙内有法物破磬、破钟各一口，木梆一架，旧鼓一面，佛像十二尊，瓷香炉四个，铁香炉七个，供桌三张，另有井一眼，树两棵。

上述兴国寺资料中“康熙年重修”当指明珠和容若住桑榆树时重修。

明珠之所以建园亭，是明珠府在德胜门后海到畅春园上朝不便，需在畅春园附近有个起居处，减少路途之苦，正赶上清圣祖恩赐王公大臣“选胜建园”的好时机。

畅春园总管园务大臣李煦在海淀镇的太平庄建“李氏园”，有“瓦房四十二间”。议政大臣佟国维在勺园的东侧、天仙庙以北建“佟氏园”，有房屋三十余间。保和殿大学士、加太子太傅索额图，在圆明园扇子湖之东和万春园之西建“澄怀园”，有迈光楼三楹。武英殿大学士加太子太傅明珠在海淀镇南建桑榆墅，有“三层小楼”，《天下偶闻》载：“海淀大镇也。自康熙以后，御驾岁岁幸园，而此地益富，王公大臣均有园。”钱金甫《佟园记》云：“今上临御日久，仁风翔洽，海内乂安。万机少暇，于玉泉山之东为畅春园以备游豫。诸王大臣亦命各选胜置园。为扈从登临地，国戚佟公独密迩御园，距最胜。其下以次棋布，皆上意也。”余以为这次“选胜置园”是清圣祖的赐地，包括明珠在内的桑榆墅及后来建的自怡园。如果说索额图建的是一座水景园，那么桑榆墅和自怡园就是二座文人园。

独背残阳上小楼

桑榆墅里有三层小楼，不但是主人居住的场所，且成为地标性的建筑。纳兰容若诗词中三番五次的出现，可见对其的偏爱。

容若《踏莎行·寄见阳》词：

倚柳题笺，当花侧帽。赏心应比驱驰好。错教双鬓受东风，看吹绿影成丝早。

金殿寒鸦，玉阶春草。就中冷暖和谁道。小楼明月镇长闲。人生何事缁尘老。

词中有“小楼明月镇长闲，人生何事缁尘老”句，大意小楼外明月孤照，何必要沾这些俗世的尘埃呢？此阙传达出对侍卫之职厌烦情绪。作于康熙十八年之后。

容若《浣溪沙》词作：

一半残阳下小楼。朱帘斜控软金钩。倚阑无绪不能愁。
有个盈盈骑马过，薄妆浅黛亦风流。见人羞涩却回头。

词中有“一半残阳下小楼，朱帘斜控软金钩”。大意是夕阳已经要落山了，小楼之上已经挂好了“珠帘”准备歇息。

容若《于中好》词作：

独背残阳上小楼。谁家玉笛韵偏幽。一行白雁遥天暮，几点黄花满地秋。
惊节序，叹沉浮。秾华如梦水东流。人间所事堪惆怅，莫向横塘问旧游。

词中有“独背残阳上小楼，谁家玉笛韵偏幽。”大意是秋日夕阳里，独自登楼，“独背残阳”四字有画面感。耳中传来悠扬的笛声。此使作者怀念起朋友间的“旧游”。

容若《相见欢》词作：

落花如梦凄迷。麝烟微。又是夕阳潜下小楼西。
愁无限。消瘦尽。有谁知。闲教玉笼鹦鹉念郎诗。

词中有“麝烟微，又是夕阳潜下小楼西”，大意是焚烧麝香所散发的缕缕香烟，夕阳潜下在小楼的西面，容易引起闺中女子伤春念远的情绪。

桑榆墅小楼记载着容若与妻子、朋友说不完的故事。

桑榆墅同友夜望

纳兰容若写诗五百余首，而写故居桑榆墅的仅有两首，其中一首《桑榆墅同梁汾夜望》诗：

朝市竞初日，幽栖闲夕阳。
登楼一纵目，远近青茫茫。
众鸟归已尽，烟中下牛羊。
不知何年寺，钟梵相低昂。
无月见村火，有时闻天香。
一花露中坠，始觉单衣裳。
置酒当前檐，酒若清露凉。
百忧兹暂豁，与子各尽觞
丝竹在东山，怀哉讵能忘！

这首诗记叙容若和顾梁汾的友情。诗中描写早晨的街市上，人们繁忙的景象。到了傍晚安静下来，只剩夕阳斜照，显得清静悠闲。登上层楼，放眼望去，暮霭苍茫。飞鸟都已归巢，牛羊已入圈，不知何年所建的寺庙响起低徊浑厚的钟声和僧人们的诵经声。因为公务繁忙，很长时间没见到村火了。但还能闻到乡间烟火的清香。天气凉了，露水接踵而来，打在花叶上，使花叶片飘落，落在人身上，给人清凉的感觉。这才发现自己穿的太单薄。屋前檐下，摆好酒桌，开始畅怀对饮吧，那美酒像露水一样清凉。此时此刻忧愁烦恼都没有了。东山丝竹之声悠扬悦耳，这如同神仙的生活。而我心中所怀的壮志也不会忘记。

诗中主要有三层意思。

一、登楼一纵目，在“远近青茫茫”中，有“初日”和“夕阳”，有“众鸟”和“牛羊”又听到“钟梵”的声音，闻到“村火”的天香。

二、和顾梁汾畅饮。“置酒当前檐”“与子各尽觞”而心怀壮志不能忘。

三、“一花露中坠，始觉单衣裳”是写露水。二十四节气歌中有“秋处露秋寒霜降”其中点出露水。白露阴历八月，阳历九月七、八日白露时节，因夜间转凉，空气水汽往往凝成露水。白居易《暮江吟》云：“露似真珠”，《月令七十二候集解》载：“八月节……阳气渐重，露凝而白也”。这时我国大部分地区天气渐凉。看来容若和顾梁汾会晤是在农历八月有露水的节气里。

四、该诗特点冲淡自然，不假雕饰，而又含蓄浑厚。以白描手法写桑榆墅风光，用淳朴的情感写同梁汾在小楼夜望的友谊。

以诗相送沈尔燝

沈尔燝，字凤于，号冀召，浙江乌程人。康熙十二年（1673年）沈尔燝参加玉泉山下渌水亭雅集，并作《台城路·题渌水亭为成容若赋》：

凉波万斛光浮动，谁将海霞裙剪。穲稏青多，芙蓉红冷，一带薰风庭院。湘帘不卷。道扣户无人，去来双燕。金粉楼台，五云葱翠画屏展。

长杨羽猎初赋，碧纹珍簟净，乐章倚遍。骤雨新荷，名贤觞咏，谱入幽兰琴阮。香清露泫。再添个兰桡，汉津槎远。生小江南，乍游仙梦见。

纳兰容若《沈进士尔燝归吴兴，诗以送之》：

成名方得意，几日问归舟。
独有离居者，萧然感素秋。
一笻黄叶寺，孤棹白苹洲。

无限江湖兴，因君寄虎头。（时梁汾客苕上）

这首诗的大意：科举时代经殿试考取之人，心里非常高兴，打算近几天就荣归故里。自打北上就离群索居，深感如同生活在草木凋落的素秋里。竹杖可寻黄叶寺，乘舟可览白苹洲，美丽的江南风光为之助兴。顾贞观客居在苕溪之上，距苏州西北阊台的虎丘很近，为此托你给顾贞观捎个信，告诉他我的情况。

沈尔燝，康熙二十一年（1682年）九月进士，旋返故里，同年十月容若赋诗以赠，因急赴北疆觇梭龙，未能亲自送行，只能以诗送之。

吴兆骞赦归北京

顺治十四年（1657年）发生丁酉科江南乡试案，牵扯面最大、处理最惨。考官及中试者有十九人处死，八人流徙，其中大部分是江南名士，并有不少举人蒙冤。杜登春《社事始末》中回忆说：“江浙文人涉丁酉一案不下百辈”。即使顺治帝在主观上要整肃科场，但客观上却使江南地主文人遭受打击。也是满与汉，北方汉官与南方汉官矛盾的反映。其中的吴兆骞（字汉槎）被责四十大板，家产籍没入官，并流徙宁古塔，长达二十三年。

吴兆骞像

康熙十五年，吴兆骞童年好友顾贞观作词《金缕曲》：

季子平安否？便归来、平生万事，那堪回首。行路悠悠谁慰藉，母老家贫子幼。记不起、从前杯酒。魑魅搏择人应见惯，总输他，覆雨翻云手。冰与雪，周旋久。

泪痕莫滴牛衣透。数天涯、依然骨肉，几家能够。比似红颜多命薄，更不如今还有。只绝塞、苦寒难受。廿载包胥承一诺，盼乌头、马角终相救。置此札，兄怀袖。

容若和顾贞观初交，然与吴兆骞没有任何交往，更没有谋过面，而顾贞观却用心计把这首《金缕曲》送给容若一览。顾贞观旁敲侧击下，容若说："河梁生别之诗，山阳死友之传，得此而三。此事三千六百日中，弟当以身任之。"顾贞观回称："人寿几何？请以五载为期。"从此古道热肠的容若为救吴兆骞多方奔走。

容若《金缕曲·简梁汾》：

洒尽无端泪。莫因他、琼楼寂寞，误来人世。信道痴儿多厚福，谁遣偏生明慧。莫更著、浮名相累。仕宦何妨如断梗，只那将、声影供群吠。天欲问，且休矣。

情深我自判憔悴。转丁宁、香怜易爇，玉怜轻碎。羡杀软红尘里客，一味醉生梦死。歌与哭、任猜何意。绝塞生还吴季子，算眼前、此外皆闲事。知我者，梁汾耳。

词中劝顾贞观，不要无端洒泪，激愤难平，人生本来命运多舛，人世间常常是"痴儿多厚福"。而顾贞观却是如此聪慧，因而不必为浮名所累，不必在意仕宦，更不要怕那些造谣中伤的群宵，他们如同犬吠。情深如我，心肝情愿憔悴费神，转而替我嘱咐他"香草易燃，玉石易碎"。倒是羡慕那些在红尘中醉生梦死的人。没有烦恼，随便别人怎么猜想吧。力促吴兆骞绝地生还，这是眼前最重要的事情。

该词作于康熙十五年末或十六年初。有的版本副题"简梁汾，时方为吴汉槎作归计”。

顺治十六年（1659年）三月，吴兆骞离京出塞，到康熙二十年（1681年）还京，结束了在边关二十多年的流放生活。这是通过多条渠道，又经过多方人士帮助才得以实现的。然而真正起疏通关节作用的是容若，在赦还中扛鼎作用的是明珠。张廷济《秋笳余韵》说：“相国纳兰，成侍中，极力营救，纳锾归”。昭梿《啸亭杂录》中说：“侍卫乃白太傅，援例赦还”。徐釚《孝廉汉槎吴君墓志铭》说：“有尼之者，不果召还。而纳兰侍卫因与司农、司寇暨文恪相国醵金以辅少府佐匠作，遂得循例放归。然在绝域已二十三年矣”。伍崇曜《秋茄集跋》云：“亦成容若侍御力也”得赦还。

康熙二十年（1681年）吴兆骞回到北京，容若甚喜，写下《喜吴汉槎归自关外，次座主徐先生韵》诗：

才人今喜入榆关，回首秋笳冰雪间。
玄菟漫闻多白雁，黄尘空白老朱颜。
星沉渤海无人见，枫落吴江有梦还。
不信归来真半百，虎头每语泪潺湲。

吴兆骞在北京食宿无着落，举目无亲，容若把吴兆骞及其妻子儿女接到桑榆墅家中，吴兆宜《哀词》云：“三载宾筵，锦衣而鼎食；侵晨弄墨，笔彩潜飞，半夜弹棋，灯花碎落”。

吴兆骞诸兄相继而亡，无有生活来源。明珠见此，将兆骞留在府内给揆叙授课，其俸以接济生活。兆骞思念故乡，容若资助他回江南吴江省亲，文载“日南送雁，载樵麦之一舟，夫皆我公之赐也欤”。

康熙二十三年（1684年）吴兆骞因病而逝，终年53岁，容若扈从圣祖玄烨南巡，得悉吴兆骞逝世于北京的消息，悲痛万分，写下《祭吴汉槎文》文中写道：“呜呼，我与子昔，爰居爰处，谁料倏忽生死异路。”

容若回到北京，主持安葬了吴兆骞，抚慰、照顾其子女，为其弟安排了差事。吴兆宜撰纳兰《哀词》哭诉道：“兆宣则何敢知焉？不才如宜，多蒙公置之宾馆”。容若对吴兆骞生管死葬，敦崇情谊。不但架起了满汉文化交流桥梁，也编织了满汉兄弟情谊的纽带。

八年宿卫一亲臣

康熙十六年（1677年）内务府将“御马监”改为“上驷院”，在上驷院里另设有“阿敦侍卫”（阿敦为满语，意为马群）人数为二十一人，侍从皇帝并骑驯“御马”。紫禁城内外及南苑共有马厩十七个，饲养各种马匹七百余匹。设厩长、厩副、牧长、副牧长、牧副、牧丁、草夫、马甲等分别管理。此外在口外及盛京等处设牧厂四个，饲养马驼，共养马二百六十一群（四百匹至五百匹为一群），驼六十五群（一群不过三百只）。容若虽然已中进士，要进侍卫之门，恰逢机构变动，人员关系办公地点未定，尚需数月才能稳定。

是年（1677年）四月末，妻卢氏生子，容若兴高采烈，但月余卢氏患病，于五月卒，容若在悲痛中处理妻子丧事。这一年（1677年）十月二十日，清圣祖在乾清门听部院各衙门面奏政事。《康熙起居注》载：“是日，谕大学士勒德洪、明珠：朕不时观书写字，近侍内并无博学善书者，以致讲论不能应对。今欲于翰林内择博学善书者二员，常侍左右，讲究文义。但伊等各供其职，若令仍住城外，则不时宣召，难以即至。今着城内拨给房屋，尔衙门满汉大臣会议具奏”。此事最终未落到容若身上，一是由于妻子卢氏在丧事中，二是容若未被馆选翰林内。不过这件事透露朝廷机构中需要博学善书的人材。

赵秀亭先生《纳兰性德康熙十七年始任侍卫考》发表后，牵动全局，震动学术界，颠覆了前人的“十五年”之说，对于了解真实的容若身世，有积极作用，也理解了两年多“待业”的人为原因。

康熙十九年（1680年）容若由司传宣改经营内厩马匹，清圣祖出巡用马，皆由他拣选试骑。秦松龄《挽诗》“平堤夜试桃花马，明日君王幸玉泉”。容若又常赴昌平、延庆、怀柔、古北口等地督牧。

康熙二十一年（1682年）六月，容若晋升为二等侍卫。严绳孙作《西苑侍直》诗二十首，容若和之，题为《西苑杂咏和荪友韵》。其中第十一首云：“马曹此日承恩数，也逐清班许钓鱼”。《东华录》载，谕部院诸臣：“令于桥畔设罾网，以待卿等钓，可于奏事之暇，各就水次，举网得鱼”。也说明容若不再履行“马曹”之职，进入内廷“清班”。

同年九月容若和画家经纶（字岩叔）随往梭龙。侦查罗刹驻地形势、水陆交通情况。无疑这也是清圣祖的育人之术，将他们放在国境线上历练。姜宸英《挽诗》“奉使属当年，提戈绝域边”。容若在五言古诗《梭龙与经岩叔夜语》中有“绝域当长宵，欲言冰在齿”。

《松赋》为清圣祖早年作品，康熙二十二年令容若译为满文。寻御制《松赋》颇费周折，检《乾清门应制诗》不载，而在《圣祖初集》。后来《清史稿》中记“令赋《乾清门应制诗》，译御制《松赋》，皆称旨”。清圣祖令译《松赋》是对容若满汉文字掌握程度的测试。韩菼《进士一等侍卫纳兰君神道碑》载：“君既以敬慎勤密当上意，而上益稔其有文武才，且久更明习，可属任”。徐乾学《通议大夫一等侍卫纳兰君神道碑文》载：“未几授三等侍卫之职，盖欲置诸左右，成就其器而用之。而上所巡幸南北数千里外，登岱幸鲁，君常佩刀鞬随从，虔恭祗栗。每导行在上前骑前却视恒不失尺寸，遇事劳苦必以身先，不避艰险退缩。上心怜之，其前后赉予重叠视他侍卫特过渥已，进一等侍卫。值万寿节，上亲御笔书唐贾至《早朝》诗赐之。后月余，令赋诗献，又令译御制《松赋》，皆称善久之。然君自以蒙恩侍从无所展效，辄欲得一官自试。会上亦有意将大用之，人皆为君喜”。容若身为侍卫一职，尽心尽责，从无疏漏，赢得主人和同僚的赞赏。

康熙二十四年（1685年）三月十八日，容若在侍卫的岗位上干了八个年头，是位资深的侍卫。容若仙逝后，好友秦松龄《挽诗》云：“争说新恩宠赉频，八年宿卫一亲臣”。余以为词语既是士林之声，又似天子之评语。

随扈远行想故园

纳兰容若经常远行“千山万水”，如东巡盛京，西巡五台山，却有思乡想家之作。词中的“故园”指的是北京的桑榆墅。

容若《减字木兰花》：

断魂无据。万水千山何处去。没个音书。尽日东风上绿除。
故园春好。寄语落花须自扫。莫更伤春。同是恹恹多病人。

该词是容若《减字木兰花》六阙之一，被选入《通志堂集》，为容若的早年作品。词中“故园春好，寄语落花须自扫”，大意是说北京桑榆墅，现在一定春光正好，写信告诉你，庭前的落花就靠你亲自去打扫了。不要再去伤春了。词中说已经走过万水千山，回想起来还是故园春好。

容若《长相思》词作：

山一程。水一程。身向榆关那畔行。夜深千帐灯。
风一更。雪一更。聒碎乡心梦不成。故园无此声。

该词阙中有“聒碎乡心梦不成，故园无此声”，大意说夜里北风呼啸，大雪满地，搅碎了我那颗思乡之心，家乡的桑榆墅里是听不到这种声音的。

康熙二十一年二月下旬至月底，容若随扈从东巡，词作于往山海关途中。

容若《满江红》词：

代北燕南，应不隔、月明千里。谁相念、胭脂山下，悲哉秋气。小立乍惊清露湿，孤眠最惜浓香腻。况夜乌、啼绝四更头，边声起。

销不尽，悲歌意。匀不尽，相思泪。想故园今夜，玉阑谁倚。青海不来如意梦，红笺暂写违心字。道别来、浑是不关心，东堂桂。

词中有“想故园今夜，玉阑谁倚？”大意是说在北京的桑榆墅里，谁又在独倚着栏杆，正在伤神呢？康熙二十二年（1683年）九月，容若随扈山西五台山，此阕为是行进之作。另有五言律诗《驾幸五台恭记》。

冰河铁马觇梭龙

“索伦”作“索龙”“梭龙”。纳兰容若觇梭龙事，即赴黑龙江侦查罗刹犯边。16世纪时俄国又称“罗刹”。“罗刹”是俄罗斯的音转、意译，也作“鄂罗斯”。清人吴晋锡在《归来草堂尺牍》中多次称“逻车国”，又名“老枪”。罗刹扰边，引起清廷的注意。康熙二十一年（1682年）秋，容若从桑榆墅出发，告别父母及妻儿赴北疆完成清廷交给的特殊任务。

清廷组织一支精干的小分队，由副都统郎坦（淡）、彭春带队，其中有容若、经生（又名经纶，字岩叔，浙江余姚人，画家）等百人组成的小分队，以行猎为名至索伦侦查地形。《清史稿》载：“二十一年秋，遣郎坦及副都统彭春率兵往索伦”。清圣祖玄烨“赐御用裘服、弓矢以行”。徐乾学《送行》诗：“丁零逾鹿塞，勅勒过龙沙。绝漠三秋暮，穷阴万里赊。行边依羽箭，乘障咽霜笳。地轴图经外，车书总一家”。姜宸英赋诗七首《宿燕郊·送容若奉使西域》：“吹笳落日乱山低，帐饮连宵惜解携，别梦已经千里雁，征心惟听五更鸡。侍中诏许离丹禁，都护声先过月题，今看乌孙早入质，蒲桃苜蓿正东西”。

梁佩兰在《挽诗》中写：“仗节唆龙日，关前柳正黄”。“沙碛围毡帐，山川画虎囊”。此诗透露出走前“柳正黄”，到后来“沙碛围毡帐”的情景。

容若《沁园春》词：

试望阴山，黯然销魂，无言徘徊。见青峰几簇，去天才尺；黄沙一片，匝地无埃。碎叶城荒，拂云堆远，雕外寒烟惨不开。踟蹰久，忽砯崖转石，万壑惊雷。

穷边自足秋怀。又何必、平生多恨哉。只凄凉绝塞，峨眉遗冢；销沉腐草，骏骨空台。北转河流，南横斗柄，略点微霜鬓早衰。君不信，向西风回首，百事堪哀。

容若在这首词里描绘了北疆苦寒、抒发了内心的感叹。遥望苍凉的阴山令人销魂，簇峰高耸入云，使人不敢前行。黄沙遍地，无有边际。城堡随着时间的推移已荒，浮云堆祠也远不可及，唯见雕鹰在塞中盘旋，当徘徊不前之际，忽听山崖巨石滚动，万壑轰鸣。身临此境，容易伤感。人生不必有那么多的恨。这绝塞并不孤寂，不是有王昭君的青冢、燕王的招贤台在陪伴着吗？虽然有的消沉腐草，骏骨空台，依然是江河行地，北斗在天，只是人添了些霜鬓。在这关键时刻，要坚持向前，完成王命，不用回首遐想。词中出现关外古地名，皆非实指。此词有慷慨情怀，并非像有的学者所言是“愁苦满怀，消沉堪哀”。

梭龙即索伦部，其住地位于东北黑龙江上游的雅克萨，即今俄罗斯的阿尔巴津一带。索伦部起初包括达斡尔、鄂温克、鄂伦春等族，顺治、康熙年间，沙俄哥萨克入侵后，他们陆续迁移到嫩江流域才逐渐使用鄂温克的专名。而且把达斡尔、鄂温克、鄂伦春等渔猎民族组成八旗兵丁，统称“索伦兵”。其驻地一直处于清朝有效管理之下。在“三藩”叛乱期间，沙俄乘清朝忙于边患之际，逐渐向东推进，侵占了雅克萨城，渡过精奇里江，占据了达斡尔人的老家。

康熙二十一年（1682年）沙俄又挑起边境纠纷，“诱索伦、打虎儿、鄂伦春打貂人、额提儿克二十人入室，尽行焚死”。沙俄肆无忌惮的挑衅，使清圣祖玄烨认识到“若辈非创以兵威，则罔知惩畏”（《平定罗刹方略》卷一）。《圣祖仁皇帝实录》卷一〇四：“康熙二十一年（1682年）八月记：庚寅初，鄂罗斯所属罗刹时肆掠黑龙江边境，又侵入净溪里乌喇诸处，筑室盘踞。上命大理寺卿明爱等谕令撤回，犹迁延不去，而恃雅克萨城为巢穴，于其四旁耕种、渔猎，数扰索伦、赫哲、飞牙喀、奇勒尔居民，掠夺人口。遣副都统郎谈、公彭春等率兵往打虎儿、索伦，声言捕鹿，以觇其情形。”清圣祖还特意嘱咐：“万一罗刹出战，勿与交锋，但率众引还，朕别有区划”。

郎谈于八月成行，人马不多“除自京遣往参领、侍卫、护军外，令毕力克图等五台吉率科尔沁兵百人，宁古塔副都统萨布素等率乌喇宁古塔兵八十人”随行，容若属侍卫之列。

容若赴梭龙时，韩菼《纳兰君神道碑铭》中记：“康熙二十一年秋，奉使觇梭龙羌，道险远，君间行，疾抵其界，劳苦万状，卒得要领还报。后梭龙输款而君已殁”。

容若在《从军曲》云：“细柳门开部曲闲，元戎亲送六飞还”。其意说自己不是觇梭龙的领导者。“锦衾千里惜余香，独宿天山五月凉”。离京千里，自己独宿天山，已经五月，天气渐凉。

姜宸英《通议大夫一等侍卫进士纳兰君墓表》中记：“康熙二十一年八月，使觇梭龙羌。其地去京师重五六十驿，间行或累日无水草，持干粮食之。取道松花江，人马行冰上竟日，危得渡。仅抵其界，卒得其要领还报，上大喜。君虽跋涉艰险，归时从奚囊倾方寸札出之，叠数十纸细行书，皆填词若诗，略记其风土方物。虽形色枯槁不自知，反遍示客，资笑乐”。短短一段话把容若文武双全，胆大心细，又豁达的形象跃然纸上。

容若“冰河铁马觇梭龙”起码有“三苦”：

一是天气寒。《浣溪沙》（身向云山那畔行）中有“北风吹”。《菩萨蛮》（荒鸡再烟天难晓）中“敲冰饮酪浆”。姜宸英《纳兰君墓表》“间行或累日无水草，持干粮食之”。

二是路程远。姜宸英《纳兰君墓表》“人马行水上竟日，危得渡。”

三是时间长。容若从康熙二十一年八月末出发至十二月二十七日向清圣祖汇报，计四月。尤在寒冷冬季。

容若出使梭龙侦察罗刹侵边情况，是容若生平中的一件重要的历史事件，为中国和俄国的第一次雅克萨之战做准备。

自题《楞伽出塞图》

照相机传入中国前，国人称画像为“小照”“小像”，实为手绘的人像。康熙二十一年秋纳兰容若参加“觇梭龙”，并请人为他绘《楞伽出塞图》。腊月回京后，自题词于图。

《太常引·自题小照》：

西风乍起峭寒生。惊雁避移营。千里暮云平。休回首、长亭短亭。
无穷山色，无边往事，一例冷清清。试倩玉箫声。唤千古、英雄梦醒。

这是容若题写在画像上的小令。上半阙写塞上风光，秋风突起，寒意袭来，大雁因为军民转移营地而被惊飞。如今来到了北方，不要回望这一路上的长亭短亭。那无限的山景，无限的往事，眼下显得那么冷清。要么请个女子吹奏玉箫，词中有“唤千古英雄梦醒”句让悠悠的箫声，把建功立业的英雄大梦吹醒。

此词在写作方法上，把眼前的“山色”和生活中的“往事”勾连在一起，把小照的表象和内心的意象结合在一起，给人一种跨越时空的沧桑感，更有超越历史的厚重感。

容若回京后，请友人题图，姜宸英有《题容若出塞图》诗二首。其中第二首云：

奉使曾经葱岭回，节毛暗落白龙堆。
新词烂漫谁收得，更与辛勤渡海来。

吴玉峰《莲洋集》中有《题楞伽出塞图》诗：

出关塞草白，立马心独伤。
秋风吹雁影，天际正茫茫。
岂念衣裳薄，还掠鬓发苍。
金闺千里月，中夜拂流黄。

关于《楞伽出塞图》的作者，赵秀亭、冯统一《饮水词笺校》“作者不详，今图存否亦未辞”。康奉、李宏、张志主编《纳兰成德集》云“绘此图者或云可能系先生（指容若）之友，与他同参加‘觇梭龙’之行的浙江画家经纶”，所言即是。

与经纶梭龙夜话

纳兰容若奉使梭龙，有五言律诗《与经生夜话》：

率意元无咎，经心始自疑。
昔人犹有恨，今我竟何期。
客与齐书帙，人来问画师。
若无心赏在，愁绝更从谁。

画师经生，又称经纶，字岩叔，浙江余姚人。在觇梭龙中经生与容若夜里聊天，谈得非常投机。经纶是地方上的画师，去北疆梭龙地区为写生还是创作？能和容若在一起，并得到保护，这并非巧合和偶然，这里面有四层意思：

一是容若擅文可记录梭龙地区的风土人情及罗刹装备、驻扎情况；

二是经纶擅画可写生梭龙地区的山河地貌，以绘军事地图；

三是画家和侍卫在一起借以相互照顾和保护；

四是军事行动绝非个人行为，两人编组是清圣祖的有意安排。

容若和经纶聊天是常事，激发了他写五言古诗，《梭龙与经岩叔夜话》：

绝域当长宵，欲言冰在齿。
生不赴边庭，苦寒宁识此。
草白霜气空，沙黄月色死。
哀鸿失其群，冻翮飞不起。
谁持《花间集》，一灯毡帐里。

此诗大意，边塞漫长的夜晚，彻骨的寒冷。冻得人几乎说不出话来。人的一生如果没经历过长途跋涉，没去过边塞，你就不知道边庭的苦寒。白霜覆盖着枯草，月光笼罩着黄沙。失群的孤雁在哀鸣，奋力煽动着冻僵的翅膀，总是飞不起来。在这苍茫的夜色中，谁在帐篷的豆灯下，拿着《花间集》阅读呢？这本书是我国现存最早的一部词的总集，由五代后蜀赵崇祚编，选录了晚唐、五代十八家，计五百首，其中多数作品赖此书保存。

全诗大致分两部分，前八句写梭龙地区苦寒，后两句写人。前面对恶劣环境的铺叙，而突出后面的持《花间集》者，在绝域地方，孤独的军帐还亮着灯，原来作者在读书，表现了他不畏艰险，镇定自若的气概。

望日与经岩叔别

康熙初年，俄罗斯（时称罗刹、老枪）侵扰我黑龙江。康熙二十一年秋，遣郎谈及侍卫往索伦觇边事，纳兰容若亦往行。途中写下《蝶恋花》：

尽日惊风吹木叶。极目嵯峨，一丈天山雪。去去丁零愁不绝。那堪客里还伤别。

若道客愁容易辍。除是朱颜，不共春销歇。一纸乡书和泪摺。红闺此夜团圞月。

蒋景祁《瑶华集》卷六，此副题“十月望日与经岩叔别”，望日，天文学上指月亮圆的那天，即农历每月十五日，有时是十六日或十七日。通常指农历每月十五日。

这首词大意是狂风整天吹拂落叶，远远望去边塞群山覆盖皑皑积雪。向着边塞走去，越走越远，愁思不绝。很难忍受在异乡感伤离别的滋味，若说客愁能够停止，那除非青春可以永驻。不像春花凋萎，而现在春华销歇，又当如何呢？写好的书信含泪折起，闺中的你，可能正在孤独地对着这轮圆月怀念我吗？

此阙表现天涯羁旅，在边塞之地，这正是历练自己的时候。经岩叔，名经纶，浙江余姚人，常做客明珠家中。擅绘人物、仕女，《图绘宝鉴续纂》有载。此篇因有“客里还伤别”，“一纸乡书和泪折”句，知经岩叔于十月中旬先行回京。故托其捎个家书。

龙泉寺书经纶扇

昌平州西南神山，又称神岭山今称凤凰岭。其山下有龙泉之水，山中有龙泉寺。建于明代，坐北朝南，殿宇三重，柏树挺拔，银杏参天，寺前石拱桥，颇有风雪姿。寺内殿房鼎盛时期达百间，其中有装裱字画的作坊。站在东院可眺望京师西郊。容若和经纶来到龙泉寺。

容若《龙泉寺书经岩叔扇》诗：

雨歇香台散晚霞，玉轮轻碾一泓沙。
来春合向龙泉寺，方便风前检较花。

龙泉寺前金龙桥（冯黛虹◎摄）

又：

绣旙风定昼愔愔，证取莲花不染心。
佛法自来空色相，当年何事苦吞针。

前诗大意：雨刚停止，寺中香台上洒满了晚霞，到了晚上月亮碾过太空慢慢升起来了。约定明年春上一块去游龙泉寺，在扇子风前，我就像花一样的小散官。

后诗大意：绣帛的长幅幡旗，因无风而寂静，莲花雅美洁净出污泥而不染，已被验证，故而要像莲花处世不染。佛有一套严整的理性法则，也就是说每一事物保持它自己特有的性质和相状。当初不知有什么事非得去自讨苦吃。

以上这两首诗写昌平州西神山的龙泉寺，诗中也有“香台”“绣旙”“佛法自来空色相”，从诗中意境分析皆为点赞龙泉寺。

龙泉寺山门（冯黛虹◎摄）

邀友同咏夜合花

康熙二十四年（1685年）五月二十三日，纳兰容若略感身体不适，还是在桑榆墅热情接待好友梁佩兰、顾贞观、姜西溟、吴天章、朱彝尊来到桑榆墅，以诗酒酬唱。这些人当时都是著名的汉族文士，正值北京五月末，庭院的两棵合欢树繁花似锦，以树为题，各自写诗词，抒发情怀。

容若《咏夜合花》：

阶前双夜合，枝叶敷华荣。
疏密共晴雨，卷舒因晦明。
影随筠箔乱，香杂水沉生。
对此能销忿，旋移迎小楹。

诗的大意是阶前有两株夜合花，叶茂花繁，因晦而卷，因明而舒展。摇曳的树影映在竹帘上显得斑斓，开花时有芬芳之气，对着花能消除忧忿，走着走着就来到一座殿前。

顾贞观《虞美人》词：

七行宝树奇香透，鸟爪寒来瘦。麻姑久悔学仙非，结个莲台真印印皈依。
郁金柘染千重绁，酥乳何曾涅。合欢名字更休提，乞得兜罗绵样许相携。

词中最末两句说不要提合欢二字，只祈求得到像佛指的佛手柑就满足了。容若殁后顾补写了序：“佛手柑，后十数词皆与容若同赋，其余唱和甚多，存者寥寥，言之堕泪”。足可看出二人之深厚的情谊。

顾贞观《祭文》云：“吾哥示疾前一日，集南北之名流，咏中庭之双树，余诗最后出，读之铿然，喜见眉宇，若唯恐不肖观之落人后者”。

姜宸英作《夜合花·容若斋同梁汾、药亭、天章》诗：

窗前故摇曳，况复晓风吹。
得地为交让，生庭即采芝。
分阴上阶薄，交翠拂帘迟。
良会欢今日，无烦蠲忿为。

五律中前六句是歌颂夜合花，后二句则联系现实，劝慰容若，今天是大家聚首的高兴日子，应免除愤懑，不去想那些使人烦恼之事。姜宸英《祭文》云："病之畴昔，信促余往。商略文选，感怀凄怆。梁吴与顾，三子实来。夜合之诗，分咏同裁。诗墨未干，花犹烂开。七日之间，玉折兰摧"。

朱彝尊作《洞仙歌·合昏》：

翠阴如幄，缀青囊无数。曾记开时未重午。伴荷风榴火，结实千房，蠲忿处、犹自朝朝暮暮（合昏花开最久，吴俗谓之百日红）。

满庭香不散，持比吴绵，剪破同功茧千缕。爱微风敧侧，淡月惺忪，酒初醒、夜深微雨。便晨光、朦胧小窗晴，试护取同心，不教轻吐。

朱彝尊《祭文》云："缝掖之来，君眼则青。浮醪于觚，盛仓以笔，夜合惺忪，花散签帙，连吟比调，曾未旬日，诗朋尚在，忽焉辍瑟"。

严绳孙《哀词》："岁四月，余以将归，入辞容若，时坐无馀人，相与叙生平之聚散，究人事之终始，语有所及，怆然伤怀久之。别去又送我于路，亦终无所复语。然观其意，若有所甚不释者。颇怪前此之别未尝有是，余因自惟衰飒之年，恐一旦溘先朝露以负我良友，又念余即未遽北返，容若且从属车南幸，当相见于九峰二泉之间，是时冀衰飒者尚无恙也，呜呼！岂谓容若之强且少而先我长逝哉！"

吴雯《挽诗》："片语端能订久要，合欢花下和吹箫"。

梁佩兰《祭文》云："呜呼！我离京师，距今四年，此来见公，欢倍于前。留我朱邸，以风以雅”。

容若家桑榆墅阶前有两株夜合花，这一天邀友同咏。诸友以树一为标地，各赋诗词，没成想文酒诗会后，容若一病不起，驾鹤西去。朱彝尊《送梁孝廉佩兰还南海》诗云：“合昏花开暑雨微，故人留君解骖騑。谓纳腊侍卫性德也。合昏花谢故人死，燕市酒徒看渐稀”。姜宸英在《祭文》中云：“诗墨未干，花就烂开。七日之间，玉折兰摧残”。

合欢卫茅各有别

《名物大典》载：“合欢亦称夜合、萌葛、乌赖树。其叶晨舒暮合，故名。豆科，落叶乔木。二回羽状复叶，小叶条形，花序头状，多数，呈伞房排列，花淡红色，雄蕊多而长，散垂如丝。荚果扁平，条形，树皮与叶含单宁，纤维可制人造棉，种子含油。树供观赏，树皮及花均入药。分布于华东、华南、西南及辽宁、河北、河南。始载于秦汉典籍”。《神农本草经中品·合欢》载：“令人欢乐无忧，久服轻身明目得所欲，生山谷”。三国魏·嵇康《养生论》：“合欢蠲忿，萱草忘忧”。晋·崔豹《古今注·草木》：“合欢树似梧桐，叶繁互相交结，使人不忿，嵇康种之于舍前”。南朝梁·陆倕《新刻漏铭》“合昏暮捲，萱荚晨

宋庆龄故居立有标注“明开夜合花”及树身说明牌（冯黛虹◎摄）

生”。明李时珍《本草纲目·木二·合欢》：“按王璆《百一选方》夜合俗名萌昌，越人谓之乌赖树”。明人王象晋《群芳谱》载：“合欢，一名宜身，一名合婚，一名青棠，一名夜合，处处有之。枝甚柔弱、纤密。叶圆而绿，似槐而小，相对生，至暮而合。枝叶相互交结，风来辄解不相牵缀。五月开花，色如醼晕线下半白，上半肉红，散如丝，至秋而实，作荚子，极薄细，花中异也。树之庭阶使人释忿恨”。

明珠故宅在京城后海北沿，今为宋庆龄纪念馆。其内有合欢树二株，引起社会关注。铁栅栏内树身上有说明牌：“明开夜合花，本名卫茅。初夏开小花，昼开夜闭，故命名夜合花。康熙年间此园是明珠府第，已有此树。明珠之子纳兰成德曾作诗赞曰：阶前双夜合，枝叶敷华荣。疏密共晴雨，卷舒因晦明”。

何为卫茅？《辞海》云：“卫茅，一名鬼箭羽，卫矛科。落叶灌木，叶对生，椭圆形。初夏开花，花小，聚伞花序。果实分成四个分果，但仅一二个分果发育，种子有红色假种皮，分布于我国各地，亦产于朝鲜和日本，可供观赏；木材供细木工、雕刻等用；带翅的枝入药，性寒、味苦。功能：破血通经、祛风止痛，主治跌打损伤、经行腹痛等症”。由此看来，合欢、卫茅二树，其叶均明开夜合，但仍有区别。合欢开粉红花，卫茅开小白花；合欢盛夏开花，卫茅初夏开花。容若用合欢此典，属以树论景，未见特指。

宋庆龄纪念馆南山下二树应是卫茅，不是合欢。而说明牌中却将合欢卫茅合在一起混谈，造成歧义。从树龄上说二树不足二百年，距清康熙年间相差较远。又云此树系容若手植更是不着边际，没有根据。

双榆树西辟墓园

双榆树在海淀镇南，是清武英殿大学士明珠的园亭，也是长子容若的住所。康熙三十三年（1694年）明珠夫人觉罗氏卒后葬于此，便成为纳兰家族另一块坟地。

觉罗氏是清太祖努尔哈赤的孙女，英王阿济格嫡出第五女。顺治八年（1651年）觉罗氏虚龄十五岁，与十七岁的明珠成婚，生有三子三女，三子即成德（容若）揆叙、揆方。

《觉罗氏墓志铭》载："孕灵毓秀，聪睿明达，体性自然，得之天禀。""夫人削衣贬食，庀治家政，使相国无内顾忧"又载："夫人生于崇德二年丁丑七月，卒于康熙三十三年甲戊八月，年五十有八"。"相国衔哀茹戚，朝夕腹悲。将以本年十二月二十五日卜葬于双榆树之原。而属予志其隧道之碑。"

昭梿《啸亭续录》卷五"纳兰太傅妻"载："纳兰太傅明珠，康熙时煊赫一时。其夫人和舍里氏与公起自微贱，甚相和睦。性妒忌，所使侍婢，不许与太傅交谈。一日太傅偶言某婢眸子甚俊，次晨夫人命侍者捧盒置太傅前，即某婢双目也。婢父某恨甚，伺太傅他出，夫人独处房中时，突入，以刃刺夫人腹，立毙。事闻，置奴于法，时谓奴杀宰相妻云"。至此对于觉罗氏之死疑窦较多：

一、明珠妻室不止一个觉罗氏，还有和舍里氏（即索姓）。礼亲王昭梿谓和舍里氏，可能是明珠之原配或侧室。

二、觉罗氏死因不明，是病死还是他杀。从"置奴于法"来看，是被婢父所杀，年仅五十八岁，不算老年，明珠家人对觉罗氏不露、不书。倘若觉罗氏凶死，则不宜立即下葬或入祖坟。

三、觉罗氏原本金枝玉叶，在满族子女中应有大名，或因遭凶案，故意隐去其名。

宗室盛昱集录的《雪屐寻碑录》卷十三，载有容若长子富格（福哥）"公卒于康熙寅辰（三十九年，1700年）春正月，距其生年二十有六"。《富格（福哥）神道碑》载："惟公卜吉于海淀以南双榆树之阡，越三十有七年恭遇今天子龙飞御极之元载……公为颜氏太夫人所出，生而颖异，笃好图史，至今积书岩中，牙签插架，缃帙整如……未几即选充近侍，趋走虔谨，悉禀侍卫公家法”又：“公子都督公忠纯翼亮、万国柱石”。可惜富格以一疾长逝也。《富格神道碑》末署乾隆二年（1737年）仲秋，此碑立于双榆树。

《福哥（富格）诰封碑》载：“尔富格哈哈柱色，乃提督直隶总兵官、管辖通省兵丁、节制各镇。瞻岱之父……兹以覃恩赠尔为荣禄大夫，锡之诰命……尔……瞻岱之母觉罗氏……兹以覃恩赠尔为一品夫人……瞻岱之生母裴氏……兹以覃恩封尔为一品夫人……用酬佐簉……乾隆三年（1738年）三月初六日”。此碑立于双榆树茔域。

瞻岱是纳兰容若的长孙，富格的儿子，生于康熙三十八年（1699年）乙卯，卒于乾隆五年（1740年）八月，享年四十一岁，官至甘肃提督、右都督。乾隆六年（1741年）正月追赠瞻岱正黄旗都统衔。三月追赠瞻岱左都衔，谥号恭勤。瞻岱殁后，葬于何处史无明载。

综上历史资料可以看出双榆树不但是明珠家人生活的热土，也是明珠家人卒后的寿城，从而成为明珠家人心中的根。在历史的长河里不管双榆树这块乡土发生多大变化，地面物存在与否，也都是明珠家以及后嗣不可忘记的地方。

纳兰后嗣在守望

自清康熙年间，明珠夫人觉罗氏葬于桑榆墅之西，这个地方便成为纳兰家族的新茔地。四角有界桩，地面以上80多厘米上刻“叶赫那拉氏地”。茔域里有牌坊，函大教授、中华书法会副会长、书法家吴末淳（1920年3月生于海淀镇）回忆说：“中国人民大学东校门往西原是农田和墓地残存石牌坊一间，上面横额刻有‘芬扬管彤’四字，说不清是谁家的墓地。大致在1945年前后断碑残坊也不见了。新中国成立后，中国人民大学占用了此地。茔域里有石人、石马和赑屃。”会计师姜兰茵（1957年6月生于中国人民大学院内）回忆说：“中国人民大学西门有一条东西的路，叫汇贤路，路旁的校医院后有石人、石马七八个。早年听大人说那里经常有鬼火，所以晚上走到那里心里有些怵。中国人民大学西门路北原有一个人工湖，是20世纪50年代教职员工和学生挖的，在东西湖岸各立石人两个。”

笔者多次到中国人民大学探查，看到还残存着两处墓园。以校医院为中心的墓园长47米，宽20米，地面上层有侧柏46株，内有红松21株，间夹槐树2株，浓荫蔽日，参天挺立。北侧的草坪上偃卧着石马、石羊各一尊。石马身长193厘米，身高67厘米，背宽54厘米，基座长130厘米，宽48厘米。石羊身长116厘米，身高73厘米，背宽37厘米，基座长92厘米，宽46厘米。隔汇贤路北边为静园8号楼，以百家廊为中心的墓园长60米，宽33米。外层有柏树165株，内有红松10株。疏影横斜，扭曲虬蟠，沥青路

石人武将（冯黛虹◎摄）

石像生马（冯黛虹◎摄）

石像生羊（冯黛虹◎摄）

南侧为世纪馆。从树围看年代，这两处墓园上的松柏，均是康乾时期的古树。在明德楼西有槐树两株，枝繁叶茂。中国人民大学法学院知识产权楼北有古柏一株，应是明末清初的古树。

在实验楼，中区食堂后的空地上，堆放些石雕件，其中石人一卧两立。从造型上说即文武官员。文官手持笏板，无首级，残高170厘米，宽76厘米，基座高16厘米。翁仲武官卧地，但比较完整，双手接按宝剑柄，残高156厘米，宽80厘米。另一武将上半身已无，下半身能见腰及脚，残高78厘米，基座高12厘米，以上所有石件均是青石。还有五供的桌面两块。其一长227厘米，宽108厘米，高25厘米，四边是莲花瓣连续图案。还有一个巨大的石赑屃。石人原本不在人工湖岸的，为了装饰湖岸才安放在那里，近几年因建明德楼而移到实验楼后。《清会典事例》载：“又定茔前石像生，民公伯候一、二品官均用石人二、石马二、石虎二、石羊二、石望柱二。三品官减石人，四品官减石人、石羊，五品官减石人、石虎”。葬在这里的纳兰儿子富格赠为光禄大夫、锡之诰命。即文职正一品或正二品的封阶。瞻岱之母觉罗氏、生母裴氏封一品夫人。墓前石像应有石人二、石马二、石羊二、石虎二、石望柱二。富格及夫人残存中国人民大学校园内古树及石像生皆是双榆树纳兰家族墓园的物证。

自清代初期，就有双榆树村，在后来的历史烟云中，并没有消失。有村就有庙，康熙年间将双榆树明代的兴国寺，修缮一新，成为村中最大的庙。到了咸丰年间，虽然内忧外患国力不强，清政府还是出面在村中甲26号建造龙王庙，房屋一间，庙内法物有泥像四位，铁磬一口，铁烛扦一对，瓦香炉一个，另有水井一眼。坐落在双榆树村甲40号有五圣祠。房屋一间，庙内法物有泥像一位，铁五供三件，铁磬一口，铁香炉一个。不但满足村里人们的心里崇拜，而且增加了村民活动和观赏的场所。

1926年燕京大学初迁至海淀，周作人为客座教授，他在一篇文章里说过去学校的行程。“假定上午八点出门，行程如下，即十五分高亮桥，五分慈献寺，十分白翔庵南村，十分叶赫那拉氏坟，五分黄庄，十五分海淀娄斗桥到”。“叶赫那拉氏坟”作为地标物被记录下来，实际上这个地方叫双榆树。1928年首都南迁，北京改北平，设北平特别市。1932年编印《北平市自治区坊所属街巷村里名称录》中记载“双榆树”。

叶超，字公卓（生于光绪十七年即1891年）说双榆树村有祖遗墓地“契载四至，南至侯姓，北至闫姓，东至陈姓，西至官道”。清末民初，自海淀镇向南有两条官道。一是从倒座观音堂到万寿寺称西官道，由黄庄到农事试验场称双榆树村东大道（今称中关村大街），北至西七堆子，南至双榆树村南，这个区域就是叶赫那拉氏的新茔地。清末，叶赫那拉氏在双榆树的茔地一直由王姓看护，1922年军阀混战，民不聊生，治安不保，看墓人私自税契。叶超以80元从王姓手中买回，维护了祖上墓地的完整性。

1950年3月底，北京市十六区（海淀区前身）土改工作结束。1951年2月中国人民大学在双榆树村西叶赫那拉氏墓地始建校舍。叶超向政府递交了《申请》“阐明我们阖族有块祖遗茔地共8亩余，里面埋了40余座坟，一直由王勋看管。不应该将已有200余年的坟地没收，把我们列为什么成分至今也不知道。近期又将我们坟地东的10余座坟平了，请已平的坟头恢复好，我们以便安排迁移”。

1951年3月，政府经调查核实，叶超家族在双榆树确有坟地8亩，地面还存坟头31个。最后因该地产权究竟共有或自有，一时很难搞清楚而不了了之。叶超住在市内，当地政府按军属待遇。同年4月，西北军政委员会土地改革委员会转叶墨林提出有关家庭成分和坟地问题，呼吁保护祖坟。可以看出叶超、叶墨林父子为捍卫叶氏祖坟的尊严，保护名人墓地起了重要作用。

叶超为满洲正黄旗人，和容若为同一旗人。自云祖坟已有200多年的历史，新中国成立前叶氏家族分为7户，北京有3户，去外埠有4户。其中在北京者有一户叫叶锡恩，以蹬三轮为生。金受申先生在地安门喝酒，初冬雨雪见一洋车夫持精细之碗买酒。金受申见碗底有红款“鸳鸯社”

字样，惊奇地问你家坟地在皂荚屯吗？车夫答是。遂与车夫攀谈，判定此车夫是纳兰后人。此段轶闻由著名的满族专家金启孮先生记录下来。笔者所言叶锡恩，又于金受申所言洋车夫的社会背景、时间和职业吻合。

1952年北京市第十三区人民政府财政科《关于没收无主坟殓物收据及有关文件》所记："今收到人民大学交来金扁方、金镯子、金戒指、玉鸟、翠戒指、银针、扳指、女帽花、铜顶子、烟桌、玉烟嘴、金九连环、铜锅、鼻烟壶、玉珠、玉坠大小、小扁方、烟袋锅各1个；金乾子、鼻烟壶、玉花、银扁方、乾子、铜葫芦、小铜牌各2个；烟袋头、铜烟袋嘴各3个；银针7个，小红珠子10个；铜钱29个。1952年4月12日，经手人：舒□舫"。

"连生贵子"玉佩
(选自《丹稜撷贝》)

1953年编印的《北京市街巷名称录》载："双榆树门牌起止号码1–55，属海淀分局海淀派出所管辖。备注栏里写已被中国人民大学占用"。1980年《北京市海淀区地名录》载："双榆树，属北下关街道办事处管辖"。

随着国家经济的发展，在双榆树建设民宅小区，施工中陆续出土了一些细软，成为这个地区历史文化的见证。明代"连生贵子"玉佩饰，高5厘米，宽1.6厘米，厚1.2厘米。配饰为一名男童立于荷叶上的造型，玉质为和田白玉，温润如脂。器物采用圆雕技法，多用较宽的短阴线表现衣褶起伏。《尔雅·释草》记载："荷，芙

镶金木扳指（选自《丹稜撷贝》）

蕖，其实莲。”又《尔雅疏》记：“北人以莲为荷”。“连生贵子”，寓意人丁兴旺。玉佩饰1983年出土于北京市海淀区大泥湾，现藏于北京市海淀区博物馆。

镶金木扳指，高2.8厘米，外缘直径3.3厘米，采用沉香木作为扳指的主体，内孔贴有金箍，外壁镶嵌四个寿字。此两种材料很好地结合在一起。1984年6月出土于中国人民大学北小区，现藏于北京市海淀区博物馆。

“万年如意”镂空白玉
（选自《丹棱撷贝》）

万年如意镂空白玉饰，高5.8厘米，宽4.8厘米。通体镂空，在繁密的蔓叶纹中上下篆书“万年”汉字。两柄如意交叉排列于两字之间，密而不乱。非墓葬品，属于浅坑裸埋。1986年出土于海淀区双榆树小区，发现中同时出土一件“大清乾隆年制”款铜胎珐琅锦地开光西洋人物撇口尊。1986年出土于双榆树小区，现藏于北京市海淀区博物馆。

清代“进贤司”黄玉佩
（选自《丹棱撷贝》）

清代进贤司黄玉佩，长5.5厘米，宽4.1厘米。黄玉质地，局部有糖色，冠状造型，顶部有穿，两侧有实心贯耳状饰。牌底部分为云头造型，牌面微凸，正面从右向左篆书“进贤司”三字。“进贤司”非清代国家机关的名称，从字面上说是“荐引贤能之士”。清康雍年间有举贤之举，进贤司玉佩。1986年出土于

“红楼故事”子刚牌
（选自《丹棱撷贝》）

北京市海淀区双榆树小区。现藏于北京市海淀区博物馆。

红楼故事子刚牌，长4.9厘米，宽3.8厘米，白玉质地，玉质温润，有少许絮状白斑。玉牌呈“亚”字形，四角略微呈弧方形，束腰处回收平齐，两边各有一乳丁突起。器物主题纹饰采用浅浮雕技法，沿器边留有窗棂状边框，边框上缘雕蝙蝠纹和卷云纹。牌饰正面雕“黛玉葬花”图案，图中人物发髻高耸，身着右衽交领宽袖长裳，肩抗锄头，左手执锄柄，右手提花篮，回头侧望，无限伤感。牌饰背面阳刻双喜字。1987年出土于北京市海淀区双榆树北里，现藏于北京市海淀区博物馆。

红楼故事子刚牌有“子刚”二字。经查明晚期苏州专诸巷玉工陆子刚。红楼故事滥觞于清乾隆年间，此牌为清仿明的器物。从加工工艺上看，比明代子刚作品显得粗糙。

清代墓中出土翡翠器有朝珠、佛头、背云等典章用器。佛头高2厘米，通体绿色，有上下通透穿，用此与朝珠相连。背云呈倭角的长方形，长3.5厘米，宽3厘米，素面。长边侧壁有一个对穿孔。朝珠由108颗东珠串成，并用红珊瑚结珠将其四等分。佩带的佛头垂于背后，并用明黄色绛带连接背云。1984年6月出土于中国人民大学北小区清代墓中，现藏于北京海淀区博物馆。

1992年《北京市海淀区地名志》称“双榆树”，分为双榆树北里、南里、东里、西里。双榆树北里、东里、西里属双榆树街道办事处管辖；双榆树南里属北下关街道办事处管辖。1996年《北京市海淀区地名录》载的建置、称谓、范围同1992年。

五辑　揽取山川

纳兰容若身居侍卫职司，经常随圣祖出入紫禁城皇宫、宿卫御园，时而扈从圣祖临幸园林亭榭、祠庙古刹，造就“故语必超超，言皆奕奕”（《纳兰词·吴绮原序》结铁网斋刻本）。韩菼《进士一等侍卫纳兰君神道碑》载：“其从行于南海子、西苑、沙河、西山、汤泉尤数。尝西登五台，北陟巫闾山，出关临乌喇，东南上泰岱，过阙里，渡江淮，至姑苏，揽取其山川风物以自宽，广资博闻”。偶尔也有约上三五知己自由行。

支撑本章论据有：

一、容若读万卷书，从中汲取营养；

二、行万里路，使之掌握乡土风情。

信马游缰居庸关

居庸关旧称军都关、蓟门关，在北京市昌平区西北部，长城要口之一。控军都隘道（军都径）中枢。

居庸关历史悠久，战国时燕在此设关塞，取名居庸塞。汉代这里有设关的记载。东汉和林格尔墓《居庸关图》壁画，绘有关城和舟渡，水门之下题记“居庸关”三字。防御性建筑设施比较完备。居庸关成为长城沿线上的重要关口，始于南北朝时期。北魏太平真君七年（446年）六月，发“十万人筑畿上塞围”。北齐天保六年（555年）“发夫一百八十万人筑长城，自夏口至桓州九百余里”。辽金时期，曾在居庸关“冶铁锢重门，布鹿角蒺藜百余里”。并派精兵守卫。金章宗来此见奇观蔚然，即钦定为“居庸叠翠”，冬季逢雪，则有“居庸霁雪”之称。

元朝居庸关成为往来上都和大都之间的帝后驻跸处，“旧置千户，位轻责重”。皇庆元年（1312年）始改为隆镇卫，亲军指挥使司。明洪武元年（1368年）大将徐达等规划建立关城，以为华夷之限。城垣东筑于翠屏山，西筑于金柜山，以石垒砌，并建南北两门、敌台、窝铺。明景

居庸关（选自《唐土名胜图会》）

泰六年（1455年）六月重修，迨竣。命工部造碑，翰林院撰文，刻置关上，以记其绩（《明英宗实录》254）。《长安客语》载："居庸岩险闻于古今，两山夹峙，一水旁流，其隘如线，其侧如倾，艰折万状，车马难行"。

清孙承泽《天府广记》载："居庸关在府北一百二十里，昌平州西三十里，南北相距四十里。两山夹峙，一水旁流。悬崖峭壁，最为险要"。张吉午《康熙顺天府志》载昌平："山似阵云，水如天堑，居庸锁钥，叠翠惊人。风震龙沙，烟封乌道。神京西北，夙号屏垣"。

居庸挹翠（选自《鸿雪因缘图记》）

纳兰容若来到居庸关，写下《采桑子·居庸关》

嶲周声里严关峙，匹马登登。乱踏黄尘。听报邮签第几程。
行人莫话前朝事，风雨诸陵。寂寞鱼灯。天寿山头冷月横。

这首词描写居庸关重峦叠嶂，吐秀吞奇，绝谷累石。在杜鹃鸟的啼叫声中，马踏着黄尘走了十多里路才出关。边走便想到前朝的历史，附近山中的明陵，被风雨侵蚀，即使是有点灯火，也是寂寞无语，高大的天寿山也显得清冷。

此词是容若深秋而游，非扈行之作。他以洒脱清劲的风格，为居庸关留下健笔小令。

游天寿山十三陵

北京天寿山雄伟而秀丽。明代被选为皇陵“吉壤”。《长安客语》载：“天寿山前有凤凰山如朱雀，后有黄花镇似玄武，左蟒山即青龙，右虎峪即白虎；且东西口两大水汇流于朝宗河，环抱如玉带，绵延三十余里，实为天造地设之区”。清《康熙顺天府志》载：“天寿山州东北十八里，山有十三峰，明于每峰下立一陵，自永乐至天启共十三陵，世祖章皇帝诏崇祯于垣外。建文、景泰不与焉”。

纳兰容若与朋友多次游十三陵，并留有诗。如《秣陵怀古》：

山色江声共寂寥，十三陵树晚萧萧。
中原事业如江左，芳草何须怨六朝。

秣陵：今南京，历代对南京的名称不一。《明一统志》：“江宁府，楚名金陵，秦名秣陵，吴名建业，晋名建康，元名集庆”。陈维崧《水龙吟·江行望秣陵作》有“旧曾照，金陵县”句。

诗第一句写南京的景色，江南水光山色很静寂，第二句通过时空联系到北京的十三陵，那里晚风吹树更显得萧瑟苍茫。后两句是客观的议论。明朝的兴盛和衰败同南京的六朝一样，人们又何必埋怨六朝呢？这首七言绝句从虚处落笔，地域跨越千里。朝代从明代上溯到六朝，作者站在历史的高度俯仰古今，寓议论于描写之中，透过“江声”“芳草”等物象，写朝代兴旺更替的历史。

容若《好事近》：

马首望青山，零落繁华如此。再向断烟衰草，认藓碑题字。休寻折戟话当年，只洒悲秋泪。斜日十三陵下，过新丰猎骑。

这是一首写秋猎的词，词中所描绘的是夕阳时新朝的行猎者正骑着马缓缓地驰过北京十三陵。上片着重写景，已透露了凄怆之情。下片侧重抒情，暗含悲伤之意。词里既有往日的兴旺，又有成败的对比，既有思古的幽情，又有伤今的意味，看来繁华与衰亡总是在历史中不停地轮回。

容若《清平乐》：

角声哀咽。襆被驮残月。过去华年如电掣。禁得番番离别。
一鞭冲破黄埃。乱山影里徘徊。蓦忆去年今日，十三陵下归来。

词的上片描写旅途的艰辛凄清，整天在哀角声中，在马背上度过。即感叹年华尽在每每的别离中飞逝。下片写眼前之景，已是黄昏日暮，黄尘阵阵，行路匆匆。追忆去年今日情景，又添惆怅之意。

容若《虞美人》：

峰高独石当头起。影落双溪水。马嘶人语各西东。行到断崖无路小桥通。

朔鸿过尽归期杳。人向征鞍老。又将丝泪湿斜阳。回首十三陵树暮云黄。

这首词写作者任司马监时所经之路。上片写景，“峰高”“溪水”“断崖”“小桥”。边塞一片肃杀之气。下片描写思乡之情，“朔鸿”“征鞍”“丝泪”“树暮”。结穴处再用景语渲染，增添几许沧桑色彩，非护驾之作。

容若不但是满族词人，而且是写诗圣手。每次到十三陵不以新朝贵盛的身份看待明陵，奚落明朝败将，对于明清两朝的厮杀没有留下仇恨，而是站在历史的高度，站在中华民族的高度，站在中国文化的高度观察一切，思索一切，看待一切。

弹琴峡谷观题壁

弹琴峡在居庸关西北的三堡附近，是关沟七十二景之一。山崖洞口建小阁，崖面刻有“弹琴峡”三字。崖下清溪流于乱石之间，淙淙有声，空谷传音，声若弹琴。

缪荃孙《云自在庵随笔》载：“居庸关附近石刻弹琴峡三字，为重熙八年（1039年）李宗江题”。重熙为辽代。元诗人陈孚诗：“月作金徽风作弦，清声岂待指中弹。伯牙别有高山调，写在松风乱石间”。明《长安客语》载：“峡在居庸关中，水流石罅，声若弹琴”。明诗人杨士奇诗：“峡石记弹琴，泠泠流水音。不知行路者，谁有听琴心”。清《天府广记》载：“居庸关在府北一百二十里，有龙虎台在关南口。中有峡曰弹琴峡。水声在石罅间，响声如弹琴，故名”。

纳兰容若《清平乐·弹琴峡题壁》：

泠泠彻夜。谁是知音者。如梦前朝何处也。一曲边愁难写。

极天关塞云中。人随雁落西风。唤取红巾翠袖，莫教泪洒英雄。

弹琴峡石刻（冯黛虹◎摄）

这首词描写由水声彻夜泠泠，感叹知音难觅，前朝如梦，边愁难写。继而居庸关一带长城皆在山巅而筑，形成一道天际线，守关的将士们不管“落雁”，也不管东风西风，长年守边，能使家乡父老平安、健康，守土的壮士就心满意足了。

此词写作时间应该在康熙十五六年深秋，非随扈之作。徐乾学《通议大夫一等侍卫进士纳兰君墓志铭》载：“弹琴咏诗自愉悦而已”。

2014年9月27日，笔者寻着容若足迹来到弹琴峡。岁月的苍苔依旧墨绿如初，余却没有“一曲边愁难写”之感，听到“泠泠流水音”，看

弹琴峡六角亭（冯黛虹◎摄）

到“峡石记弹琴”，谷壑清流，闻到深秋花木的芬芳，越发流连忘返。

洗妆台上怀故人

梳妆台早在金代就有轶闻，元代陶宗仪《南村辍耕录》载：“万岁山在大内西北太液池之阳，金人名琼花岛。中统三年修缮之。其山皆以玲珑石叠垒，峰峦隐映，松桧隆郁，秀若天成”。元诗人迺贤《妆台》诗：“废苑莺花尽，荒台燕麦生。韶华如逝水，粉黛忆倾城。野菊金钿小，秋潭玉镜清。谁怜旧时月，曾向日边明”。自注云：“妆台在昭明观后，金章宗尝于李妃夜坐。上曰二人土上坐，妃应声曰：一月日边明，上大悦”。很明显，妆台记金章宗与李妃事，于辽无涉。《尧山堂外纪》载：“章宗为李宸妃建梳妆台于都成东北隅，今禁中琼花岛妆台本金故物也，目为辽萧后梳洗楼误”。

晚明王圻《稗史汇编·地理门·郡邑》载：“琼花岛梳妆台皆金故物也……妆台则章宗所营，以备李妃行园而添妆者”其自注云：“都人讹为萧太后梳妆楼”。误记最早滥觞于李梦阳。他在《秋怀》“苑西辽后洗妆楼，槛外方湖静不流”。李蓘《都成杂咏》：“西宫白日静波流，小殿玲珑夹御沟。花树重重春烂漫，游人偷上洗妆楼”。王世贞《宫词》载：“传呼京兆进春牛，百戏鱼龙曼衍游。杂沓香车看不见，好登辽后洗妆楼”。

清人毛奇龄《西河诗话》：“辽后梳妆台址太液池东小山上，一名琼花岛，即今白塔寺址是也”也随声附和。从上面的诗词中看出，均把金章宗为李妃建梳妆台，误讹为辽后的梳妆楼。唯清高士奇《金鳌退食笔记》称之“广寒之殿”今已不存。高士奇《台城路·苑西梳妆楼怀古和成容若》：“雕阑几曲层台上，旧是广寒宫宇。绮缀迎风，珠钱漏月，想见玉虹金露（旧有玉虹金露亭及荷叶殿）。秾华无据但锦石生苔，秋花点土。艳粉香脂，佩环声作疏疏雨。堆云桥外徙倚，尚澄湖一片，晚霞孤鹜。雁柱调弦，鸾笺写怨，无限当年情绪。长安砧杵，共蟋蟀悲吟，惹人词赋。系马垂杨，依稀听梵语”。

纳兰容若也受明清诗词的误导，造成历史人物的错位，而从词作写法上看，仍有很高的艺术价值。

容若《台城路·梳妆台怀古》：

六宫佳丽谁曾见，层台尚临芳渚。露脚斜飞，虹腰欲断，荷叶未收残雨。添妆何处。试问取雕笼，雪衣分付。一镜空濛，鸳鸯拂破白苹去。

相传内家结束，有帕装孤稳，靴缝女古。冷艳全消，苍苔玉匣，翻出十眉遗谱。人间朝暮。看胭粉亭西，几堆尘土。只有花铃，绾风深夜语。

词中描写往日那六宫中佳丽早已经香消玉殒，有谁曾见过呢？唯辽道宗懿德皇后萧观音值得怀念。只有这太液池畔高大的楼台依稀尚存。昔琼岛上的金露亭、玉虹亭、荷叶殿、胭粉亭早已湮灭。雨脚斜飞，水漫拱桥，雨水拍打着荷叶。要问在何处添妆，只有笼中的白鹦鹉能够回答了。太液池水迷蒙一片，鸳鸯向远处游去，荡起一池白萍。相传宫中的装束佩戴美玉，华靴镶嵌金饰。如今冷傲而美艳的佳人，早已经不见踪迹。只有在青苔斑驳的饰镜匣中，能翻出唐代的《十眉图》的脸谱，人间变换只在朝夕之间，那曾经的胭粉亭已是尘土堆积，只有护花铃还摇曳在深夜的风雨中。这首词借咏辽懿德皇后萧观音之遭际，阐释了“才色过人多薄命”的结局，表达了词人对妇女命运的同情。此阕作于康熙十七年。

容若友人顾贞观、陈维崧、朱彝尊相互唱和，也没有脱离明诗人错将金代当辽代的误区，但他们在清代的文坛上依然是诗文大家。

黑龙潭南山重叠

早在春秋时期就记述了雩祈，这是一种古老的风俗。据《左传》载："（襄公八年）秋九月，大雩，旱也"。"雩，吁嗟求雨之祭也"（《礼记正义》）。历代封建王朝相沿不衰，在中国民间流行了几千年。由于科学技术不发达，每当亢旱不雨，眼看农田收获无望之时，人们就齐聚于各地坛庙寺院，用不同的方式，祈求上天普降甘霖，拯救灾黎。年成的好坏直接影响着社会的繁荣与安定，因此祈雨也是统治者不容忽视的一项重农举动。

北京西郊的黑龙潭，最初名叫玉斗潭，后建龙王祠。《蓟邱记》上云："腐草罨之，深不可测。传说有两牛饮而斗，陷于潭无迹"。《山行

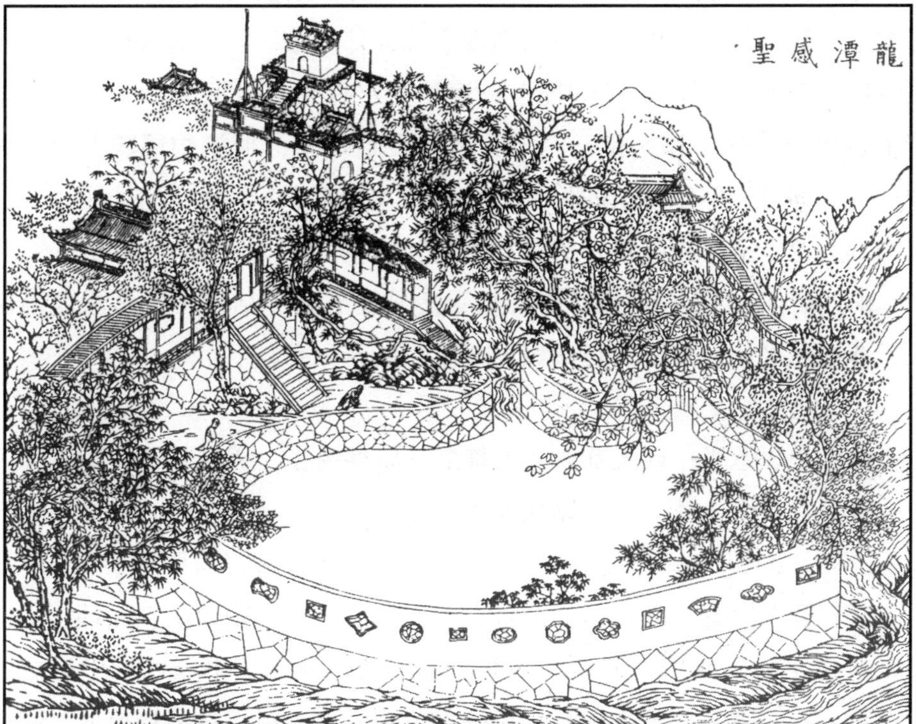

龙潭感圣（选自《鸿雪因缘图记》）

杂记》云：泰州务（后写作太舟坞）“其后画眉山，上有龙王祠，龙湫围广十亩，水从石罅出，从东垣下溢田间，潺潺有声”。《帝京景物略》云：“小山累累，小冈层层，依冈而亦碧殿，亦丹垣者，龙王庙也。庙前为潭，干四丈，水二尺，文石轮轮，弱荇缕缕，空鸟云云，水有光无色，内物悉形，外物悉影。土人传黑龙潜中，曰黑龙潭也”。明成化八年（1472年）宪宗朱见深“祈雨有应，新其庙而勒辞于丰碑”。万历初，神宗朱翊钧“谒陵还，眷顺山形，观其清泉，驻跸潭上”。“万历十三年（1585年）春夏不雨，麦稼焦枯。以五月往祷于庙，浃旬之间，嘉澍屡霈，郊野沾足，三农忭舞”。“万历二十六年（1598年）夏四月，旱太甚，遣正一嗣教张真人国祥，兆潭而祷于龙，致雨泽如期，加护国敕号，碑勒之”。从此黑龙潭不但是京西古刹，而且成为皇帝祈雨的道场。

清代已降，康熙十七年（1678年）四五月，圣祖玄烨巡视京郊。《圣祖本纪》载“闰三月癸卯，圣祖巡视京师近郊一带”。“五月甲寅，圣祖去京师西郊视察稻田生长情况”。清圣祖玄烨《夏日同大学士明珠暨诸侍卫过黑龙潭途中作》诗云：“骏马骎骎踏绿苹，羽旗豹尾映龙鳞。暑中荷锸方知苦，停辇观苗问稼人”。又作《黑龙潭》诗：“暗通山下草，流出涧边花。空潭深静处，洒翰动龙蛇”。

纳兰容若从家父口中得知黑龙潭盛况，于同年结伴，则去黑龙潭游玩，非扈从之作。写下《忆秦娥·龙潭口》：

山重叠。悬崖一线天疑裂。天疑裂。断碑题字，古苔横啮。
风声雷动鸣金铁。阴森潭底蛟龙窟。蛟龙窟。兴亡满眼，旧时明月。

容若登上黑龙潭的山头，仰首观南山，这是一个东西南三面环山的山口，又称龙潭口或黑龙潭口。朱彝尊《倪博士我端读书城西雨中寄之二首》诗云：“黑龙潭口水云腥，黄纸无劳画丙丁。料得林扉昏掩处，高荷大芋枕边听。雨气西山黯未开，更闻小暑一声雷。不烦走马冲泥苔，便

黑龙潭龙神庙（选自《唐土名胜图会》）

可乘船入市回”。朱诗“黑龙潭口”即今日的黑龙潭。东埠头村北有黑龙潭和簸箕水泉汇入白浮瓮山渠，朱彝尊遇雨后在太舟坞乘船回京。黑龙潭口也是地名，在北京西北部带口字的地名常见。东有东小口，南有红山口，西有寨口，北有南口，中有黑龙潭口。带口的地名也是一个特色。

太舟坞西的黑龙潭，明清之际属北京宛平县，南有两道山脉。由西向东排列，北面第一道山脉是马鞍山、城子山、狼岗、望儿山、黑山头等，最高海拔808.4米，低者200米以上。第二道山脉是锯齿山、东山、蘑菇帚、三炷香、寿安山等，高者691米，低者400米以上。这些山有两个特点，一是排列纬度相同，二是山峰高度是南高北低。这两道山脉诸峰耸立，在黑龙潭南部，成为“山重叠”。形成南山逼来，大有“天疑裂”之感。看到脚下“断碑题字”，且长满了苍苔，好像啃咬着碑文。顿生“兴亡满眼，旧时明月”。这都是明末失修的事，因而引发兴亡之叹。

清康熙二十年（1681年）十月，重修黑龙潭祠庙，清圣祖玄烨御制碑文，勒之珉石，以昭神庥。清圣祖在《黑龙潭重建龙王庙碑文》中云：“谭之侧倚山瞰壑，旧有祠宇”，翰林院侍讲高士奇撰写《御制黑龙潭重修龙王庙碑记》立在碑亭中。1936年2月李勖《纳兰词笺》中对龙

黑龙潭山门（冯黛虹◎摄）

潭口注释“在宛平县”。宛平县的龙潭口即在温泉东的画眉山。有学人说龙潭口在辽宁铁岭，检圣祖东巡及高士奇《东巡日录》，而书中未谈到铁岭龙潭口的详貌，似未登上龙潭口，踏查“古苔横啮”。

宝珠洞前叹兴亡

京西平坡山亦名翠微山。元建平坡寺，明宣德年间改名。《帝京景物略》载：“（平坡寺）寺上一里宝珠洞，洞石黑、白点糁之，珠名以此。僧乃说夜有珠光照岩也”。明朝江夏人郭正域《宝珠洞》诗：“树杪宝珠洞，山腰第几层。人踪穿古径，楼角缀枯藤”。可知明代不仅有宝珠洞穴，同时也建有殿堂，寺院已经形成一定的格局。到了清代海岫大师在此经营十载，重新鼎建。

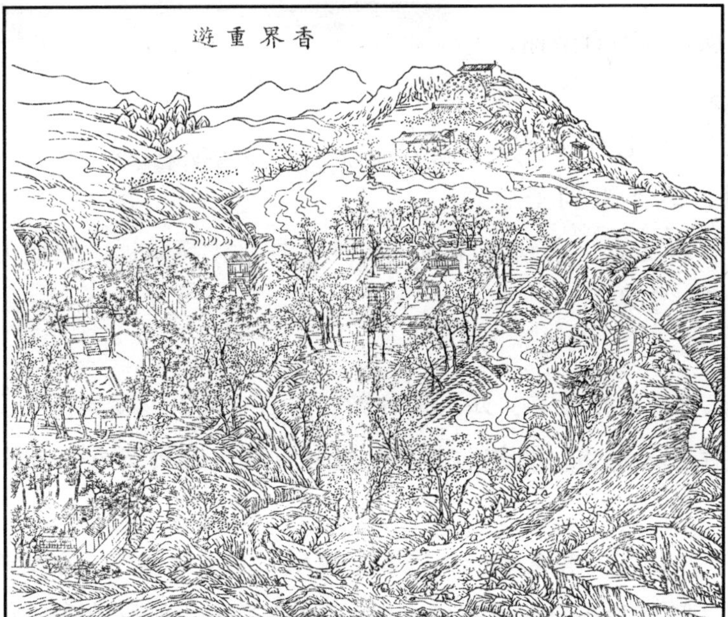

香界重游（选自《鸿雪因缘图记》）

清圣祖玄烨被海岫的事迹所感动，康熙十六年亲自改寺额为“圣感寺”。并为海岫大师“重新殿庑”题诗，又《赐圣感寺僧海岫诗》。圣感寺之上为宝珠洞，殿堂三层，临崖而建。其中眺远亭、观音殿连同左右配房形成院落。观音殿后有一石洞：宽广约4米，洞深约5米，洞内砾石奇特，黑白相间的珠子，故取名宝珠洞。震钧《天咫偶闻》载：“又上里余，为宝珠洞，则至顶。洞前有敞榭，一目千里”。

宝珠洞眺远亭（冯黛虹◎摄）

宝珠洞观音殿（冯黛虹◎摄）

清康熙十七年（1678年）五月，清圣祖到圣感寺。纳兰容若随扈，来到宝珠洞，在眺远亭，凭高眺远，感慨万千，容若《望海潮·宝珠洞》：

汉陵风雨，寒烟衰草，江山满目兴亡。白日空山，夜深清呗，算来别是凄凉。往事最堪伤。想铜驼巷陌，金谷风光。几处离宫，至今童子牧牛羊。

荒沙一片茫茫。有桑干一线，雪冷雕翔。一道炊烟，三分梦雨，忍看林表斜阳。归雁两三行。见乱云低水，铁骑荒冈。僧饭黄昏，松门凉月拂衣裳。

这首词写作者在宝珠洞眺望和感怀，汉陵被风吹雨打长满衰草，洛阳铜驼街及金谷园林都已废圮，离宫成为牧羊之所，桑干一线大雕飞翔，稀少的归雁穿过乱云，当年的金戈铁马之路已成为荒冈，寺庙里在黄昏时分分外的寂寞清冷，斜阳残照满目兴亡。作者企盼着手发展生产，黎民丰衣足食，国家昌盛。

并马郊游到西山

张见阳，名纯修，字子敏。以绘画擅名，隶汉军正白旗。家住北京西山潭柘寺和戒台寺一带。康熙十八年（1679年）秋，张将赴湖南江华任县令，是年春季邀众友来西山游，并作为这次活动的东道主，把诸友约在西山的家里碰面，然后游历潭柘寺、戒台寺等名胜。

西山霁雪（选自《唐土名胜图会》）

康熙十八年三月十日左右，春光明媚。第一拨成行的是陈维崧、秦松龄、严绳孙、姜宸英、朱彝尊、纳兰容若六人。在这六人中纳兰容若年龄最小，时年二十五岁。六人乘骑而来，并作郊游联句。此作被朱彝尊收录在《曝书亭集》卷二十六。

浣溪沙（郊游联句）：

出郭寻春春已阑（陈维崧）。东风吹面不成寒（秦松龄）。青村几曲到西山（严绳孙）。

并马未须愁路远（姜宸英），看花且莫放杯闲（朱彝尊）。人生别易会常难（成德）。

另一拨是施闰章（愚山）、毛际可（会侯）、梅庚（耦长）、曹鈖（宾及）、朱品方等五人。两拨共计十一人，全都是当时有名望的学者和诗人。其中朱彝尊、陈维崧、施闰章、毛际可、秦松龄、严绳孙六人刚参加完“博学鸿词科”殿前御试，是将被录取的人士。他们打算同游潭柘寺、戒台寺等西山名胜，吟咏赋诗，在山中逗留三四天。

秦松龄（对岩）《送见阳令江华》诗：

一带西山照眼青，君家池馆最清泠。
逢春载酒寻丹壑，与客扶筇上翠屏。
鹫岭云烟尘外堂，龙湫松柏夜深听。
凭将冰雪联吟卷，写入秋帆过洞庭。

施闰章《同毛会候、曹宾及、梅耦长宿张见阳西山别业》：

马首看山日向西，蓝田庄好一招携。
萝阴别馆绿溪静，竹外繁花拂槛低。

雨过林深云不散，残春谷暖鸟初啼。
千峰四面青如许，醉逐东风信杖藜。

朱彝尊《祝英台近·送张见阳令江华》：

锦鞍鞯，潭柘寺，小榼载浮蚁。才及春游，诗罢各分袂。者回听雨荷边，团茵柳外，奈一曲，骊歌催起。

几千里。试看袅袅双凫，铜章绾仙吏。九面衡山，二十四滩水定。知后夜相思，寒亭暖谷，乃不了，晚红余翠。

曹宾及，其人名鈖，号瘿庵。官中书舍人。他固然不是词科试子，但是曹寅的同宗兄弟，也是张见阳的同乡，因而也属被邀之列。曹宾及带来丰润曹家酿造的浭酒，请大家品尝。朱彝尊有《题曹舍人鈖松下携琴图二首》其中第二首云："漫酒深杯饮欲尽，戒坛凉月上还迟。昔游如梦已难续，转忆山斋并坐时"。曹宾及把《松茨别墅图》携至见阳山庄向诸学士征题，据《蕉桥诗话续集》卷三载："宾及舍人鈖精绘事，尝作《松茨别墅图》。陈确庵、高澹人、沈绎堂、施愚山、王阮亭、尤悔庵、朱竹垞、曹楝亭、成容若、毛会侯、顾赤方、梅耦长皆有题咏"。

毛际可《张见阳诗序》云："招邀作西山游，同游者施愚山、秦留仙、朱锡鬯、严荪友、姜西溟诸公，分韵赋诗，极一时盛事"。满汉文士西山之游，人人煦煦相融，个个心心相照，此次历史性的联吟宴游，是清圣祖重满用汉政策的使然，加深了满汉文士情感，增进了民族团结。

登山观瞻戒台寺

任何一处名胜古迹，都有其独特的历史风韵，艺术魅力。戒台寺又名戒坛寺，位于北京西山的马鞍山麓，占地4.3公顷。创建于唐武德五年（622年），智周禅师隐迹于此，以戒行称。原名慧聚寺。辽咸雍（1065–1074年）时期，法均高僧在这里开坛传戒，建立了戒坛。明宣德九年（1434年）太监阮简等修葺，正统五年（1440年）修建，更名为万寿禅寺，英宗朱祁镇敕令如幻法师在此说戒。嘉靖二十九年（1550年）春“发赀重建”，至三十五年（1556年）夏，告竣。

西山戒台寺中选佛场

戒台玩松（选自《鸿雪因缘图记》）

戒台寺的正殿是大雄宝殿，后面是千佛阁。戒坛在西北院，它是一丈多高的汉白玉的台座，四周分三级，坛基雕刻精美，环坛有戒神几百个，其中戴盔披甲的戒神24个。

明代固陵诗人余延吉《游戒坛》诗：“森芒峰壁切天开，折径回泉最上崖。楼阁幻同云物见，星辰近逼讲堂来”。仁和陈绍英《戒坛》“古砌云长护，松杉气自鲜。钵幽花雨散，谷静鼓钟传”。

明末清初，中国大地经历了长达几十年的战争，社会经济受到严重破坏，耕地面积锐减。其中山东、河南、山西等地十室九空，江南“田土尽成丘墟”，辽河流域除奉天、辽阳、海城外，到处是荒城废堡。清圣祖玄烨亲政后，认为经济发展、社会稳定、统治巩固，样样都离不开农业，从而形成重农思想。他在《农桑论》里写道：“纵观历史，治理国家的关键，在于农桑”。因而无论出巡外埠或在京听政，总要抽暇观禾，且对南北土疆之性，黍稌播种之宜，节候早晚之殊，蝗蝻捕治之法等了然于心。

康熙十八年（1679年）五月，清圣祖玄烨驻跸潭柘寺。一路上既要观看稼禾，还要亲莅戒台。戒台寺的四周分布着许多庭院，格局别致，景物清幽，点缀其间的古碑、石塔、古松艺象万千。玄烨《登戒坛》诗：“楼阁高低树浅深，山光水色日沉沉。碧墀静照寒松影，清昼蝉声响绿阴”。

纳兰容若《戒坛》诗：

欹斜一径入，门向夕阳边。
何必堪娱赏，凋零自可怜。
松寒疑有雪，僧老不知年。
只合千峰上，长吟看月圆。

康熙三十年（1691年），张纯修刊行的《饮水诗词集》中收容若《戒台同见阳作》。容若《致张纯修简》第十六简末亦附《戒坛》诗，两诗除诗题不同外，内容亦同。

水乡荷花写海淀

蒋一葵《长安客话》：“海淀水所聚曰淀。高粱桥西北十里，平地有泉，彪洒四出，淙汩草木之间，潴为小溪，凡数十处。北为北海淀，南为南海淀”。

明朝在海淀镇西有一座著名的园林叫清华园，主人李伟，字子奇，是明神宗朱翊钧的外祖父。其园又称李园、李皇亲园、李戚畹园、李戚畹别业则在北海淀。明人高道素《明水轩日记》载：“清华园前后重湖，一望漾渺，在都下为名园第一。若以水论，江淮以北亦当第一也”。阎尔梅《游李戚畹海淀园》诗：“池阔风凉柳系船，巧堆亭榭欲迷仙”。马之骏《集李戚畹园》：“辟地纡藏渚，牵舟曲绕堤”。明代诗中反映出李伟的清华园水面大，且有船。

康熙十八年（1679年）清圣祖亲自踏察刚刚划定畅春园，其中包括清华园遗址，而且进园驻跸。后来再次修建畅春园。《日下旧闻考》载：“畅春园本前明戚畹武清侯李伟别墅，圣祖仁皇帝因故址改建，爰锡嘉名。皇上抵奉慈宁，问安承豫，每于此停憩”。《清会典事例》卷1151载：“康熙十八年（1679年）定。圣驾驻跸畅春园，以前锋统领、护军统领二人驻扎，督率参领校官守卫传筹，与紫禁城同”。纳兰容若时任三等侍卫，随扈来到畅春园，写下《明月棹孤舟·海淀》：

一片亭亭空凝伫。趁西风，霓裳遍舞。白鸟惊飞，菰蒲叶乱，断续浣纱人语。

丹碧驳残秋夜雨。风吹去、采菱越女。辘轳声断，昏鸦欲起，多少博山情绪。

因畅春园址在北海淀，故题中有“海淀”二字。此阙描写海淀迤逦、富足、祥和的景致。海淀是个水乡，陂塘长满了荷花。凝望伫立的亭亭荷花，西风吹来，田田摇曳，如同霓裳羽衣。白鸟惊飞，水草缭乱。远处传来浣纱人的说话声，夜雨击打着荷花，西风吹断了采菱女的歌声，黄昏已近，船桨不再驳水了，乌鸦飞起，博山炉烟袅袅，又撩起人们的阑珊意绪。

畅春园前门（选自《唐土名胜图会》）

康熙十八年（1679年）清圣祖玄烨第一次来到畅春园，而官员度地、筹划、圈定要比此时间要早得多。而当时能见采菱女的只有清华园遗址还有模样，其他地方的花园陂塘已是满目疮痍。明末战争中，清华园在劫难逃，明崇祯九年（1636年）七月，清军亲王阿济格率部攻占北京西郊，进驻清华园，撤走时“毁其阁”。顺治元年（1644年）清华园圈为“官地”。归肃亲王豪格所有，到第三代改封为显亲王，最后是显亲王得知圣祖玄烨要在清华园基础上建御园，就献给清廷了。

送张见阳令江华

纳兰容若在贡太学时，结识张见阳（张纯修），如“异姓昆弟”。张见阳年甫略长于纳兰容若，故而容若称张见阳为兄。

得悉张见阳（别号张仲蔚）湖南任江华县令，容若写下《送张见阳令江华》诗：

楚国连烽火，深知作吏难。
吾怜张仲蔚，临别劝加餐。
避俗诗能寄，趋时术恐殚。
好名无不可，聊欲砥狂澜。

康熙十八年（1679年）清兵攻入湖南，江华县亦于三月收复。张见阳到前方当地方官，并非美差，诗中有“楚国连烽火，深知作吏难”句，诗中表达了对朋友的牵挂，更希冀他掌控局势，力挽狂澜。

纳兰容若去见阳山庄不止一次，曾作《菩萨蛮·过见阳山居，赋赠》：

车尘马迹纷如织。羡君筑处真幽僻。柿叶一林红。萧萧四面风。
功名应看镜。明月秋河影。安得此山间，与君高卧闲。

词作中“柿叶一林红”“明月秋河影”说明季节是秋天。容若过见阳山庄时，羡慕其居处幽美、僻静。容若住在京师近郊，总是“车尘马迹纷如织”“羡君筑处真幽僻”，故而感叹“功名应看镜，明月秋河影”。用现在的话说，功名富贵不过是镜中之月，河中之影，不必看重。

毛际可《张见阳诗序》：“曩者岁在巳未（康熙十八年），余谬以文学见徵，旅食京华。张子见阳联骑载酒，招邀作西山游，同游者为施愚山、秦留仙、朱锡鬯、严荪友、姜西溟诸公，分韵赋诗，极一时盛事。忽忽十余年，余偶过瓜步，访张子于官舍，语及西山旧作，余已惝恍不复能记忆。而张子珍之什袭，墨沈犹新”。毛文已显张见阳“官舍”则在西山。

纳兰容若《菊花新·用韵送张见阳令江华》：

愁绝行人天易暮，行向鹧鸪声里住。渺渺洞庭波，木叶下，楚天何处。
折残杨柳应无数，趁离亭笛声吹度。有几个征鸿，相伴也，送君南去。

本篇为送别之作，天空已染昏沉的暮色，听到鹧鸪的啼声，见到木叶堕地的场景，这是秋天的时刻，不知树叶可否漂到楚天的某个地方。再次折柳赠别，记得在长亭笛声中为你饯行，此番远行你并不孤寂，天上有几只征鸿陪伴你，送君南去上任。

词作于康熙十八年（1679年）秋，纳兰容若用笔虚实结合，深刻表达了依依难舍的心情。

景山俯临九重城

景山，高45.7米（现为42.6米）不算高，但在旧北京城内却是制高点。

元代这里有座土丘，称青山，属于元大内后苑的范围。明代在北京修建皇宫时，以南海和护城河挖出的土堆成，压在了元代旧宫城之上，旨在元朝不得再兴。《大明一统志》载："西苑东北有万岁山，高耸明秀，蜿蜒磅礴，上插霄汉，隐映宫阙"。民国年间成书的《燕都丛考》载："景山又名煤山，明庄烈皇殉国于此。今其自缢之树尚在，惟已枯其半"。煤山之说系父老传言。

清代定都北京后，一方面进行改名，一方面改建。

清顺治十二年（1655年）改名叫景山。含义三条：一是高大的意思，《诗·殷武》中有"陟彼景山，松柏丸丸"之句，引证商朝的都城内有一座景山；二是这里是帝后们"御景"之地；三是敬仰之意。山的最高处建有五个亭子，内供佛像。吴长元《宸垣识略》载："景山有五峰，上各有亭，俱供佛像。山旁异以短垣，接东西围墙。有小门二，山后东曰左里门，西曰右里门。中南向者为寿皇殿，门内寿皇殿九间，供圣祖

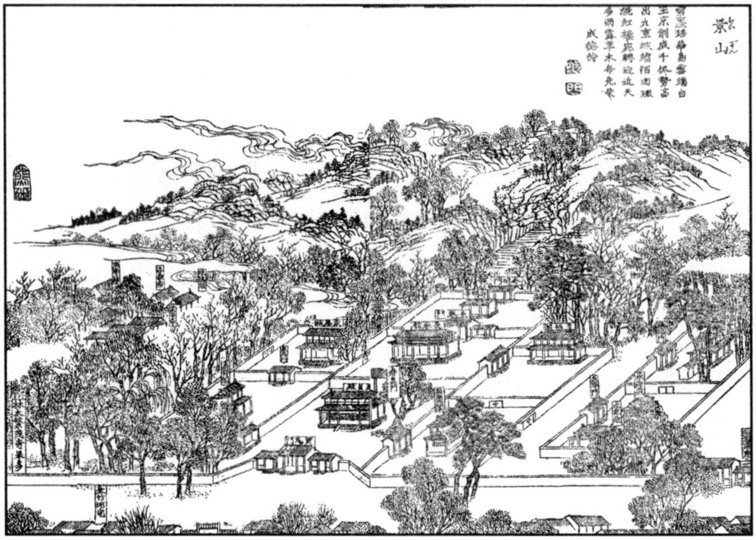

景山（选自《唐土名胜图会》）

仁皇帝神御，有御制碑文”。

康熙十七年（1678年）清圣祖玄烨率南书房的官员登景山并写下《夏日登景山同翰林张英、高士奇作》：“日暮登山览八荒，翰林随辇进辞章。君臣同乐松阴下，时雨将来入未央”。

张英《夏日从幸景山，蒙恩书赐御制诗，恭纪》：“翠绕三峰近，荣陪八骏游。海云连雉堞，山雨入龙楼。树色津门暗，烟光碣石浮。高吟天藻发，清景御题留。桂满金波日，兰开玉殿秋。圣慈辉宝翰，丽句写银钩。盛世诚希遇，深恩岂易酬。同分圭璧彩，千古照沧洲”。

同年秋清圣祖又登景山作《初秋景山》：“新凉树色向金天，御辇遥停蔓草边。盛夏已过销夏日，清风才到有秋年。高临三殿九重阔，下看千家万户连。薄暮山亭观射毕，回宫复道起苍烟”。

康熙十九年（1680年）春，清圣祖再次登景山，有作《景山春望》诗：

云霄千尺倚丹丘，辇下山河一望收。
凤翥中天连紫阙，龙蟠北极壮皇州。

烟生沆瀣春初丽，露湿芙蓉翠欲流。
却向闾阎看蔀屋，崇高还廑庙堂忧。

诗中描写眼下的京城连紫阙，是壮丽的皇州，但别忘了街市间还有些破旧的房舍，使人忧念百姓。

纳兰容若有作五言诗《景山》：

雪里瑶华岛，云端白玉京。
削成千仞势，高出九重城。
绣陌回环绕，红楼宛转迎。
近天多雨露，草木每先荣。

容若登上景山，映入眼帘的是雪后的京师。一片素白，但是可见“绣陌”环绕，“红楼”宛转。多得雨露的恩泽，百姓安居，草木争荣。作者以饱满笔调，讴歌景山。

景山为故宫屏藩，其势极为雄壮，有谓煤藏于山中，绝对不确。盖筑北京时，在中央堆此土山，系取戊己之意。乃昔时多重风鉴，系中央镇山。

南海子有晾鹰台

清军入关后定都北京，重视骑射。把南海子作为练兵之地，称之南苑。“设海户一千六百人，各给地二十四亩，春搜冬狩，以时讲武，恭遇大阅，则肃陈兵旅于此”（《日下旧闻考》）。查慎行有诗：“红门草长少飞埃，万顷平畴掌上开。一道修眉浓似画，近南遥识晾鹰台”。魏之琇诗：“晾鹰台回接沤汀，民乐咸歌囿沼灵。七十二桥虹影度，骑郎争放海东青”。康熙年间在晾鹰台大阅骑射，由此可知晾鹰台是南海

南苑（选自《唐土名胜图会》）

子重要军事设施。

清圣祖玄烨《海子北红门秋雨后行围戏作》：昼漏稀闻紫陌长，霏霏细雨过南庄。云飞御苑秋花湿，风到红门野草香。玉辇遥临平甸阔，羽旗近傍远林扬。初晴少顷布围猎，好趁清凉跃骕骦。

纳兰容若《南海子》诗：

相风微动九门开，南陌离宫万柳栽。
草色横粘下马泊，水光平占晾鹰台。
锦鞯欲射波间去，玉辇疑从岛上回。
自是软红惊十丈，天教到此洗尘埃。

这首诗描写了初春时节，暖风吹拂离宫万柳，京城的九座城门大开，人们簇拥着皇帝来到南海子行围。看近处小草已出地面，犹如碧毡，晾鹰台倒映在蓝色的湖泊中。人们在纵马追逐着禽兽，飞马如梭徘徊在湖边。皇帝的御辇像从仙岛上返回。明媚的春天，使人们感到洗去尘世的污浊和烦恼，个个生机勃发。此首七言古诗作于康熙十六年（1677年）

至十九年。

康熙十七年（1678年）八月初至十四日，清圣祖在南苑行围，又作《晾鹰台》诗："清晨漫上晾鹰台，八骏齐登万马催。遥望九重云雾里，群臣就景献诗来。"

容若《南海子》诗：

分弓列戟四门开，游豫长陪万乘来。
七十二桥天汉上，彩虹飞下晾鹰台。

此七言诗作于康熙十九年（1680年）二月。"七十二桥"一说宛如在天河上一样。指一座桥，并非七十二座。

京西古刹大觉寺

大觉寺位于北京西郊阳台山麓，辽代咸雍四年（1068年）重修。因寺后有清冽的泉流淌，而得名"清水院"，成为当时"幽都之胜概，跨燕蓟而独颖"。到了金代，成为章宗巡幸驻跸之所，列为"西山八院"之一。

大觉寺山门（冯黛虹◎摄）

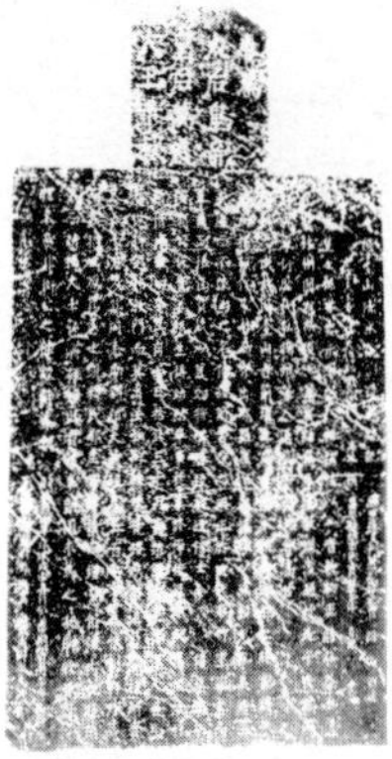

辽碑拓片

明宣德三年（1428年）进行重修而赐名灵泉佛寺。宣宗赐今名，数临幸焉。据《明实录》载："正统十一年（1446年）三月，命工部右侍郎王佑督修大觉寺"。明英宗《御制大觉寺碑》称："北京阳台山，故有灵泉佛寺，岁久弊甚，而灵应屡彰。间承慈旨，撤而新之，木石一切之费，悉自内帑，不烦外朝。工匠杂用之人，计日给佣，不以役下。落成之日，殿堂门庑岿焉奂焉，像设俨然，世尊在中，三宝以序，诸天参列，鹿苑、鹫山，如睹西土，万众仰瞻，欢喜赞叹，遂名曰大觉寺"。

大觉寺在明清之际虽经历数次翻建，但仍保持了契丹人在建筑上东向"朝日"之俗。其格局分为三路，坐西朝东，依山势层叠而上。中路为寺的中心区，共六进院落，即山门殿、碑楼、石桥、钟鼓楼、弥勒殿、无量寿佛殿、大悲坛和龙王堂。左路是住房，右路有戒堂。

《康熙起居注》载："清康熙十九年（1680年）四月二十五日，上由巩华城视西山一带田禾"，后到西山大觉寺。纳兰容若扈从清圣祖来到大觉寺，留下词作《浣溪沙·大觉寺》：

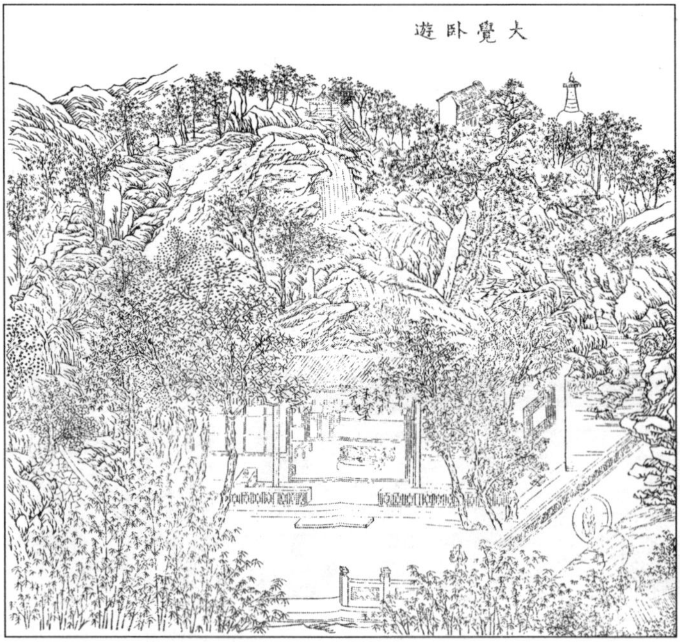

大觉卧游（选自《鸿雪因缘图记》）

燕垒空梁画壁寒，诸天花雨散幽关。篆香清梵有无间。

蛱蝶乍从帘影度，樱桃半是鸟衔残。此时相对一忘言。

这是一首纪游之作，描写大觉寺内外景象，表达了作者内心的情感，令人回味。壁画靠墙使人顿生凉意，梁上有燕子的泥巢，却不见燕子的往来。室外野花缤纷，好似护法诸神洒下的漫天花雨。诵经之声此起彼伏，空气中弥漫着篆香的烟缕。庭院有些荒落，蝴蝶从帘影中飞出，树上的樱桃被鸟儿啄烂，看到这一切情景被容若用词作形式记录下来。

昆虫中的蛱蝶和植物中的樱桃是常见之物，又是一个地区的物候。要说北京最先看到蝴蝶的月份，当在农历四月，在北京最先吃到的樱桃也在农历四月，说明四月在大觉寺才能见到蛱蝶和樱桃。词中“鸟衔残”映射此时大觉寺已残破。容若作为侍卫只能站岗放哨，值勤值班，但他心中却掀起波澜。这么悠久的古迹，殿宇渐毁。这么明媚的春光，寺却荒芜。倍觉痛心，人物相对无需多言。

笔者认为容若《浣溪沙·大觉寺》指的是北京西郊的阳台山麓的大觉寺。

芙蓉殿下玉河寒

玉泉山地处京城西北近郊，山峰突起，泉水喷涌成景。早在金代明昌年间，首定“燕京八景”名就有“玉泉垂虹”。金章宗完颜璟曾多次游幸玉泉山，并在山上构筑芙蓉殿。元世祖于至元年间在玉泉山修建昭化寺。

明《永乐大典》载：“玉泉山源出青龙桥社玉泉山，与冷泉合，下流为清河”。明英宗于正统年间敕间上、下华严寺。万历年间刊印的《长安客话》载：“泉出石罅间，潴而为池，广三丈许，名玉泉池。池内如明珠万斛，拥起不绝，知为源也。水色清而碧，细石流沙，绿藻翠行，一一可辨。池东跨小石桥，水经桥下流入西湖，为京师八景之一，玉泉垂虹”。

玉泉山复建的小东门（徐晔◎摄）

到了清代，《清会典事例》：静明园“国初置内务府，设总管，闲以大臣总理，顺治十一年（1654年）改置十三衙门”。康熙十八年（1679年）二月二十三日，清圣祖驻跸巩华城，二十四日清明节登高玉泉山。清圣祖玄烨有《清明登玉泉山》诗：“寒食登高芳草青，泉声映柳出春亭。心中怀得天然处，坐对沙鸥乐野汀。”从诗中看出玄烨兴致颇高。

康熙十九年（1680年）玉泉山建为澄心园。《康熙起居注》载：“康熙十九年十二月二十日乙巳……是日，驾出南苑，驻跸玉泉山”。这是清圣祖玄烨第二次居玉泉山。作《远望西山积雪》诗：“积雪西山秀，仙峰玉树林。冻云添暮色，寒日淡遥岑”。纳兰容若扈从清圣祖来到玉泉山有《玉泉》诗：

芙蓉殿俯御河寒，残月西风并马看。
十里松杉清绝处，不知晓雪在西山。

从诗中的“御河”可知玉泉山已经经过修葺，辟为皇家园林。而“御河寒”“晓雪”说明是冬季。

玉泉山中乾隆年间的碑刻（冯黛虹◎摄）

康熙二十一年（1682年）八月初四至十一日，清圣祖连续驻跸澄心园。作《玉泉山晚景，用唐太宗秋日韵》："晴霞收远岫，宿鸟赴高林。石激泉鸣玉，波回月涌金。熏炉笼竹翠，行漏出松阴。坐爱秋光好，翛然静此心"。

容若作《玉泉十二韵》云：

地涌西山脉，名标禁籞泉。百层飞作雨，万顷汇成渊。
润下终归海，源高却自天。萦烟来树杪，带雪落云边。
隐见瑶光曳，琤瑽佩响传。红栋桥宛转，乌榜棹洄沿。
星汉随湾泻，楼台倒影鲜。蛟龙蟠翠岛，雁鹜起琼田。
镜面晶荧合，珠痕荡漾圆。翠流初放荇，娇拥半开莲。
睿赏悬孤鉴，馀波溢九璇。那居真有庆，鱼藻在诗篇。

禁籞即宫御。宫苑之禁护，以绳编竹为篱，禁人往来。《清会典事例》："煤窑禁令，顺治十二年（1655年）题准。西山过街塔山、玉泉山、红石口、杏子口一带煤窑，永行封禁"。对玉泉山煤窑永远封禁，且早有明令。玉泉山辟为御园后“驾出入则警跸，环园门讯”，一般百姓无法接近。“红栋桥宛转”一说明玉河上有桥，二告诉桥为木质，红栏杆而且有点弯曲。蔡升元在《满江红》里提到这座桥，词云：“一片玉河桥畔水”，玉河桥应该建在玉河（后称长河）之上。容若词中有“那居真有庆”，意指安闲地住在玉泉山澄心园中，应该说很难得，也是有幸，因而容若非常兴奋诗兴大发。

容若殁后秦松龄在《挽诗》中：“平堤夜试桃花马，明日君王幸玉泉”。由此得知，清圣祖玄烨于次日要去玉泉山。容若则是“出入扈从，服劳性谨”。需试马、备鞍提前做好准备。

宿卫列岫龙泉寺

北京西北郊的神山，今称“凤凰岭”。怪石耸立，有“小黄山”之称。神山头下有“龙泉”，辽金在此建寺，寺以泉名，叫“龙泉寺”，后毁于战火，明代东移重建，仍沿用旧名。因为这里有山有水清代寺中香火很旺，纳兰容若宿卫龙泉寺并写下五言古诗。

神山名字很多，不同朝代有不同称谓。《魏书·地形志》载“军都……有观石山”称之“观石山”。明代《长安客语》载：“驻跸山，昌平西南二十五里有山，高可十余丈，石皆壁立，嶒沓欹危，如坠如挽”。《帝京景物略》载：“自金章宗游此，镌驻跸字，人呼驻跸山”。清康熙年间称龙泉山、神头山。光绪年间称“神岭峰”，此山脚有泉。吴都梁（康熙）《昌平州志》载：“龙泉有二，一在州东都龙王祠下。一在州西神岭山下，亦有龙潭”。需要分清的是州东的叫龙山，坐落在今昌平区化庄村南，“旧名白浮山，上有龙王祠”“北麓有潭实为池，明代建九个汉白玉石雕龙头”。而州西的山叫神岭山或龙泉山，位于今海淀区的凤凰岭下怀，下有“龙泉”。《光绪昌平州志》载：“龙泉，在州西神岭山下”。泉水从松树坡莲花池旁流出，经过罗汉墙进入池内，又经出水石槽曲折东流，霞光朗照，金光闪耀，若龙复出。

龙泉寺的座向朝东，始建于辽金年间，而有文字记载则是元代。至元二十三年（1286年）四月所立《云峰檀公禅师道行石幢记》载：“有本路昌平县白虎涧众檀越，请住持云峰龙泉禅寺。不十数年。填沟塞壑，负土担石，创建三门。经之营之，不日成之”。该寺原有三重大殿。第一层殿是天王殿，明代拆去，改为大门过道。入门两侧分别为钟鼓二楼。第二层殿为大雄宝殿，南北配殿分别供奉达摩、关羽。第三层殿建在高台阶上，供奉“西方三圣”，遗址尚存银杏树两株，树龄逾千年。位于石桥北的是雌树，干高7米，树围4米。位于大雄宝殿前的雄银杏树，干高12米，树围3.2米。寺南的单孔石桥桥长26.5米，宽4米，两侧各有方形的望柱12根。《雪泥鸿爪》书载：“庙貌甚古，前有石桥、石栏，颇富风雪姿”。

清顺治十六年（1659年），顾炎武由山东来北京，北走昌平。写下《昌平山水记》。文中云“曰驻跸山，在州西二十五里，其山长而北袤凡二十里，石皆壁立，高可十余丈，其顶皆白。山之南有栖云啸台，高二丈许，北有石梯可上”。还载“沙河店有水，出昌平州西南五十里龙泉寺，合西山诸泉东流为南沙河”。《光绪昌平州志》载：“南沙河发源于西山鳌鱼沟，东流经龙泉寺前”“梁家园南至聂各庄一里，西至

龙泉西寺山门（冯黛虹◎摄）

龙泉寺大雄宝殿（冯黛虹◎摄）

龙泉寺”。二书都提到了龙泉寺。

明清两朝对元代以前的龙泉寺称“西寺”，并在东侧新建殿宇，额称“龙泉寺”。该寺坐落在神山（今称老爷山）下，南北中轴线上建有山门殿、天王殿、大雄宝殿（今称魏老爷殿）。由大雄宝殿往东依次为裱房、七佛殿、玉皇殿和龙王殿。其中南边一栋面阔三间，建在高台之上，西头北面有石拱门，通向暗室。龙泉寺有殿房百余间，至新中国成立时还剩六十九间。从建筑布局和院内柏树来看，龙泉寺建于明代，清代沿用。

容若《宿龙泉山寺》诗：

招提偶然到，再宿离喧杂。
列岫霁始开，双扉晚初阖。
禅心投钵龙，梵响下檐鸽。
既闲陵阙望，亦谢主宾答。
遥夜一灯深，石炉烧艾蒳。

诗中“列岫”指刀削斧凿的神山，“陵阙”指北面天寿山明十三陵。诗中对宿龙泉寺做了交代，原本未打算进寺，而是“偶然”路遇雪雨到此。雨雪停后开始放晴，有“霁始”二字。神山也露出“列岫”姿态，遥想明陵的殿阙，听到龙泉寺的诵经，闻到石质香炉里烧的艾蒿（此植物的叶子有香气），深感另一种境界。从时间上说由“晚初”至“遥夜”，作了全景式的报道。

检《康熙起居注》，康熙十九年（1680年）十二月“二十一日，上驻跸神山头”。

督牧要塞古北口

古北口又称虎北口，位于北京密云县东北，是历代军事要塞。东有盘龙山，西有卧虎山，两山对峙，紧扼要冲，它南控幽燕，北捍朔漠，历来是兵家必争之地。明蒋一葵《长安客话》载：“而古北口控两关中，崖壁崎峭，道路扼隘，距都城不二百里，尤为锁钥重地”。清孙承泽《天府广记》载：“古北口，在密云县东北一百二十里。两崖壁立，中有路仅容一车，下有涧，巨石磊砢，凡四五十里”。

纳兰容若《密云》诗：

白檀山下水声秋，地踞潮河最上流。
日暮行人寻堠馆，凉砧一片古檀州。

古北口（选自《唐土名胜图会》）

《魏书·地形志》载："白檀，郡治"。《东晋南北朝舆地表·郡县表》卷二载："隆安二年（398年）后燕主（慕容）宝置密云郡于白檀"。北周置玄州，领安乐郡，郡领密云、燕乐二县。隋开皇六年（586年）后于玄州治置檀州，州领燕乐、密云二县。唐代去郡为州，安乐郡改为檀州，隶幽州总管府。五代晋天福元年（936年）石敬瑭割燕云十六州赂辽，檀州为其一，后来檀州入契丹。北宋宣和四年（1122年）金人以檀州归宋。宋赐郡名称横山，升镇远节度，上统于燕山府路。领二县，即密云、行唐。金代废檀州和行唐县，以密云县属顺州，上统于中都路（《金史·地理志》）。《元史·地理志》隶大都路。《明史·地理志》密云县下云："元檀州，后置县，为州治。洪武元年（1368年）十一月省县入州。清承明制，密云仍为顺天府昌平州属县"。

容若《古北口》诗：

乱山如戟拥孤城，一线人争鸟道行。
地险东西分障塞，云开南北望神京。
新图已入三关志，往事休论十路兵。
都护近来常不调，年年风火报升平。

诗中起笔写山峰如戟护卫着山城，道路险阻，依地形弯曲，两侧分置御敌的城堡。透过云层可以遥想京都，那些险要的关口已在国家的版图之内，战争的往事已经没有人谈及，近来镇守边关的将军已经很长时间没有调防、休整。边疆无警可报，只能报太平的消息。这都是清圣祖民族政策好，治国有方，人民安居乐业，国家渐进昌盛。

容若《浣溪沙·古北口》：

杨柳千条送马蹄。北来征雁旧南飞。客中谁与换春衣。
终古闲情归落照，一春幽梦逐游丝。信回刚道别多时。

词作大意：骑马远行，道旁的杨柳随风飘荡，仿佛对我依依不舍，头上的大雁开始南归，关内春色已浓，口外寒气仍重，不能褪冬服换春装。自古以来的闲情别恨寄予那一缕残阳，而我这一春幽梦忆起刚离家道别的情景。总是聚少离多，分离太久。

此词容若作于康熙十九年初春，来此督牧，非护驾之作。

晓发柳沟城放马

延庆县历史文化积淀厚重，西周至春秋时期是山戎游牧民族的活动区域。战国时期地属燕国。秦因燕国旧制，仍有上谷郡，所领居庸、上兰县。西汉废上兰而别置夷舆县，属上谷郡。东汉废夷舆县，独存居庸县，属上谷郡。隋为怀戎县东境置妫州。天宝元年析怀戎县东境置妫川县。唐末置儒州和缙山县。辽代儒州和缙山县属西京道奉圣州。北宋末年属云中府路云中府，金废儒州，以缙山县隶德兴府。元缙山县入怀来，属上都路宣德府。明初，居庸关外民内迁，龙庆州废，置永宁卫。永乐十二年（1414年）于今延庆地置隆庆州，永宁卫置永宁县，属隆庆州，隆庆州直隶京师。

数年来不断遭受瓦剌、鞑靼烧杀掠夺，柳沟正是要冲之地。围绕八达岭设立"南山两协"军事单位。一驻柳沟，一驻榆林。后"改协为镇"，柳沟居中，级别也从参将晋升至总兵。柳沟镇守一方，如果有敌来袭，驻守宣化和驻守陵前总兵联系，三处出兵形成合围，以保天寿山明帝之陵区。故而有人说"陵后柳沟南控长陵区……又若左右腋之擎后背然。"

柳沟城三面环山，形成箕状。背靠南山，北有一小山，如同朱雀。《宣府镇志》云："（柳沟城）西南沙河，东北平坦，乃南山适中之地"。城北位置极佳。《宣镇图说》载："隆庆元年建，城周三百八十丈，高三丈五尺，门四"。城最初狭长，东西向，横于南山前，到了"万

柳沟北城门（冯黛虹◎摄）

柳沟城隍庙（冯黛虹◎摄）

历二十四年复增北关，周一百八十五步，高二丈五尺”。北面扩建后，城才近于方形，东西300米，南北210米。万历四十三年城墙砌砖，遗存一石碑，字已风化脱落，左侧尚能看清为“万历四十三卯季秋吉”。

北城有东西大街，两端有东西城门，城内有井三口，志书中记“村中井八”。城内有大小庙宇二十余座，其中较大者城隍庙、关帝庙、泰山庙。城隍庙三楹，两侧整面山墙有壁画砖雕。庙里供城隍爷。城内有戏台二座，城墙东有马道，宽四米，西有栈道，为运兵的军事设置。城中还有武衙门，三进院落，西边北房五间，东边北房七间，靠东有马场，占地二十亩。随着时间的推移，有些建筑已损毁，或者拆改。从当年建造的布局和规模来看，柳沟城驻兵近两千人，还有民众近四千户，上千口人。柳沟城的民居为一条脊瓦房，饮食有著名的豆腐宴，各种花会庙会，习武的游艺，流传于民间的婚丧礼俗等等使得古城活跃起来，承载着人们厚重的情感，生活在这里的人没有寂寞，且增添了几分繁华。

柳沟衙门房（冯黛虹◎摄）

清顺治十年（1653年）延庆州及永宁县降为怀隆道宣府镇属。顺治末省永宁县入永宁卫。康熙三年（1664年）改怀隆道为口北道，延庆州改属口北道宣府镇。次年宣府镇割隶山西省，延庆州一度改隶山西，但未久又还属于直隶省。宣府延庆州有很多关隘。《清史稿》载："宣府延庆州（有）四口：周四沟堡、四海治堡、柳沟城、八达岭"。

纳兰容若初任侍卫时，曾去延庆和柳沟牧马，并写下《南乡子·柳沟晓发》：

灯影伴鸣梭。织女依然怨隔河。曙色远连山色起，青螺。回首微茫忆翠蛾。

凄切客中过。料抵秋闺一半多。一世疏狂应为著，横波。作个鸳鸯消得么。

这首词描写灯影下梭来回穿动，织女们正在家里织布，想必此时天上织女星依然抱怨着银河。硬把牵牛星阻隔在河对岸。蒙蒙天色笼罩着远山，现出青色螺髻般的山形。回首那一片隐约模糊处，想起家中的翠娥。此生多在他乡凄凉的度过，与闺人大半时间都处于小别离之中。一生疏狂，却只羡鸳鸯，但愿我与闺中之人结为爱侣度过一生。

该词上片描写柳沟清晨出发的情景，下片表达作者与挂念的人分离的幽怨。词写于康熙十九年（1680年）秋，非护驾之作。

牧政怀柔黄花镇

黄花镇在怀柔北25里。《方舆纪要》称"黄花镇东第十一关口也"。永乐年建，通大川，正关水口宽漫，通众骑，极冲。黄草洼、南山墩、东敌台二空，通单骑冲，迤西各墩，空通步，缓（《四镇三关志》二）。

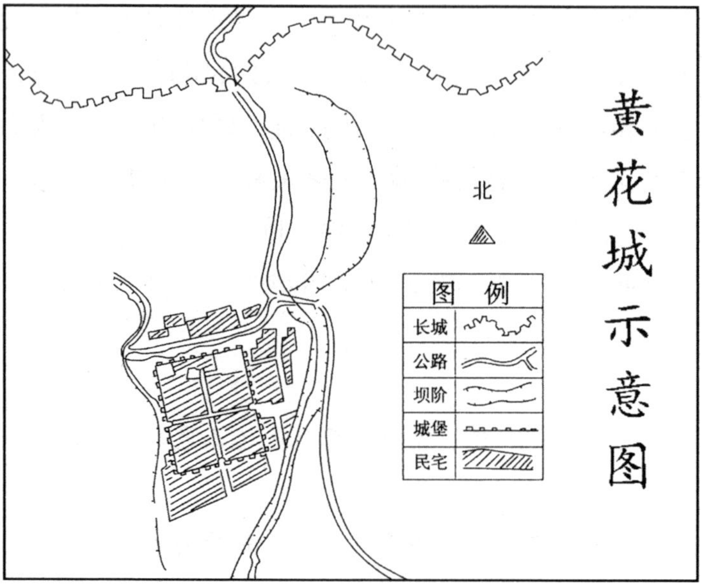

黄花城示意图

明《长安客语》载“黄花镇极为紧要之区，故弘治中遣总制严兰经略东西诸关”。清《日下旧闻考》载：“京东至山海关，西至黄花镇，为关塞者二百一十二”。又载“县志，七渡河发源塞外，经黄花镇川至县境，下入白河”。

黄花镇又称黄花镇城。城有三门，门前各有瓮城。依山而建，北面是山脚，为自然屏障，不用建门。而建玄武庙，后改为真武庙。南门石匾额“黄花镇”，南门外有药王庙，原有两棵槐树，那里有戏楼。东门为“龙喜门”，存一株槐树，三人才能合抱，现已空心。西门石匾额“威震藩篱”，瓮城被洪水冲毁，遗城墙一段。俗话有“三门为一城”，在这里得到鉴证。该城居民结婚走东门或南门，出殡走西门，到现在还保留这个习俗。城中有城隍庙、关帝庙、龙王庙、土地庙、观音庙、娘娘庙，散落着石件等遗存，这里民风淳朴。

黄花镇东部有官马圈，今为供销社旧址，放马在西北山下或九曲河套中。《圣祖本纪》载：“康熙二十二年六月，圣祖亲自护送太皇太后到古北口避暑”。康熙二十三年五月“甲申，圣祖去古北口”。均在夏季。

纳兰容若《点绛唇·黄花城早望》：

五夜光寒，照来积雪平于栈。西风何限。自起披衣看。
对此茫茫，不觉成长叹。何时旦。晓星欲散。飞起平沙雁。

这首词描绘五更的月光寒气逼人，照射着地面的积雪。此时，雪与圈马的栏杆齐平。西风不停地刮，我挂念圈里的群马别受夜寒，便起身披衣出门观看，面对茫茫白雪，不觉心中无限感慨！何时才能天亮，天空中的星辰消散，地上的大雁起飞，掠过南边的天际。

此阙作于康熙十九年（1680年）容若曾司牧马之职，放牧时所作。词中有“积雪平栈”，栈为圈马的栏杆。

西苑杂咏和荪友

康熙二十年（1681年）六月，严绳孙为起居注官，随清圣祖玄烨出入中南海，曾作过一组《西苑侍直杂诗》二十首。不久纳兰容若有《西苑杂咏和荪友韵》。此诗非成一日，从内容来看，当作于当年的夏秋，有的为次年之作。其体例为“步韵诗”，是唱和之作，即立足对日常生活细节情感的表达，因而传达出对人生理想、人生价值的追求。彰显自己“以自然之眼观物，以自然之舌言情”的清新风格。是解读纳兰容若对侍卫生涯的真情实感，同时也看到人物性格多面性。如果把这二十首诗进行分类，可归为七个方面，有的诗多层意思，故形成交叉。

一、显现努力工作，建功立业方面。

讲帷迟日记花砖，下直归来一惘然。

有梦不离香案侧，侍臣那得日高眠。

诗中“有梦不离香案侧”则是指一心做好自己的任事。

玲珑朱阁拟三山，上驷门依御柳间。
倦听月中歌吹沓，晨凫秣罢夜分还。

诗中“晨凫秣罢夜分还”意为了工作不计较时间长短。

二、表现维护多民族的国家统一方面。

太液东头散直迟，一双水鸟掠杨枝。
从臣献罢平滇颂，坐听中涓报午时。

诗中“从臣献罢平滇颂”是说康熙二十一年二月，云南吴三桂、尚之信、耿精忠相继反清，先后被清军击败，神州上下弹冠相庆，平定了“三藩”。

时攀御柳拂华簪，水槛行开玉一函。
几日乌龙江上去，回看北斗是天南。

诗中“几日乌龙江上去”说的是康熙二十一年秋，纳兰容若走黑龙江至京师，俗称大站，又称进贡路，执行军事侦察。

三、诗歌中表现江山稳固，歌颂太平景象方面。

黄幄临池白鸟飞，金盘初进鲙鱼肥。
太平时节多欢赏，丝络雕鞍半醉归。

诗中“太平时节多欢赏”意谓太平之际，欢畅之事分外多。

射生才罢晚开筵，十部笙笳动暝烟。
月上南湖波似练，几星灯火是龙船。

诗中“月上南湖波似练”意谓月亮升起来了，南海波涛美如练。

青丝蜀锦护银塘，谁许延秋报早凉。
缥缈蓬山应似此，不知何处白云乡。

诗中“缥缈蓬山应似此”意谓高远的蓬山，即海外仙岛蓬莱太壮美啦，应象蓬山。

才翻急雨暗金河，曲罢傕呈杂技多。
一自花竿身手绝，那将妙舞说阳阿。

诗中“一自花竿身手绝”意思是花竿的表演堪称一绝，简直是“妙舞”。

制胜由来仗德威，夜郎何物敢轻违。
河清欲颂惭才尽，空美儒臣赐宴归。

诗中“河清欲颂惭才尽”是说河清海晏，世界升平，我也穷尽其才了。
四、做好马政及入值差事，以报朝廷的恩典。

香引轻飚散玉除，下帘声彻退朝初。
马曹此日承恩数，也逐清班许钓鱼。

诗中“马曹此日承恩数”说容若“马曹”之职在此日晋升二等侍卫，可在内廷当差，感谢圣恩。

离宫近绕绿萍洲，冰簟银床到处幽。
好是万几清暇日，亲持玉勒奉宸游。

诗中“亲持玉勒奉宸游”大意是亲自备“玉勒”宝马陪皇帝巡游。

玉映窗扉静不开，藕花深处绝尘埃。
三更露坐清无暑，共侍蕉园彩鷁回。

诗中“三更露坐清无暑”表示入值宿卫到了三更天，已经不觉得天气溽暑。

五、颂扬政通人和，国力充裕，西苑景点建筑华美。

宫花半落雨初停，早是新炎撤画屏。
何必醴泉堪避暑，藕丝风好水西亭。

诗中“何必醴泉堪避暑”，大意是不必说陕西麟游县唐代的醴泉宫里水味甘美。若是说避暑还是西苑的水西亭子。

烟柳千行宿鸟多，虹梁曲曲水萤过。
新凉却爱中元节，万点荷灯散玉河。

诗中“万点荷灯散玉河”说的是放河灯。亦作放荷灯，乃是中元夜的祭祀活动。河灯形式很多，一般是用彩纸做成的朵朵莲花，底下用半个茄子做托，在中心插上点着的蜡烛。往河里一送，其灯自然顺水漂流而下，排成一队“水灯”，随波荡漾，闪若繁星，与水里的倒影相映成趣，缓缓移动，蔚然奇景。《燕京岁时记》载：“中元日设盂兰会，燃灯唪经，以度幽冥沉沦者”。

六、正确处理生活中也有不顺心的事，不要影响主流意识。

轻云欲傍最高楼，重露看垂白玉旒。
处处红芳零落尽，众香国里不曾秋。

诗中“处处红芳零落尽”，大意是说自己不得志，难占鳌头。

夜深帘幕卷银泥，十二楼高望欲迷。
莲漏滴残闻动锁，一钩斜月碧河西。

诗中“莲漏滴残闻动锁”，漏滴被锁，转动不了，不再报时，成了废器。

七、用诗歌的形式劝勉好友严绳孙。

花映初阳复绮寮，玉珂双引望中遥。
凭君莫作烟波梦，曾是烟波梦早朝。

诗中“凭君莫作烟波梦”，大意是凭严君您的才学，不要做张志和烟波钓徙归隐江湖的梦想了，应积极为朝廷尽心献力才好。

东巡途经祖籍地

康熙二十一年（1682年）二月至五月，纳兰容若随驾东巡，清圣祖一

叶赫古城遗址

行在松花江沿岸鸡林（今吉林市）至大乌拉间，返回盛京，经叶赫废城。

据文献记载，康熙二十一年三月十七日“至柳条边地方”。清圣祖有《柳条边望月》诗：“雨过高天霁晚虹，关山迢递月明中。春风寂寂吹杨柳，摇曳寒光度远空”。柳条边，又名盛京（今沈阳）边城、柳城。清顺治年间开始分段修筑，其作用是禁止边内居民越过柳条篱笆打猎、放牧和采人参。纳兰容若词中有“柳条城”句。

同年三月二十五日，清圣祖“诣松花江岸，东南向，望秩长白山，行三跪九叩头礼，以系祖宗龙兴之地也”（《康熙起居注》）。

同年三月二十七日“上登舟，泛松花江，往大乌喇”（《康熙起居注》）。圣祖作《松花江放船歌》：

松花江，江水清，夜来雨过春涛生，浪花叠锦绣縠明。
彩帆画鹢随风轻，箫韶小奏中流鸣，苍岩翠壁两岸横。
浮云耀日何晶晶，乘流直下蛟龙惊，连樯接舰屯江城。
貔貅健甲皆锐精，旌旄映水翻朱缨，我来问俗非观兵。
松花江，江水清。浩浩瀚瀚冲波行，云霞万里开澄泓。

又《江中雨望》

烟雨连江势最奇，漫天雾黑影迷离。
掀翻波浪三千尺，疑是蛟龙出没时。

纳兰容若也写了《松花江》两首诗。一为五律，一为七绝。

宛宛经城下，泱泱接海东。
烟光浮鸭绿，日气射鳞红。
胜擅佳名外，传讹旧志中。
花时春涨暖，吾欲问渔翁。

又

弥天塞草望逶迤，万里黄云四盖垂。
最是松花江上月，五更曾照断肠时。

第一首写于白天，大意是美丽的松花江，宛转绕江城而下，水面宽阔奔向大海，江水呈鸭绿色，在阳光照耀下如红鳞，这些景色已写进地方志中。春天冰化水涨了，气候也非常温和，渔船在江上荡漾，我真想和渔翁唠唠家常。从诗中看出作者第一次见到故乡的山水，备觉亲切。第二首写于晚上，看到塞草、黄云和明月，便想起故乡人们在发展中有悲壮史，不免有些纠结。

泛舟后驻跸大乌喇虞村。陪同此行的高士奇《东巡日录》中写道："四月庚长（初三），晨兴，细雨犹零，流云未歇。泛舟江中，草舍渔庄映带，冈阜岸花初放，错落柔烟，似江南杏花春雨时，不知身在绝塞也。驻大乌喇虞村"。

叶赫东城——连花纹“滴水”

叶赫东城——八角形石径幢顶盖

纳兰容若有《青玉案·宿乌龙江》：

东风卷地飘榆荚。才过了、连天雪。料得香闺香正彻。那知此夜，乌龙江畔，独对初三月。

多情不是偏多别。别为多情设。蝶梦百花花梦蝶。几时相见，西窗剪烛，细把而今说。

词的大意：冬季刚过去又来了一场大雪，天气寒冷，此刻你的闺房里应该是正燃着熏香，你可知道我正在乌龙江畔赶上春寒。生活并不是因为多情而离别，而是因为离别使人陷入恍惚，就像百花和蝴蝶一样眷恋。不知道何时才能相聚，待到那时一定会秉烛夜谈，诉说我的衷情吧。

这首词作是纳兰容若行役在外，时间较长思念妻室而作，为真实情感的吐露。词中“乌龙江畔，独对初三月”句，为行役时间的写真。

圣祖一行巡视乌喇后，于同年四月十三日经叶赫。圣祖玄烨有《经叶赫废城》诗：

断垒生新草，空城尚野花。

翠华今日幸，谷口动鸣笳。

纳兰容若《浣溪沙·小兀喇》词：

桦屋鱼衣柳作城。蛟龙鳞动浪花腥。飞扬应逐海东青。
犹记当年军垒迹，不知何处梵钟声。莫将兴废话分明。

小兀喇即吉林乌喇（今吉林省吉林市）北约松花江，这一带曾是纳兰容若家族的领地。萨英额《吉林外纪》："吉林乌喇始为满洲虞猎之地，顺治十五年因防俄罗斯造战船于此，名船厂。后置省会，移驻将军，改名吉林乌喇"。杨大瓢《柳边纪略》："船厂即小兀拉，南临混同江，东西北三面旧有木城"。

词的大意说，这里的百姓生活古朴，以桦木建造屋宇，以鱼皮做衣服，用柳树做城围。江水如同翻腾的蛟龙，猎人们追逐着俯冲的海东青，眼前是容若上祖的故土旧地，也是当年的渔猎场。忽然寺院里传来梵钟声，打破了思绪，历史车轮滚滚向前飞驰，战争已经过去，今朝这里的人们安居乐业，家乡的经济、文化、人事都变了，还是着眼于现实，跳出历史的圈子，从大局着想，不要把兴废之事说得过于明白。

蕉园老树生新枝

蕉园在北京城内的中海，即芭蕉园，又名椒园。园内有明代崇智殿旧址，向北有门，入门南折而西，面南者为万善门，门内为万善殿，后为千圣殿。

明人廖道南《芭蕉图》诗："旖旎芭蕉色，缤纷满御园。午阴便鹿梦，春雨罢蜂喧。绿借芙蓉润，青交薜荔翻。词林曾献颂，此日重承恩"。

焦园盂兰会（选自《唐土名胜图会》）

清人高士奇《金鳌退食笔记》载：“自太液池东行有芭蕉园者，其地松桧苍翠，果树分罗，中有崇闳广砌，一殿穹窿，以黄金双龙作顶，缨络悬缀，雕栊绮窗，朱楹玉槛，望而敞豁，旧曰崇智殿。殿后药栏花圃，有牡丹数十株。转西有亭，八面，内外皆水，曰临漪亭，一曰钓鱼台。金鱼作阵，游戏其中。又一小石梁出水中，向西，一亭在水际，曰水云榭”。

顺治年间改崇智慧殿为万善殿，供三世佛像。

纳兰容若《蕉园》诗：

见说斋坛闷，前朝大乙祠。
莺边花树树，燕外柳丝丝。
宫御人稀到，词臣例许窥。
今朝陪豹尾，新长万年枝。

诗的大意：祭天的斋坛已闭门，这是明朝的太乙祠，又作大乙祠。园内有花有树，园外柳丝拂水，宫苑是不准生人进出的，从缝隙中可以看到精致的殿房。作者还是个侍卫，只能列入豹尾之间，蕉园里的石木长势很快，已新生万年枝上。从这首诗看出容若心情不错，已升为二等侍卫，时间在康熙二十一年六月。

入直西苑拾来诗

园林是社会生产力发展到一定历史阶段的产物，是人类历史进入文明时代之后才出现的。我国园林历史，最早可以追溯至商周时代。

“圃”与“苑”，典籍一般释作养禽兽的。关于“囿”，《周礼·地官·囿人》云：“掌囿游之兽禁，牧百兽”。《广释名》则说：“囿者，畜鱼鳖之处，囿犹‘有’也”。关于“苑”，《说文解字》说：“苑，所以养禽兽”。通常解释“苑”，是养禽兽植林木的地方（多指帝王的花园）。先秦阶段的“圃”“园”还不能算是艺术范畴的园林，因为它只有实用的物质功利和价值，而“囿”“苑”才可以说是古典园林艺术的滥觞。

明成祖朱棣迁都北京后，琼华岛成为西苑，水称太液池，亦称金海，山称万岁山，亦别称艮岳、广寒山、蓬莱山、大山子。明代对西苑增进一些工程，如迎翠、凝和、太素三殿，此外尚有许多较小的亭殿。

清《国朝宫史》载：“西苑在西华门之西面，门三，中榜曰西苑门”。入苑门即太液池，周广数里，水面占全苑的三分之二。池“上跨长桥，树坊楔二，东曰玉蛛，西曰金鳌。桥北为北海，桥海为中海，瀛台南为南海”。

《旧都文物略》载：“禁中人呼瀛台为南海，蕉园为中海，五龙亭为北海”。三海旧统名西苑。纳兰容若任侍卫期间，经常在西苑值班，有《入直西苑》诗：

望里蓬瀛近，行来阆苑齐。
晴霞开碧沼，落月隐金堤。
叶密莺先觉，花繁径不迷。
笙歌回辇处，长在凤城西。

诗中描写见到西苑园林，深感蓬莱、瀛洲仙岛很近，犹如来到仙境。晴朗朝霞映照着一池碧水，落日后这里坚固的堤岸护卫着碧水。树叶虽密，莺雀知道从哪里飞。茂密的花径不会让你迷路。皇帝的车驾，到达西苑，会听到送驾的笙歌之声，常常在北京皇城的西部地方。此诗作于康熙二十一年（1682年）七八月。

随扈西山观形胜

北京位于我国华北大平原的北端，由西南而来的太行山脉，绵亘数百公里，燕山山脉屏障其间，峻岭崇山。《戴司成集》载："西山来自太行，连冈叠岫，上干云霄，挹抱回环，争奇献秀"。不但功能上阻挡西风狂沙，而且造型上山峦叠翠，很多饱学之士，为之倾倒，留下美文。《长安客话》云：西山"诸兰若内，尖塔如笔，无虑数十，塔色正白，与山隈青霭相间，旭光薄之，晶明可爱。六七转至大石桥，流泉满道，或注荒池，或伏草迳，或漫散尘沙间"。同书还说："西山春夏之交，晴云碧树，花气鸟声，秋则乱叶飘丹，冬则积雪凝素，种种奇致，足以赏心，而雪景尤胜"。严绳孙在《哀词》中说纳兰容若"扈从山川，时复有作"。

容若《拟古四十首》其中第十七首写道："明发出门望，爽气正西来，西山有涧阿，肥遁以为怀"。西山有涧，说的是西山有涧溪。有寺庙庵观，是宗教信仰者栖身之处。容若出门初觉空气污染，又顿觉爽气西来，精神为之一振，肥遁“出世”之想油然而生。虽然身置西山顶或涧中庙宇，但他不为所动，没去参禅悟道，未去进山高隐。

康熙二十一年（1682年）八月，清圣祖玄烨前往玉泉山赋诗《西山驻跸·夜闻秋声》：“西风吹长林，木叶响如雨。起视山月高，浮云无一缕”。容若身为二等侍卫，随驾出行并写了《扈驾西山》：

凤翥龙蟠势作环，浮青不断太行山。
九重殿阁葱茏里，一气风云吐纳间。
熊虎自当驰道伏，蛟螭长捧御书闲。
黄图此日论形胜，惭愧频叨侍从班。

此诗赞美西山的走势、形胜，使北京右拥太行，而成为帝都；歌颂了清圣祖的英勇神武，运筹帷幄治国安邦。并借此表达了对圣祖的崇仰和感恩之情，“惭愧”有自谦之志。

容若诗中“浮青”“葱茏”是描写夏季的景象。连绵不断的“太行山”是神京右臂，大有“凤翥龙蟠”之势，天子驻跸在葱茏的殿阁里，侍从卫兵只能在殿外当差，不能参与纵论“黄图”和品评京畿的山水，那是因为自己在侍从班里。

十里湖光载酒游

明《永乐大典·顺天府志》记载：“西湖景（今昆明湖）在（昌平）县西南50里青龙桥社玉泉山东，其湖广袤，约一顷余。旧有桥梁、水阁、湖船、市肆，蒲芰莲芡。拟江浙西湖之盛。故名。今存一漫陂而已”。万历年间《长安客话》云：“土名大泊湖，环湖十余里，荷蒲菱茭，与夫沙禽水鸟，出没隐见于天光云影中，可称绝胜”。《珂雪斋集》载：“今北人直以西湖十景呼之”。盛夏之日，“芙蓉十里，堤柳从翠中，隐见村落……水田活活，群蛙乱鸣，真田家之乐也”。孙承泽《天府广记》载：西湖“有平堤十里，夹道皆古柳，参差掩映，澄湖百顷，一望渺然，西山匌匌与波光上下，远见功德古刹及玉泉亭榭，朱门碧瓦，青林翠峰，互相缀发。湖中菰蒲零乱，鸥鹭翩翻，如在江南画图中”。以上为明末清初对西湖的记载，康熙年间王养濂、李开泰著的《宛平县志》中提出“宛平新八景”。其中第二景“西湖莲径”，在“城西三十里，玉泉山下，清泉澎湃，潴而为湖，十里菰蒲，一泓罗激，凉风鹅鹳，明月芰荷，山色水声，令人神往”。

徐乾学《通议大夫一等侍卫纳兰君神道碑》载：纳兰容若“嬉游”；秦松龄在《挽诗》中称容若喜欢“朋游”。容若游西湖作《浣溪沙》词：

十里湖光载酒游。青帘低映白苹洲。西风听彻采菱讴。
沙岸有时双袖拥，画船何处一竿收。归来无语晚妆楼。

这首词是容若对京师西湖自然风光的欣赏和眷恋，作于康熙二十一年（1682年）八月上旬。词中首句“十里湖光”指的是西湖面积之大，清初北京水面除了西湖都达不到这个里数。下半句是“载酒游”，有什么高兴事要载酒游呢？到康熙二十一年六月才晋升为二等侍卫，比其他同班、同事慢了半拍。容若不在乎名利，但要对八年的豹尾之间的“忠勤”应予肯定。对于任何人提级加薪都是件好事，会喝酒者自然喝酒，以得内心畅快。晋升也不是白给的而是令他去北疆“觇梭龙”，这个任务不但天气寒冷，侦察敌情也是危险的，在执行军务前携家中妻室及子女游西湖，作为一次家庭旅游活动，以补昔日呵护不周的补欠。于是利用公休没有官差任务，轻松、自由愉快地和家人小聚。

词中描写辽阔的湖面，岸边一片白花，采菱藕的姑娘唱着小曲，湖岸的人有说有笑，女士们两手藏于袖内相拥着，画船游于水中，船上的人正在收拾整理鱼竿，一派安逸康乐的景象。用“归来无语晚妆楼”作结句，凸现了包括容若家人在内的脸上洋溢着丰收的喜悦情景。因此说容若的《浣溪沙》写的是距家不远的北京西湖（今称昆仑湖）。

容若任侍卫期间，曾随清圣祖玄烨去过江南，写过很多江南诗词。但是《浣溪沙·十里湖光载酒游》不属江南篇，而是杂感篇。有人说容若词中有“青帘低映白苹洲”。白苹洲在浙江吴兴。故知此词即写于江南。还有的说“这里是描绘江南旖旎的湖光山色之美丽宜人”。鉴于此用历史说话，康熙二十三年（1684年）九月，玄烨首次南巡，在江南总河靳辅陪同下，督察河务。十月入山东，继后巡视了宿迁、桃源、清河等减水坝，十一月初驻江宁。最远达到苏州和江宁，从未去过吴兴，史籍也未载容若去吴兴逗留过。那么容若词中缘何有“白苹洲”句？白苹洲在江苏吴兴霅溪，文中采用“白苹洲”一是为了合仄押韵，不是确指；二是泛指湖面有白色的苹花；三是在执行南巡扈从任务当中，作为侍卫一般是不可单独出行的。

昆明湖（选自《唐土名胜图会》）

从季节来说北京夏末初秋是采莲的日子，《周书》载：“薮泽已竭，既莲掘藕”。汉初时的《尔雅·释草》载“其实莲，其根藕”故而有了《采莲赋》《采莲曲》《爱莲说》。北京西湖（今昆明湖）的采莲远自辽代，延至今日，采莲成为一大农事活动，这是第一个理由。莲藕是人们生活的食材，北京采莲掘藕在农历八月。《京华岁时记胜》载，八月中秋十五日，祭月有“白藕青莲”。这是第二个理由。第三从地缘上看明清文人所描写的西湖环境与容若《浣溪沙》所描述的景物大抵相同。明人有“十里青山行画里，双飞白鸟似江南”（文征明《西湖诗》）。容若有“十里湖光载酒游”；明人有“筑堤列塍，为甾为畬，菱芡莲菰，靡不毕备”（《长安客话》）。容若有“西风听彻采菱讴”；明人有“玉泉东汇浸平沙，八月芙蓉尚有花”（王直《西湖诗》）。“脉脉春沙净，纤纤暮雨齐”（王衡《湖堤》）。容若有“沙岸有时双袖拥”；明人有“倦游爱说江乡事，先试西湖一叶舟”（朱国祚《西山湖上诗》）。容若有“画船何处一竿收”。

综上所例，明眼人则能看出明代诗人和容若对西湖的描绘中，西湖的里数、采菱、沙岸及舟楫，都是同出一地。

六辑　墓园轶事

一亩泉在北京西北辛力屯，《元史》记新立屯地名，明代《长安客话》记泉水面积，其后渐有淤塞。但伏流潜发，汇为大浸、二浸、三浸，实为小潴，平静如镜。漫溢之水向东南蜿蜒而下，流经后章村东、罗家坟村、东小营之西，达思源桥，南折至明府花园北，又南折经四虎桥，辗转注入南沙河。盈盈衣带，沿途浸润田畴，称一亩泉河。进入上庄村，河面突宽达二丈，深至二米，水道弯曲，形似走龙，故此地民众称之“龙湾子”。《管子·水地》载：“水者，地之血气，如筋脉之流通也，故曰水具材也”。水的意象，“风水之法，得水为上”。此水上接北寿地，东绕南寿地，使两个墓园前形成迎水之势。

古人郑康成云“汭，隈曲中也”。墓在汭位中财源滚来，人丁兴旺，可谓“吉地不可无水”。墓域中宝顶坚固，寝门观水，墓碑林立，石像生成对，牌坊壮观，诰封荣恩，特颁谕祭，郁郁佳城。上庄村的南北寿地，人称“京西小十三陵”。百姓说“宁走前三门，不走皂甲屯”，言外之意是上庄皂荚屯政治势力较大，手眼通天。

支撑本章的论据主要是：

一、墓区中因有明珠和容若、揆叙、揆方，而形成名墓。

二、顾梁汾来上庄凭吊容若墓；

三、揆叙墓碑遭改刻；

四、民国时南寿地墓穴被盗；

五、“文化大革命”中纳兰氏家族墓被彻底拆毁。

尼雅哈夫妇立祖

南寿地在原北京西郊农场二分场办公楼西，坐东朝西。墓园海拔为44.90米，建有三合土围墙，内墙高3.5米，外墙高2.3米，俗称“围脖儿”。下端向南北延伸各建围墙百米，高0.9米，以挡风水。墓地墙外后台地海拔46.30米，并以45.74米、45.50米、44米、41.99米缓下。墓前海拔以43米、42.50米、41.57米、41.20米递减。形成东高西低的地貌。龙湾子在墓前形成月牙河，水深10米左右。南寿地西向的山脉称凤凰岭，“朝山”是阳台山（俗称老爷山）的尖顶子，海拔高度625米。

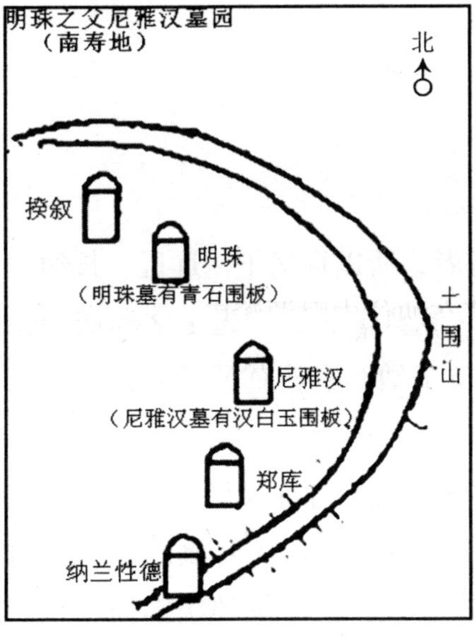

纳兰尼雅汉家族墓园（南寿地）

坟墓是人生的最终归宿，尤其是清朝很注重厚葬。因而办理丧葬成为纪念之要事，成为死者灵魂窀穸之地。墓穴的排序有很多讲究，则根据族中辈分来确定墓位。上庄村的南寿地原有宝顶5座，称“五穴连珠”。中间的为祖坟，两侧各埋晚辈，形成“八”字，谓之“雁排翅”。后逝者一律在“翅尾”上打坑。

《重修榆河乡东岳行宫碑记》云：“主穴乃相国之考妣”。也就是说，明珠的父亲尼雅哈（又译作尼迓韩、倪雅汉）和母亲墨尔齐氏作为立祖。因此南寿地又称祖坟。金台石（什）身死城陷后，其子倪迓哈随叶赫部氏被迁至建州，受任佐领，后未见重用。《八旗满洲氏族通谱》载："金台什仲子倪雅哈由佐领，定鼎燕京时，著有劳绩，授骑都尉，任郎中，卒"。《八旗通志初集》载："正黄旗满洲世职下，骑都尉倪雅汉，顺治二年（1645年）以军功授牛录章京。今汉文改为骑都尉"、"德尔格勒弟尼雅汉，以积劳授牛录章京世职，管牛录事"。《满洲名臣传》载："明珠满洲正黄旗人，姓纳喇氏，叶赫贝勒锦台什（又作金台什）之孙也，父尼雅哈，顺治三年（1646年）卒"。在明珠贵盛时追赠光禄大夫，因此王鸿绪《明珠墓志铭》中云：明珠"公考倪迓汉，金台师（什）中子也，以佐领累赠光禄大夫。妣墨尔齐氏，累赠一品夫人"。从以上文献中可以看出尼雅哈卒于顺治三年（1646年）。虽然尼雅哈职位不高，但在纳兰家族中是父辈，并以他立祖。随着子孙得官位，对尼雅哈夫妇覃恩封阶，而不断维修添建。"文化大革命"中尼雅哈夫妇的宝顶被毁后，未见其墓志。

郑库夫妇为昭位

《礼记·祭统》："夫祭有昭穆，昭穆者，所以别父子、远近、长幼、亲疏之序，而无乱也"。《周礼·春官·冢人》云："先王之葬居中，以昭穆为左右"。随龙进关尼雅哈之墓位于纳兰家族墓的中心处，以下兄弟按左昭，右穆排开。

昭位（祖坟南边第一个宝顶）为郑库夫妇墓。郑库又译作郑奎。《满洲名臣传》载尼雅哈"长子郑库，明珠其次子也"。《八旗满洲氏族通谱》载："尼雅哈子嗣四人，长郑库，次苗色，护军统领次锡扬，头等侍卫季明珠"。王鸿绪《明珠墓志铭》称尼雅哈"子四人，郑库官至资政大夫，仲、季俱夭，公其叔也”。明珠为尼雅哈第三子。王鸿绪《明珠墓志铭》抄本，还告诉我们明珠六岁丧母，由长兄郑库抚养成人。《八旗通志初集》载：“初次袭，郑库，倪雅汉子，顺治三年（1646年）袭，恩诏加至阿达哈哈番，今汉文改为二等轻车都尉。二次袭，安泰，郑库子，顺治十五年（1658年）袭”。从上文可以看出，顺治十五年郑库去世，其子安泰袭其职。郑库夫人资料史间有缺，郑库墓志出土后，上庄村村民说被本村倪建章拉走，至今不知去向。

明珠夫妇居穆位

穆位（祖坟北边第一个宝顶）是明珠夫妇墓。明珠，字端范，又字枋臣。生于天聪九年十月初十日（1635年11月19日），顺治八年（1651年）由侍卫授銮仪卫治仪正，迁内务府郎中。康熙三年（1664年）三月，擢内务府总管。五年授弘文院学士。六年充纂修《世祖章皇帝实录》副总裁。七年奉命与工部尚书马尔赛阅淮、扬河工、定议修复兴化县之白驹场旧闸，增凿黄河北岸引海，以备蓄泄。是年，授刑部尚书。八年改都察院左都御史。十年二月，充经筵讲官。八月，奏停巡盐御史遍历州县之例。十一月，迁兵部尚书。十二年正月，上幸南苑，阅八旗甲兵于晾鹰台，明珠先期布条教俾众演习，及期，军容整肃。上谕之曰：“今日陈列甚善，可著为令”。是年，平南王尚可喜请撤藩移辽东，吴三桂、耿精忠亦以是请，下议政王。大臣、九卿等会议。时有谓三桂当久镇云南不可撤者，明珠与户部尚书米思翰、刑部尚书莫洛等坚持宜撤，遂以两议，上诏从明珠等议。十四年调吏部尚书。十六年授武英殿大学士。七月，以吏部尚书明珠为内阁大学士。

关于撤藩，先是吴三桂请撤藩，清圣祖玄烨召诸大臣询方略，诸大臣皆默然。独明珠、莫洛、米思翰等主撤，玄烨以“今日撤亦反，不撤亦反，不若先发”，诏许明珠等撤藩之议。不久，吴三桂倡反，耿精忠与尚之信同应。索额图以撤藩激变，请诛建议撤藩者。玄烨谕驳之，明珠由是称帝旨，并在平息“三藩之乱”中多有建树。

二十年（1681年），清廷上下争论台湾要不要统一，有的认为“海洋险远，风涛莫测，驰驱制胜，计难万全”。明珠辅协大政，赞同并执行清圣祖玄烨的决策，建议用原郑成功部将施琅为福建水师提督，去福建筹划收复台湾，出师告捷，台湾统一，举国欢腾。

二十一年（1682年），议政王大臣等勘论耿精忠及其党曾养性等20余人罪状，拟如律，上诏询廷臣，欲量予宽减。

二十二年（1683年）要不要设官镇守台湾，也是一件国是待定。朝廷中一种意见认为台湾为弹丸之地，宜“迁其人，弃其地”。施琅称“弃之必酿成大祸，留之诚永固边疆”。明珠建议清圣祖玄烨准予台湾郑氏将军投诚，从而推动了台湾问题的顺利解决。并力排众议，力促在台湾设置地方政权机构。

清廷时诏重修《太祖》《太宗实录》及编纂《三朝圣训》《政治典训》《平定三逆方略》《大清会典》《一统志》《明史》，皆以明珠为总裁官。两遇《实录》告成，加太子太傅，晋太子太师。

明索党争早在康熙十二年（1673年）索额图请诛建议撤藩者明珠为始，至康熙二十七年（1688年），清圣祖玄烨指授郭琇对明珠劾疏，扳倒明珠。结果明珠被罢去大学士，其间长达十五年。康熙中满洲正黄旗大臣以权位相当者，只有索额图和明珠，他们植党争权，遇事抵牾，互相讦告，暗自争宠。索额图生而贵盛，性骄纵；明珠则务谦和，轻财好施。皂荚屯坊间热议：“要做官，找索三；要讲情，找老明”。清圣祖玄烨与明珠、索额图三方面的关系，不是简单的三角形关系，而是以玄烨为主的“一主二奴”关系，明、索之间的沉浮，是政治斗争的产物。

御史郭琇上疏弹劾明珠把持朝政，背公营私，收受贿赂，一时朝中上下为之震惊。明珠被革去大学士之职，交于领侍卫内大臣酌用。不久授明珠为内大臣。二十九年，上命裕亲王福全统兵征噶尔丹，明珠与领侍卫大臣索额图等参赞军务。又因噶尔丹败遁，不行追剿，议罪，降四级留任。三十五年四月，上亲征噶尔丹，遣明珠与左都御史于成龙督运西路军饷。五月，以噶尔丹败遁，班师。明年，上复亲征，明珠扈从，至宁夏，奉命拨驼运饷；又偕大学士黄茂赉鄂尔多斯随征兵众。师还，叙功，复原级。四十三年，奉命与内大臣阿密达等赈山东、河南流民之就食京师者。四十七年四月，明珠以疾卒，享年七十四岁。上遣皇子奠茶酒，赐祭葬如例。

乾隆三十七年（1772年）十月，清高宗弘历谕："国史馆进呈新纂《明珠传》，内所列郭琇纠参各款，胪采不全，于核实纪载之义未合"。纵观明珠一生，在主撤三藩，重满用汉，崇文重教，收复台湾，抗御外敌，用铺治河等重大国事转变中，作出了特殊的贡献。明珠作为清圣祖的辅臣，审时度势，勤敏政事，有开拓一朝新政之功。

康熙四十七年（1708年）初夏，明珠遘疾不起，嘱其总管安尚仁："吾葬魄之所应在祖茔之穆位"。同年四月十七日（1708年6月5日），

北征督运图（选自《康熙皇帝全传》）

按其嘱葬于穆位。《明珠墓志铭》记“居内阁十有三年”“掌议天下之政”，前后居相位20余年，是康熙朝股肱之臣，荣呼为“相国”。清圣祖玄烨称其“凤阁清才，鸾台雅望，典章练达，服勤匪懈于寅恭，器识渊凝，顾问时资于靖献”。并赞明珠“启乃心以沃朕心”（《明珠及妻觉罗氏诰封碑》）。

明珠谕祭碑

根据清朝规定墓地“一、二品官员围墙一面，各十七度半，共七十度，二户看守”，“一品官茔地九十步，坟高一丈六尺”。南寿地“围脖儿”下端曾建南北围墙一面各十七度半，共七十度。从而知道围墙是在康熙四十七年（1708年）建的。也知道明珠的坟墓占地东西长度是九十步，宝顶高一丈六尺。缪荃孙、刘万源《光绪昌平州志》载：“一亩泉在北新立屯（今辛力屯）东，南流迳皂角屯（今皂荚屯）西太傅明珠墓前，入南沙河”。同书载：“国朝太傅明珠墓，在州西南皂角屯西”。麻兆庆《昌平外志》：“新屯东南有泉……时涸时流，流亦不过田间沟洫。东南，迳后章村东、罗家坟南、小营村南，河身突宽约二丈许，盖康熙时太傅明珠以茔地风水穿引有阻，中止者也。又东南，迳造甲屯西。转西，迳明太傅墓前。西南，入南榆河”。南榆河即今日南沙河，明珠为一朝名相，生前轰轰烈烈，死后葬于何方，典籍很少记载，而在地方志中偶见，实属难得。上庄村已出土明珠墓志一盒，长宽均111厘米，厚19

厘米。王鸿绪撰文，史夔书丹，蔡升元篆盖。

穆位的宝顶中，还有明珠的夫人觉罗氏。觉罗氏是清太祖努尔哈赤的孙女，英王阿济格嫡出第五女，为正宗皇族血脉。

阿济格是努尔哈赤第十二子，太妃乌拉纳喇氏长子，和多尔衮、多铎是同母兄弟。自幼随父兄多历战阵。

努尔哈赤时代天命十年，阿济格授贝勒。皇太极时代阿济格曾伐朝鲜，克五城，会师锦州。因擅主弟多铎婚，削爵，寻复之。伐明进遵化，又驻屯北京广渠门外，至张家湾。又会师大凌河，夜围锦州，战于大凌河。略大同、宣府，迎降将孔有德。克保安，拔灵丘。崇德元年晋为武英郡王，克昌平、定兴等县，五十六战皆捷，俘人畜十余万。太宗皇太极“迎劳地载门外十里，见阿济格劳瘠，为泪下，柔酌金卮劳之”。命守牛庄（今营口），克皮岛，上遣使褒劳。寻还守塔山、连山，俘人马千计。又围锦州。福临主政时期追杀李自成，阿济格晋升英亲王，命为靖远大将军。入陕西八战皆胜，克城四，降城三十八。斩其将刘宗敏，阿济格率师还北京。因擅取鄂尔多斯、土默特马匹，降郡王，寻复之。又在天津、曹县剿土寇。率师驻大同，旋命为平西大将军。敌犯代州，遣将赴援。

顺治七年（1651年），多尔衮突然病死在喀喇城，由阿济格护灵回京，“多尔衮左右讦阿济格欲为乱，郑亲王济尔哈朗等遣人于路监之。还京师，议削爵，幽禁。逾月，复议系别室，籍其家，诸子皆黜为庶人。十月，监守者告阿济格将于系所举火，赐死”（《清史稿》卷二百十七）。

此事发生在容若出生的五年前，康熙元年（1662年）阿济格受株连的子女恢复宗籍，照例封爵。

《觉罗氏墓志铭》中“（夫人）及笄□配以相国公”，“当夫人之于归也，相国初登仕路”。《明珠墓志铭》中云：“年十七，世祖（福临）章皇帝器重之，授銮仪卫云麾使”。据此可知，他们的成婚时间为顺治八年（1651年），届时明珠虚龄17岁，觉罗氏15岁。从觉罗氏的年龄来看还未成年就完婚，原因是其父阿济格被赐死，其兄皆黜为庶人。康熙二十三年（1684年），明珠为太子太傅、武英殿大学士兼礼部尚书，是正一品。

在清代凡九品以上文武官员，都可得到“覃恩”封阶。除显荣本身外，还可以推逮父母妻室。《明珠及妻觉罗氏诰封碑文》上云：“明珠妻觉罗氏……封尔，为一品夫人”。此碑是康熙二十三年（1684年）九月二十四日，立于上庄村墓园，碑身高206厘米，宽82厘米，镌满汉文，正书。觉罗氏卒于康熙三十三年（1694年）八月，同年十二月葬海淀双榆树，后迁葬上庄村与丈夫明珠合祔。上庄村墓地已出土觉罗氏墓志一合，长宽均为109厘米，厚18厘米，唐孙华撰文，陈元龙篆盖，胡会恩书丹。

容若夫妇次昭位

次昭位（祖坟南边第二个宝顶）是纳兰容若和卢氏的墓位。“文化大革命”后期，上庄村出土的容若墓志一盒，长宽均76厘米，厚14厘米。方形，铭文共38行，首题“皇清通议大夫一等侍卫佐领纳兰君墓志铭”，徐乾学撰文，经过明珠家人过目后，有所增删而后镌刻。陈廷敬篆盖，高士奇书丹。1974年9月，具有重要历史、艺术、科学价值的容若墓志铭，却被当作上庄公社二大队第四生产队的台阶石，且字面朝上被踩踏多年，字迹腐蚀，难以辨认，损毁严重。原石现存北京石刻艺术博物馆。

纳兰容若墓志铭盖（冯黛虹◎摄）

纳兰容若武英殿大学士太傅明珠之长子，康熙十五年（1676年）进士，佐领、一等侍卫。有文武才，擅骑射，好读书，爱宾客，一时名士，颇多往归之。善诗词，作《原诗》诗，反对临摹仿效，而又主别裁伪体，师法骚雅，谓持发乎性情，亦须有才有学。而其特著者则在词，最工小令。顾贞观谓其“容若天资超逸，悠然尖外，所谓乐府小令，婉丽清凄，使读者不知所主，如所中宵梵吹，先凄婉而后喜悦”（《通志堂词序》）。陈维崧谓：“饮水词哀感顽艳，得南唐二主之遗”（榆园本《纳兰词评》）。足以显现纳兰容若对于清初词坛的开拓之功。容若去东北“觇梭龙”，为取得雅克萨之战的胜利立下功劳。

容若著述等身，作品有《通志堂诗集》20卷，其中赋1卷，诗、词各4卷，《经解序》3卷，文2卷，《渌水亭杂识》4卷，《陈氏礼记集说补正》38卷；考订编辑《大易集义粹言》80卷；与他人合编《今词初集》《名家绝句钞》《全唐诗选》等。现在能收集到的词有349首，其中“小令尤为清丽”。《饮水词》面世后，形成“家家争唱饮水词”的局面。历史证明纳兰容若是一位向文化进军的骁将。

雅克萨之战（宋志坚◎绘）

正当雅克萨之战的第一次战斗传出捷报，惋惜的是容若已经不在了。清圣祖玄烨去了承德。姜宸英在《纳兰君墓表》中说“悲夫，君始病，朝廷遣医络绎，命刻时以状报。及死数日，梭龙外羌款书至。上时出关，即遣宫使就几篋哭而告之，以前奉使功也，赙恤之典，皆溢常格”。《清实录》：“上遣宫使扶其几筵哭而告知”。

徐乾学《纳兰君墓志铭》云：“容若尝奉使觇梭龙诸羌，其殁后旬日，适诸羌输款，上于行在遣宫使拊其几筵哭而告之，以其尝有劳于是役也。”梁佩兰在《挽诗》中云：“仗节唆龙日，关前柳正黄。去驰千里马，行逐赢六王。沙碛围毡帐，山川画虎囊。功成人不见，地下报君王”。朱彝尊在《挽诗》里云：“出塞同都护，论功过贰师，华堂属纩日，绝域受降时。凄恻传天语，艰难定月支。敛魂犹未散，消息九京知”。《清史稿·文苑》“俄疾作，上将出塞避暑，遣中官将御医视疾，命以疾增减告。遽卒，年止三十一。尝奉使塞外有宣抚，卒后，受抚诸部款塞。上自行在遣中官祭告，其眷睐如是。”足见朋友和清廷对容若保卫边疆的这段经历和政绩的肯定。

纳兰容若墓志铭有四种：一是《通志堂集》卷十九的附录。《通志堂集》有徐乾学经手整理刊刻纳兰容若的诗文集。碑志哀挽之作附于卷后，署年是“重光协洽之岁”即康熙三十年（1691年）辛未。距离纳兰容若去世已六年了。容若墓前还有韩菼《进士一等侍卫纳兰君神道碑》。根据《清会典事例》规定“三品官茔地七十步，坟高一丈二尺，石兽并六”，可知容若茔地七十步，其宝顶高度约一丈二尺。

容若妻卢氏，其父卢兴祖，祖籍永平（今河北卢龙），寄籍奉天（今沈阳），汉军镶白旗人。国子监官学生，是清朝入关后培养的第一代文化人。顺治三年（1646年）授工部启心郎（后改称郎中）。顺治九年（1652年）清廷为维护京师治安，加强巡逻力量，增汉军巡城理事官（后改称巡城御史或巡视五城御史）五人，卢兴祖巡视西城。顺治十四年，迁大理寺少卿，成为“掌平天下之刑名”机构的副长官。顺治十八年（1661

年）五月擢广东巡抚。康熙五年（1666年），卢兴祖确立广东水师战术“水师战一守二”，守惟帆桨，战则专攻击，投入兵力“战守各半”，提高了御寇的战斗力。继而要求增加哨船，为了统一指挥两广地区，巩固南疆海防，清廷裁撤广西总督，让卢兴祖兼管广西，成为两广总督。卢兴祖出任两广总督后，鉴于广西文化落后，提出“教化莫过于学校”，让土司俊秀子弟在附近诸府县肄业考试，其文义通达者每县取二名入学。这一疏言，得到“下部”议行。

康熙六年（1667年）七月，鳌拜集团罗织卢兴祖的老上司苏克萨哈二十四条“罪款”，将其绞死，卢兴祖自请罢斥，鳌拜集团借口“不能平息盗贼，应革任”。卢兴祖和家眷子女一同回北京。十一月，卢兴祖离世。

卢氏生于北京，长于广州，十余岁又回到北京，故而容若诗中有“南国素婵娟，春深别瘴烟”（《茉莉》）。描写卢氏楚楚动人“独伴梨花影”（《青衫湿遍·悼亡》）。“一朵芙蓉着秋雨”（《减字木兰花·相逢不语》）。容若还回忆起与卢氏“赌书消得泼茶香，当时只道是寻常”（《浣溪沙·谁念西风独自凉》）。

容若《鹧鸪天》序：“十月初四夜风雨，其明日是亡妇忌辰有感”，可知卢氏生于顺治十四年十月初五（1657年12月10日），康熙十三年（1674年）卢氏和容若成婚。《皇清纳腊室卢氏墓志铭》：“年十八归余”，卢氏于“康熙十六年五月三十日（1677年6月29日）卒，春秋二十有一，生一子海亮”。志石和书册未有封号，韩菼《进士一等侍卫纳兰君神道碑》云：“娶卢氏，赠淑人，两广总督尚书兴祖之女”。淑人为卢氏封号，时在康熙年间。该墓志铭提到卢氏籍贯、祖籍和父亲，“夫人卢氏奉天人，其先永平人也”，说明卢氏籍贯奉天（今沈阳），祖籍永平。“父兴祖总督两广兵部右侍郎都察院右副都御史”，说明父亲卢兴祖是两广总督。总督是清朝统辖一省或数省的最高军政长官。总督是正二品官。凡加尚书衔者为从一品。容若的儿子富格，颜氏所出，其《富公神道碑》

载：“圣祖仁皇帝眷注方属，寻以疾卒。夫人卢氏、颜氏并诰赠一品夫人”。徐乾学、韩菼文中均未提及卢氏封一品夫人，以此完善正史。

《卢氏墓志铭》载：“夫人生而婉娈，性本端庄，贞气天情，恭容礼典。明珰佩月，即如淑女之章；晓镜临春，自有夫人之法。幼承母训，娴彼七襄，长读父书，佐其四德”“夫人职首供甘，义均主鬯。二南苹藻，无愧公宫，三日羹汤，便谙姑性，人称克孝，郑袤之壶攸彰”“夫人境非挽鹿，自契同心”。从这些记述中可看出卢氏的贤达。文中“今以十七年（1678年）七月二十八日葬于玉河皂荚屯之祖茔”，毋庸置疑。皂荚屯墓地出土卢氏墓志，形同卧碑，宽95厘米，高75厘米，厚12.5厘米。框边为浮雕龙纹，须弥座高35厘米。北京市文物管理处在搬运中，倒车将卢氏墓志铭不慎摔断。

纳兰容若夫人卢氏墓志铭

揆叙夫妇次穆位

次穆位（祖坟北边第一个宝顶）是揆叙夫妇的坟。揆叙，字凯功，号惟实居士，明珠次子。生于康熙十三年二月二十四日（1674年3月30日），初任佐领。康熙三十三年（1694年）五月升二等侍卫，三十五年（1696年）由二等侍卫特授翰林院侍读。三十六年，充日讲起居注官。三十九年，迁侍讲学士。四十一年十月，上驻跸德州。揆叙与侍读学士陈元龙等奉召入行宫。命各书绫字一幅。上谕以临摹之法，诸臣请瞻仰御书。上亲书大字示之。十二月，擢翰林院掌院学士兼礼部侍郎。四十二年，命册封朝鲜王妃。寻教习庶吉士，充经筵讲官。四十七年四月，迁工部右侍郎。揆叙掌钱币铸造，部门按从前惯例，每天则给主管官员送上十贯样钱，揆叙不但拒绝受贿，而且革除了此项积弊。《揆叙墓志铭》载："戊子四月拜少司空兼掌翰林院，如故右侍郎例管钱法，故事治工日进样钱十贯，公却之，积弊为除"。

十一月，上以皇太子既废，召满、汉文武大臣集畅春园，谕令于诸皇子中举奏一人，揆叙与诸大臣遂举"八阿哥胤禩"，清圣祖玄烨震怒。五十年，揆叙转工部左侍郎。五十一年，迁都察院左都御史，仍掌翰林院事。五十三年，疏言："近闻各省提塘及刷写报文者，除科钞外，将大小事件探听写录，名曰小报，任意捏造，骇人耳目。请严行禁止，庶好事不端之人，有所畏惧"。下部议行，指责揆叙。

揆叙著有《益戒堂集》《鸡肋集》《隙光亭杂识》《后识》等。五十六年正月初七日（1717年2月17日）卒，享年44岁。赐祭葬如例，谥文端。

雍正二年（1724年）十月，上召大学士、九卿、科道等，胤禛曰："本朝大臣中居心奸险，结党营私，惟阿灵阿、揆叙二人为甚。着将揆叙墓上碑文磨去，改镌'不忠不孝柔奸阴险揆叙之墓'，以正其罪，昭示永久"。以示谴责，用来羞辱，可见结怨之深。雍正帝的狭隘之心，竟然连死人都不放过，为历史首例。

揆叙的诗才出众，他在《鹰场歌和初白夫子》诗云："西郊天阔沙茫茫，高槐古柳溪风凉。地偏寂寞少人住，但作瓯脱供鹰场"。诗中描写在北京西郊的土房（瓯脱）设立鹰场，进行驯养，真实反映了清代满族生活风俗。

徐倬评揆叙诗："如九皋之鹤，唳彻于天，而霜青露白也，如紫府仙人，雪月交光，而独立于瑶台之上。至其兴寄所托，尝游心物表，远出埃尘之外。直欲土苴钟鼎而糠秕富泽也者"。孙恺弥序《益戒堂》谓："其辞必达意，语必肖题，非虚语也"。上引二则评论，表明揆叙之诗功力深厚，在清代诗坛享有崇高的地位。

揆叙墓志铭上云："公于昨岁扈从归，患啖疾，两肋作楚；上令休养别墅，御医内侍络绎问视，赉赐频加。上亲检医书《普门医品》遣内侍赐示。驾幸汤山马兰峪经别墅门，必遣中使看视。岁暮，上知公病笃，著太医官刘声芳、栗衮炳与鄂尔斯新来医者噶喇芬公，同加意商量诊□□□今年正月吉日，家人以病面奏，上谴内侍陈某、侍卫佛某、郎某、巴某四人护送还私第。初七日辰刻薨于正寝。上惋悼不已，仍令陈某等经理殡殓，又遣领侍卫内大臣公鄂、内大臣侯巴率诸侍卫临其丧，奠茶酒、赐良马，命所属两佐领以下官俱缟素赴哭。皇太后遣内侍总管并章京等赉赐茶酒饭，三日乃止。上谕南书房翰林云：掌院下世再欲得如此一人，良不易得，尔等应往哭之。至二十一日，上遣内侍陈某、内侍首领王某、侍卫郎某、戴某四人至第，二十一日卯时发引，九王子、十王子、正黄旗领侍卫内大臣公海及本旗侍卫等俱奉旨送榇于昌平之皂荚屯，停丧丙舍，礼部以恤典奏请，诏赐全葬，遣礼部左侍郎沙至停榇所谕祭，谥文端"。足见揆叙丧事之隆重。在其墓志铭中明确记"涓于今年冬十月望乙未，奉公葬于昌平州皂荚屯之赐域，太师公之次穆位"。

《重修榆河乡东岳行宫碑记》上云："文端公于康熙丁酉（五十六年即1717年）正月去世，既葬于祖茔之次穆位"。揆叙墓志铭与东岳庙碑记契合。上庄村出土揆叙墓志一盒，长宽皆为108厘米，厚16厘米，首题“皇清诰授光禄大夫经筵讲官起居注议政大臣都察院左都御史兼翰林院掌院学士事教习庶吉士管佐领事加七级谥文端揆公墓志铭”。王掞撰文，陈元龙篆盖，王顼龄书丹。原石今存北京石刻艺术博物馆。

揆叙夫人耿氏，生于康熙十年五月初一日（1671年6月7日）。其父耿聚忠，字正公，隶满洲正黄旗。十一岁入侍清世宗福临，康熙十五年（1676年）加太子太保。康熙二十六年（1687年）卒，赐悫敏。其母柔嘉公主为清世祖福临从兄岳乐第二女，康熙二年（1663年）十一月下嫁聚忠。康熙十二年（1673年）七月薨。

耿氏生而聪慧，幼稚时端庄凝静若成人，少长读内则诸书，咸过目成诵；做字端楷，兼通满文，精于翻切，为专家所不逮。终日焚香观书，寒暑无间。

由于家族关系，她在宫中能“与皇妃同坐饮食，皇上以下皆以格格呼之”。康熙十一年（1672年）正月，圣祖玄烨召耿氏进大内观看灯火，谈及公主都尉事，耿氏历历奏对志称旨，妃嫔贵人皆极怜爱，抚惜备至，是日即拜赐首饰文绮。自此以后，上笃念懿亲，赏赉叠加，留意择配。至年十八，康熙二十七年（1688年）嫁于揆叙。当时揆叙十四岁，耿氏十七岁，二人相敬如宾，戚畹传芳，夙娴书史。早晚勤视揆叙的饮食寒燠，必躬必亲，必诚必敬。揆叙较羸弱，延请名医曲加调护，婚后无子女。

此时容若已逝，弟弟年龄尚小，耿氏竭尽孝道，赢得家人赞许。明珠和妻觉罗氏“视夫人（耿氏）如爱女，朝斯夕斯，倚文端与夫人不啻若左右手之不能顷刻离也”（《揆叙夫人耿氏墓志铭》）。

明珠及妻故后，耿氏至茔瞻拜，留恋不忍遽去。

三弟揆方和妻觉罗氏相继去世，遗下二孤子，即永寿、永福，皆在幼冲，耿氏抚养教诲如同己出。《揆叙夫人耿氏墓志铭》载：“夫人今日较文端（揆叙）不独有一子，而且有二子，即其食报，占其生平”。

揆叙扈从热河，夫人必偕往。上召游山庄，同公主、王妃汎舟登览所谓三十六景者，皆一一得到。又奉旨日进常馔一二，夫人（耿氏）另立庖厨，洒扫精洁。凡金琳簪珥、纻丝锦绮出自上方者，赐无虚日，御书匾对、挑山、金扇所得独多。

揆叙家富丁众，夫人（耿氏）寂坐内室，皆烛照计数，了如指掌。家众持筹抱牍，纵横不可究诘，夫人发一语辄中款的，虽千里百里传命奉行，罔敢欺隐。文端公不问家人生产，而入室井然，部署任使无不得当，皆夫人经理之才，宜家不啻治国云。上尝两幸文端别墅看新篁，竟日流连尽欢，夫人夙设经营无或阙，内侍无不啧啧，叹为贤能。夫人生于主家，嫔于相府，贵显已极，身御浣濯衣，食不罗列，更体贴下隐，无不周详尽致。迄今三十年来，平津之客，东阁之宾以及门生故吏，九流缁素，下逮臧获辈，无不颂扬淑德懿范不可再得。

昨岁九月，上自口外回銮，夫人于圉门迎接，上见夫人面瘦削，令原任常州守章文鐄诊视，医治稍痊。今年五月，旧病复作，七月益剧。

揆叙勤劳王事，夙夜匪懈，故方在壮盛而病已不起。康熙五十六年（1717年）正月病故，耿夫人率子及家人到皂荚屯西揆叙佳城守墓。《揆叙夫人耿氏墓志铭》载："更臣妾有使女十人，太监杨植服侍日久，听伊等从父母自去或与臣妾守坟墓。又前年曾挑家人三十二房，二十房已往造甲屯守臣夫坟墓，其胡然、王联奎、安畬、彭寿三小子长岱十二房亦与臣妾守墓。内有安尚仁，自臣妾公姑老仆，诸事能办，次子婚娶俱托伊经理也"。三弟揆方夫妇早卒，遗下永寿、永福两个孤儿，由耿夫人抚养。康熙五十六年（1717年）揆叙病逝，清圣祖命永寿为揆叙嗣子，时年永寿十五岁。"明年（1718年）又令永福为文端子"。

揆叙逝世无疑对耿夫人打击最大，圣祖再三慰令自爱，以抚孤、丧葬为重。自太后以下皆遣吊唁赐赉，勉以饮食。夫人始强起饮勺水，经理后事，布衣椎髻，啜粥经年，日以益瘠，毕葬立宗枋，嗣子既成立而夫人病已入膏肓矣。

康熙五十八年十一月初二日（1719年12月12日）耿夫人仙逝，享年四十九岁。二孤子先后执丧尽孝，清宫的陈内侍即为驰奏，上甚为悼惜，云：朕见大臣诸女无如此格格贤淑者。遣内务府尚某、顺某来经理丧事，遣觉罗尼公、哲公、世袭迈公率领本旗侍卫奠酒。又各皇妃遣内首领十人来奠酒。上谕皇九子云：尔亲家不在，尔应遣吊。遂遣长史朱某、孙某来治丧事。初三日奉旨：格格所奏遗言，悉依之行。二子家务，俱著安尚仁经理。

南寿地出土耿氏夫人墓志一盒，长宽均110厘米，厚为18厘米，王掞撰文，陈元龙篆盖，王顼龄书丹。

《揆叙夫人耿氏墓志铭》载："诰封一品夫人"，附葬于昌平州所属之造甲屯文端揆公之墓。其墓志铭今存北京石刻艺术博物馆。

额驸郡主北寿地

北寿地在今上庄乡卫生院西侧，坐北朝南。墓地海拔为45.2米，建有三合土围墙，内外墙高3.5米，围脖儿东西两端墙高1.3米，墓地形成簸箕状。宝顶后台地海拔46米，然后45.1米、45米、44.52米缓下。墓前海拔45米、44.5米、43.5米递减，形成北高南低的地貌。龙湾子在墓前形成月牙河，园寝南向近案画眉山，"朝山"为寿安山的尖顶子，海拔406.9米。

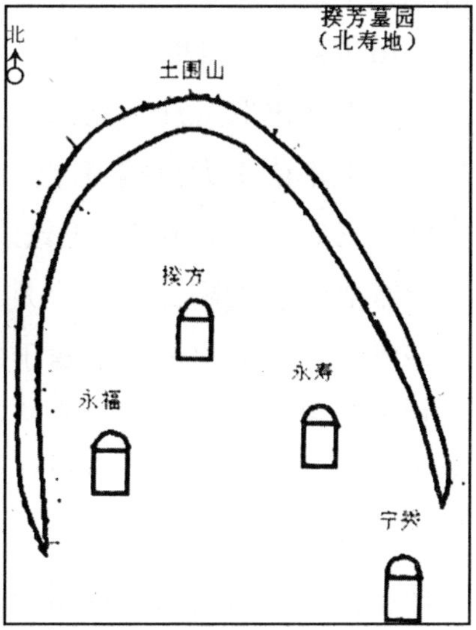

揆芳墓地示意图（北寿地）

北寿地原有宝顶4座。为"三穴连珠"，居中靠北是揆方夫妇的宝顶。

揆方，字正叔，是明珠的第三子，为和硕额驸。生于康熙十九年四月二十四日（1680年5月22日），卒于康熙四十七年正月十四日（1708年2月5日），享年29岁。《皇清诰封和硕额驸纳兰揆公墓志铭》，骈词芜累，沈博绝丽，羌无内容。只有揆方去世“公之没也，上闻之恻然，且念太师公（指明珠）老矣，恐其过时而悲，特谕速营窀穸，亦异数也”。于是康熙四十七年（1708年）正月二十五日卜葬于皂荚屯。皂荚屯出土揆方墓志一盒，长宽均88厘米，年羹尧撰文，沾珂阿金篆盖，陈奕禧书丹。原石今存北京石刻艺术博物馆。

揆方夫人觉罗氏，名淑慎，字惠卿。和硕康亲王杰书第八女，为礼亲王代善之孙。顺治六年（1649年）封杰书多罗郡王，八年（1651年）赐号康，十六年（1659年）既袭爵，仍号康。康熙十三年（1674年）三月，逆藩耿精忠据福建反，清圣祖命杰书为奉命大将军，率师追剿。十五年（1676年）三月，围温州，败养性兵四万。立营江岸，扼贼入青田路，贼势大挫。耿精忠降，遂入福州。余党及海贼犹未尽灭，乘势据邵武。十六年（1677年）正月，复上杭及瑞金等县，大兵进攻兴化，破海贼三十六营，复其城。十七年（1678年）三月，破海寇于漳州。十八年（1679年）正月贼不成军。十九年（1680年）三月，敌寇聚海中，窥厦门。大兵进取玉洲，克铜山降敌将军江机等三千余员，全闽底定。凯旋，圣祖率诸王大臣犒劳之。旋命议政。二十九年（1690年）命驻防归化城。三十六年（1697年）薨，谥良。立碑记功。

郡主生于康熙二十年十月二十一日（1681年11月30日）。“郡主以王室懿亲、天子之命，下嫁于额驸”，其墓志铭云：“郡主生长绮纨，而甘于俭素，曷浣曷否，俨然有‘葛覃’之风”。郡主卒于康熙四十五年十一月十五日（1706年12月19日），享年26岁。“将于四十六年四月十二日葬于玉河皂角屯祖茔之西北”。《光绪昌平州志》载：“国朝和硕额驸揆方并郡主墓，在州西南皂角屯西”。出土觉罗氏墓志一合，长宽各87厘米，年羹尧撰文，王鸿绪篆盖，陈奕禧书丹。原石存北京石刻艺术博物馆。《清会典事例》云：“坟茔规制……和硕公主、郡主同，镇国、辅国公响堂门制与贝勒、贝子同，碑一通，围墙六十丈，守冢人四户”。“有定茔前石像生，民公侯伯一、二品官皆用石人二、石马二、石虎二、石羊二、石望柱二。三品官减石人、四品官减石人、石羊，五品官减石人、石虎”。淑慎郡主坟神道前有石人、石马、石虎、石羊的石像生和冲天牌坊。《皇清册封郡主觉罗氏墓志铭》载：“男子一人安昭，女子一人早卒”。安昭后来由揆叙夫人抚育。

北寿地昭位（祖坟右下角的宝顶）是永寿夫妇墓穴，安昭是揆方和淑慎所生。《皇清册封郡主觉罗氏墓志铭》载：生“男子一人安昭”。《揆公墓志铭》载：有男子“长安昭”。揆方享年29岁，郡主觉罗氏享年26岁，遗孤安昭，经清圣祖玄烨命为揆叙的嗣子，鉴于生身父母中年仙逝，其子改名永寿。字仁山，别号是观居士。生于康熙四十一年八月二十九日（1702年10月20日）。永寿墓志铭载：“生而颖异，七岁能作径尺书，挥洒奇特，九岁工诗，善属文，有神童之目。十岁精骑射”。十六岁即受佐领，越二年擢头等侍卫。雍正初授散秩大臣（属武职官的京官，从二品），五年（1727年）命充议政大臣（与诸贝勒同坐参与议政）。钱实甫《清代职官年表》记载：“雍正五年正月二十七日（1727年2月17日），永寿由正黄旗满洲副都统授礼部右侍郎。四月，改兵部右侍郎。六月，又改兵部左侍郎，至雍正九年二月二十六日（1731年4月2日）死”。《八旗通志初集》卷四载：“正黄旗满洲都统第三参领所属十八佐领，其中第七佐领揆叙故，以其子兵部侍郎永寿管理”。说明永寿任过兵部侍郎，为文职官中京官，品级为正二品。卒于雍正九年正月初六日（1731年2月12日），享年30岁。永寿无子，将弟永福的儿子宁秀（琇）作为嗣子。北寿地出土永寿墓志一盒，长宽均为111厘米，厚19厘米，蒋廷锡撰文，张廷玉篆盖，史贻直书丹。原石今存首都博物馆。

昭位宝顶中还有永寿夫人。《揆叙墓志铭》载：“嗣子永寿，官荫生，取阿氏，光禄含太公女”。即正黄旗汉军副都统含太公之女。夫妻二人生四女，其弟永福的儿子宁秀作为嗣子，四女中的一个以后做了清高宗弘历的舒妃。永寿夫人的墓志，上庄村民均说被本村倪建章拉走，至今下落不明。

北寿地穆位（祖坟下西边的宝顶）为永福夫妇之墓。永福又名元普。《皇清诰封和硕额驸纳兰揆公墓志铭》载："男子二人，长安昭，次元普"。《揆叙夫人耿氏墓志铭》载："明年又令永福为文端子"。康熙五十七年（1718年）圣祖玄烨又命永福为揆叙儿子。也就是说元普从这一年改名为永福，成为揆叙第二个嗣子。手抄本《明珠墓志铭》中载："次永寿、次永福皆揆方出"。说明永福（即元普）确是揆方所生。而揆方夫人淑慎郡主只生"男子一人安昭，女子一人早卒"。《清会典事例》载："康熙四十年（1701年）奏准，凡额驸等格格亡故后另娶妻者，查明将额驸职衔革去。未娶者仍留额驸职衔"，揆方故后仍留额驸职衔。其墓志为《皇清诰封和硕额驸纳兰揆公墓志铭》说明揆方未娶继室，看来永福是庶出。

《揆叙夫人耿氏墓志铭》载："康熙五十八年（1719年），圣祖下旨以皇九子第三格格下嫁永福，耿氏率子入谢……即下礼部、钦天监会同择吉，谨涓十月八日进礼，明年庚子（五十九年，1720年）二月三日成婚"。永福的岳丈允禟，因先后支持允禩、允禵而结怨于皇四子胤禛，成为胤禛二号政敌。永福先于永寿而死。永寿墓志铭载"会以雍正九年（1731年）正月初六日殁"。

《北京市海淀区地名志》云："皂甲屯村西，路北，原有清康熙大学士明珠墓，坐北朝南""村北卫生院曾是明珠墓地"显属讹误。致使不少专家、学者陷入误区。明珠墓不在北寿地，而在南寿地无疑。

容若墓西官家坟

上庄村西朱家坟。因看坟者朱万山，以看坟人称地名，从实而论，应是关家坟。东与南寿地纳兰容若宝顶遥遥相对，间距500米，当地称纳兰家西坟地，应是容若继室官氏墓地。茔地占地数十亩，坐北朝南，地势北高南低。墓地正前方有一片芦苇，驳岸上矗立石牌坊一座。墓后有土围脖儿，墓东侧有文河，旁有泊岸高6米。20世纪60年代，茔地有马尾松50棵左右，每棵都是一人合抱。宝顶四周还有白皮松4株。1962年前，官氏的宝顶已被毁掉，1977年后这里的古树（康熙年间）逐渐被砍伐。坟地西北有出地三尺的石柱界桩2个，上刻“瓜尔佳氏延宅茔地”，延宅或是官夫人的亲人。《八旗满洲氏族通谱》载，“瓜尔佳本系地名，因以为姓，其氏族甚繁”。是满族八大姓之一。瓜尔佳氏，又译作官尔佳氏，取对音的汉字，后来改为汉姓“关”字。

容若继室官氏生在王公之家，父亲颇尔喷和从伯父倭赫都是容若的上司，官氏从兄古尔汗、古苏等充任侍卫，是容若的同事。《重修关帝庙题名碑》中有“关家坟”，坟中的亡人，应为容若继室官氏。清廷有禁令：王公媵妾不能入祖茔，必须另择茔地。因而官氏的葬地只能“别埋”在西坟地。

梁汾凭吊容若墓

康熙二十九年（1690年）纳兰容若离世已五年了，他的好友顾梁汾（即顾贞观）专程赴京要到容若坟前一哭，彰显了他们之间的生死情分如此感人。

顾梁汾在启程之前，首要弄清成德墓庐准确地址，又要备好马匹代步，最好要有向导带路。昌平地区道路多岔口、水塘，河道密集。梁汾年甫五十四岁，又是个文人，不奈劳顿。

顾梁汾（贞观）画像

顾梁汾如何克服了众多困难，不见文载，最后终于成行，并在《楚颂亭诗》上留下诗句：“缁城便来亦便去，芙蓉锷挂旧游处”。梁汾自注“余一展容若墓即拟出都”。其诗大意：我穿着一身黑色的衣服来到京城，随便看一看满脑皆是回忆，我带着如笔的荷花苞在容若墓凭吊，这个墓园，容若健在时陪我来过，此行应是“旧游”了。

安三葬在榆河西

李家坟在北京的说法是李家看坟的人，旧时称这部分人为“坟奴”。那么李家看谁的坟？村民齐答“看的是安三的坟”“安三名叫安尚仁，是个活财神”。

其先祖高丽人，清初来中国，隶满洲正黄旗。由于精明干练，为明珠所赏，升为明府的大管家，对外称之“明珠家人”。《直隶巡抚赵弘燮奏陈审理明珠明珠家人安尚仁等隐匿盐引岸折》有“明珠家人安尚仁”语，《重修榆河乡东岳行宫碑记》称“总管安尚仁”。均为康熙年间官方称谓。明珠殁后葬在皂荚屯西南的上庄村，安尚仁卒后葬于皂荚屯东南的榆河西。两墓相距3公里，以示主仆相伴，但墓的朝向不同。明珠墓坐东朝西，面对西山，巍峨稳重，志存高远。安尚仁的墓坐西北朝东南，暗喻遥望朝鲜半岛的高丽国。

安尚仁墓地在榆河西的李家坟村，该村地处南沙河的汭位，西南东三面有南沙河环绕，墓地四周地势平坦，灰白色的围墙呈西北东三个方向围合。墙残高2.5米，墙基为青条石，宽1.1米，上口宽0.6米。东西两边围墙各长35米，北面围墙长44米，南面有门楼，门楼下地面铺青条石。从墙外看不到墙内的宝顶。

围墙内靠北部有宝顶，高2.5米，宝顶基座为青条石砌就，在宝顶的前部南北处还有两个小宝顶。北部宝顶比南部大。是其子还是其孙没有标识。墓园的东北处有简易房10间，坐北朝南，称之丙舍，是接待来墓地下榻人员的休息处。安尚仁生前就开始选“吉壤”造墓室，又从山东济南府苇子乡请来看坟人在丙舍落户，为安氏护坟。第一代孙礼等老哥仨挑着三副担子来到李家坟。第二代孙光福。第三代孙永生、孙永春。第四代孙德全、孙德明、孙德才、孙德顺等。第五代人也10岁左右。

安尚仁宝顶东南向地下有墓道，当地称“马道”。长80米，宽3米。地宫有2间房子大，西北方向有炕，炕为石头砌成。炕上置棺椁三个。地宫和墓道之间有石门启闭，石门外是礓礤儿坡道逐渐抬升直到地表。坡道和两帮皆为三合土夯实，顶部为青条石，长2.65米，宽0.54米，厚0.16米，构成墓道，条石上垫土恢复地貌。

据李家坟村的老人说，1933年安尚仁墓被盗挖过。据当地人孙永春（1919年8月15日生人，住在李家坟村19号）回忆：盗墓者荷枪实弹不让村民出门，第一天用铁钻子在大宝顶的西南角凿了90厘米的洞。扔进石子听到里面有水声。第二天把人从洞口缒下去，取东西，发现水深近1.5米。听村内奶奶婆刘王氏（1963年故）说：“从墓中取出两根辫子，每根长1米左右，黑色，还取出几件古装，当时撕不动，人们说质地是蓝绫子。将其挂在枣树上，风吹衣服沙沙作响，后来风化成灰”。孙永春补充说：“我从宝顶的洞口进到墓室，见石床上有被捣破的三个棺椁，石床东靠到石门处全是积水”。

卢沟桥事变前后，安尚仁的坟又被盗挖一次。民国二十八年（1939年）发大水，为了避洪，孙家很多人都上安三的宝顶才躲过水患。1949年新中国成立后，从安尚仁墓地边缘开荒地13亩。其中围墙圈内孙永春（1919年生人）种玉米、谷子3.5亩；孙光海（1928年生人）种半亩；孙永祥（1910年生人）种5.5亩。1956年村民手中稍宽余，就想盖房，当年拆掉围墙。利用围墙的土石建材来翻建自己的房子。1957年利用围墙的基石做自流井的井台。1958年6月，开始贯彻“破除封建迷信，解放思想”的“大跃进”，组织社员拆宝顶，生产队拆宝顶下的青石，用作自流井的井口。1976年平整土地中把宝顶中的棺椁挖出。棺材板长2.5米，宽2米，厚0.3米，木质为金丝楠，上面披麻拌灰，上大漆，呈棕色。生产队用此木做了平稻田的刮板。余下之料孙永春做了一副木桶。

2000年，发现在安尚仁墓东南处有座灰坑，地点在外地承租者凌宝宏的办公室旁。直径50米，深4米，坑下用条石铺就。每石高0.7米，宽0.5米，长不清楚因在土中。经分析这是为淋白灰而建造的灰池。安尚仁墓园的三合土海墁，皆与白灰有关。

揆叙墓碑遭改刻

清左都御史揆叙于康熙五十六年（1717年）正月初七病逝。“天子深加悯悼，宠锡叠加”“诏赐全葬”“葬于昌平州皂荚屯之赐域”。照例墓前竖碑，墓中存墓志铭。而政治风云一来，不管过去成例，不管职务高低，不管手足亲朋，即便为国家做了巨大贡献，即便平日诚直效力，即便步履慎行，没犯错误，都将被这场清算的风暴所袭。

清圣祖有子三十五个，仅成人的“龙子”就有二十个，个个文武双全，精通权术，此间党派林立，彼此勾心斗角，相互倾轧。当时有“太子党”“皇长子党”“皇四子党”“皇八子党”。揆叙本是文人而站错了队，站在了皇八子胤禩的一边。

胤禩的生母良妃卫氏。康熙三十五年，允禩十六岁，跟随清圣祖北征葛尔丹，十八岁封为贝勒。继尔任内务府总管。在他看来胤礽被废，胤禔受斥。自己却被任命为显职。于是在他周围集结了一批王公大臣，如皇九子胤禟、皇十子胤䄉、皇十四子胤禵，还有领侍卫大臣阿灵阿、左都御史揆叙、散佚大臣鄂伦岱、贝勒苏努、满洲首席大学士马齐、汉人中户部尚书王鸿绪等，允禩自我感觉良好。

康熙四十五年（1706年）清圣祖召集朝中大臣商议立太子的事情，

阿灵阿、鄂伦岱、揆叙、王鸿绪及各位大臣，请求将八皇子胤禩立为太子，圣祖不批准（《圣祖本纪》）。

康熙四十七年（1708年）十一月十四日，清圣祖召满汉文武大臣齐集畅春园，面谕："朕身体近来虽然和往常一样，但渐觉虚弱，人生难以预料。今日大清江山，并非由朕所创建，故关系甚大。因目前尚找不出能够替代朕来听理朝政的皇太子，由此导致朕心气不宁，精神恍惚……皇太子一事关系甚大，你们都是朕所信任的大臣，两军阵前，你们都能够为朕冲锋陷阵，不怕牺牲。今日，朕召集大家来就是为皇太子一事，你们商议一下，这同样也是为朕效命的时候啊！现在，你们可以在诸阿哥们中举奏一人，但大阿哥胤禔所行甚谬，虐戾不堪，就不要再保举他了。除他以外，你们无论推举哪位阿哥，朕即从之"（《清圣祖实录》二三五）。

满汉文武大臣分班列坐，开始议论起来。多数人都认为，此事关系皇家事物，不好举哪位阿哥为皇太子。保举胤禩的大臣见状活跃起来。先是内大臣阿灵阿站起来说："刚才我们已经面奉谕旨，务令举出一人，如果我们不推举的话，就是对圣上不尊敬。"话音刚落，鄂伦岱、揆叙、王鸿绪等人也同声附和，这些人私相计议并"与诸大臣暗通消息，书八阿哥，三字于纸"交内侍梁九功、李玉转奏。一会梁、李二内侍出来传圣祖玄烨谕旨："立皇太子一事，关系重大，你们应尽心仔细商议，八阿哥未尝办理过政事，近又获罪遭拘禁，且其母出身低微，不宜立为皇太子，你们应再三考虑一下"（《清圣祖实录》二三五）。诸臣见状，对梁、李二内侍说，此事关系甚大，本非臣等所能定，诸皇子天资俱聪明过人，臣等在外廷，不能悉知。臣等所仰赖者，惟我皇上。皇上如何指授，臣等无不一意遵行。大臣们猜不透圣祖的心思。

圣祖心目中的皇太子仍是胤礽，但大臣们违背其意，又串通一气，推举皇八子胤禩，事与愿违，心中不悦。

康熙四十八年（1709年）正月，圣祖召集领侍卫内大臣、满汉大臣、尚书等人，查询去年冬推举皇太子一事，大学士马齐便负气拂袖而去。圣祖逐个查问，认定荐举胤禩为皇太子的策划者是佟国维和马齐，胤禩之图谋大位，竟由马齐一手断送。

清世宗胤禛即位之初，拥有至高的权力。在政权不大稳固的情况下，世宗感到政治上威胁主要是来自最高统治集团内部，即与他争夺皇位的诸兄弟和他们结成的朋党。于是开始思索瓦解其政敌集团。雍正元年，采取稳住对方加官晋级的办法，防止造反，然后找岔，出难题，各个击破。雍正二年（1724年）四月初七日，下令诸王公大臣对胤禩据实揭发，不许包庇隐讳，剪除胤禩的羽翼。对苏努、勒什亨父子、七十、马尔齐哈、常明等人，分别革爵、撤职、抄家和发配。七月，发布《御制朋党论》，明确宣告要进一步打击朋党势力。八月世宗胤禛召见了诸大臣谴责了胤禵、胤禩、胤禟、胤䄉等人都不安本分，结成朋党。十一月，又发出上谕："自亲王以下闲散人以上，若有归附胤禩结为朋党者，即为叛国之人，必加以重罪，绝不姑贷，亦断不故容也"。十二月，以揆叙是胤禩的党羽，虽然已死七年，仍下令在他墓前树一个刻有"不忠不孝柔奸阴险揆叙之墓"的碑。到了乾隆二年（1737年），揆叙兄纳兰容若之孙副都统瞻岱奏曰："臣祖性德，叔祖揆叙附葬曾祖明珠坟茔内，前立神道碑一，向未勒书，因揆叙身蹈重愆，勒其罪状。彼时差往员役，即刻于神道碑之上，今叩蒙诰命，仰乞天恩，将原碑改刻明珠官衔"。清高宗弘历批示"允之"。

南寿地民国被盗

日本侵略者制造了震惊中外的九一八事变，铁蹄所到之处，人民生灵涂炭，神州山河破碎，社会盗墓猖獗。

纳兰家族墓在上庄的南寿地和北寿地，也在劫难逃。1931年11月至

1932年11月，上庄村纳兰家族墓地曾遭土匪四次盗掘，纳兰家族的后裔叶连德将盗墓匪告上法庭。状词写道：“我有祖茔一处，坐落平北沙河镇上庄村（今属海淀区），我先祖明珠系前清康熙年间太子太傅、武英殿大学士，共有九座坟”。对此原昌平县公安局呈给北平市公安局的公函中写道：“据北平人叶连德状称，民祖明府坟坐落昌平县上庄村，被魏久贵等勾结大股土匪盗挖，请究办事情”。盗墓者有本村魏久贵、窦长青、张万忠、王福相，又勾结窦铁、窦成、史老九、李二麻子、王玉等。外村即昌平六区区长程某找到侯宪文，表示要跟他合作共同盗掘沙河西部上庄附近一座规模较大的坟墓。侯宪文欣然应允。并纠集高某、田某等十几个盗墓匪。

第一次为1931年，为本村魏久贵又名魏永福等人盗挖。第二次是1932年7月，盗挖者为窦进泰等。第三次是1932年9月，为大辛峰盗墓贼悍匪侯宪（显）文等人打开墓室后，见室内渗出大量清水，无奈停工，然后命人连夜进城购得压水机，匪徒们倒班抽了一天一夜，墓室里的水仍不见少，侯只好自认倒霉，空手而归。第四次是1932年11月初，盗墓者是魏久贵、窦进泰等人。墓主后人叶连德数次起诉，状中说“连续被刨，

葉連陞供年卅六歲宛平縣人住西安門內西板橋
二號我有祖塋一處坐落平北沙河鎮上莊村我
先祖明珠係前清康熙年間太子太傅武英
殿大學士共有九坐墳我原在天津作事看墳
人名叫王泰我們墳墓於上年被盜經昌平縣
將盜墓犯人竇進泰廿妙獲到縣看押後
我投案請求追究看墳人王泰逃匿若縣前任
昌平縣長張樹琛將竇進泰交保開釋上莊
村今會將王泰之母趙氏送縣[illegible]作證這竇進泰
廿將王泰之母毒死現在停放未葬我們墳
墓於本年七月間又被盜一次實是竇進泰是盜墓
殺人的首犯我在衛戍司令部將他控訴他
逃匿無蹤衛戍部令縣查[illegible]他於終在縣
逃至衛病[illegible]不到案最近前十餘天我們
墳墓又被盜一次我向各處尋找竇進泰無
着今日我在沙河鎮乘長途車來北平實
進泰他亦由車來平到西直門內我即報告
將他拟獲喊告來署蒙訊這竇進泰枉盜
我先人墳墓並將王泰之母毒害致死懇求
追究所供是實
民國廿一年十一月十一日葉連陞供

叶连德诉状（北京市档案馆提供）

将无一幸存者也”。在审理盗墓案期间，盗墓者多次碰头研究对策，订立攻守同盟，百般抵赖，陷害诉讼人，指使他人施以反诬告，进行司法缠讼。慑于法律又畏罪潜逃，随之迁移住处。更为严重的是将证人老媪毒死。又对本县县长、公安局长重金行贿，致使这些官僚公开偏袒盗墓者，从中作梗，使案件不能正常进行。当地百姓对此反映强烈，对诉讼人叶连德表示同情和支持。

此案经过昌平县公安局、河北高等法院、河北省政府天津卫戍司令部、天津检察院、北平绥靖公署等六家机关多次审理，最终对于魏永福、窦进泰等人绳之以法；对于昌平县公安局局长邹振华、昌平县县长张树森纵匪殃民，也依法处理。村民说张瑞顺（外号张和尚）聚众盗墓，石匠也进去凿掘。一些胆大心活的人，没钱就进墓“过锣”，庄里有两个王姓兄弟，自称之盗墓“司令”，都曾进墓摸金。直到1936年，这里9座宝顶无一幸免。据窦长明先生说：“红蓝箍没盗过纳兰家族皂荚屯南、北寿地，盗墓时间在民国二十年（1931年）或民国二十一年（1932年），都是本地人勾结外村坏人干的。”上庄地区传闻：纳兰家族墓被盗案牵涉人多，破坏性大，文物去向不明，原始立案其记录等卷两册保存到1966年。“文化大革命”中被当作黑材料而销毁。至今村内不少人都记忆犹新。

“文革”掘毁纳兰墓

上庄村北的纳兰家族南、北寿地，在“文化大革命”中两次遭到严重破坏。第一次是1967年11月，以破“四旧”的名义，炸毁了南北寿地的宝顶。当时生产队通过白家疃灰场找了两名有爆破证的爆破工，其中一人是苏家坨后沙涧的叫宋奇宝（已故）。宋姓等二人从温泉石灰厂弄来炸药，遂将这9座宝顶炸毁，其中南寿地北边的宝顶崩了好几次都未崩开。后来宝顶被炸开了，造成雨水从宝顶直接灌入墓室。1968年，四季青公社大理石厂想要上庄村的墓碑，生产队不给，顶了回去。不久，持一介绍信又来联系，还来了汽车（大半挂）和吊车，将南寿地2座神道碑拉倒，用解放吊将碑身装在车身上拉走了。剩下的龟趺石件生产队用来垒南屋（又称南棚子）的墙了。第二次是1972年4月，上庄公社建猪场需要砖石，砌墙需要海墁填墙芯，生产队叫一些人去拆宝顶海墁。因人手不够，又加上插队知青。挖掘南寿地的人由窦奇章带队，成员有窦长明、杨文玲（1998年故）、张万庆（1979年故）、张万青（1987年故）、王进奎（1995年故）、杨森、窦长庆（1978年故）。插队知青有王小联、宋布、程同、陈仓、刘瑜。

北寿地由生产队责成于万春（1993年已故）带队，其中有高合启、窦金生、史万海（已故）、王珍（已故）。对四个宝顶挖掘清理。

南寿地挖出春瓶1个，高30厘米，上面有蓝花、粉花和黄花。釉色润泽，画工精致，为顺康年间瓷器中的上品。瓶中装珠子、玛瑙10余个和金银锞子各1个。还出土墓志数块，皆被上庄村的倪建章拉到北京外贸工艺总公司，王相义跟着送去的。倪曾找人鉴别过出土的春瓶。

北寿地出土了龙头手镯和小如意。剩下的有价值的文物，生产队让会计交给北京文物部门。1972年4月24日，北京市文物管理处档案记载："北京海淀区上庄公社出土康熙时小金如意1件，嵌金黑白玉龙头镯1件，纳兰公原觉罗氏墓志1盒，光禄大夫明珠墓志1盒，光禄大夫永寿2墓志1盒"。因宝顶下面地宫既大又深，且坚固，在农闲期间断断续续挖了三年以上。其中性德墓志1盒，出土时完好，墓志底被当作生产队队部的台阶石，后被北京市文物管理处收走。志盖由上庄公社二分场场长赵宝军收存。志盖长宽各76厘米，4行18个字。"皇清通议大夫一等侍卫佐领纳兰君墓志铭"，为筵讲官都察院左都御史泽州陈廷敬篆盖。

墓地原貌：南寿地较大，有宝顶5座，围脖儿南端下脚还有土坟2座，应为1952年8月从双榆树迁来的富格和其子瞻岱墓。宝顶前有石五供和石享殿，百米之前立有螭首龟趺神道碑2座。北寿地较小，有宝顶4座，神道中有碑楼一座，前有石人、石马、石虎、石羊的石像生，沿龙湾子到四虎桥北有冲天石牌坊1座，三间四柱。南、北寿地的宝顶高约4米，直径3米。冬季呈褐色，夏季长绿苔。

宝顶结构：底层做礓礤儿涩路，外部为三合土封闭，内卫穹窿，青砖6层，距地面1米，墓砖长0.28米，宽0.15米，厚0.06米，重9市斤。有的砖上冠有“玉河窑厂”砖印。

墓室内部：南寿地墓坑东西长6.5米，南北宽5米，坑底距地表6.5米，底部用青砖铺就，青砖下为三合土夯实。棺床有的用汉白玉巨石对接，有的用青砖包面，棺床东西长4米，南北宽3.5米，高0.5米。墓室墙体高4米，厚0.8米，墙壁磨砖对缝，砖削成斜面，灰口在墙体中。券门通高2米，宽1.8米，券门内下部用一整块石条凿刻出门枕和下槛，墓室后部放棺椁二口，前部各放墓志一合，上有铁页缠绕。墓志西（或称前）高，东（或称后）低，略呈仰角。

南寿地由北向南数第三座宝顶的地宫有拱券，是出入墓室的门径，但无门。门外用条石叠放封死。地上宝顶束腰处有石围子。南边由北向南数第二座宝顶地宫中有两扇汉白玉石门，内开自如，室内有自来石高1.2

纳兰家族南寿地墓道券门石（冯黛虹◎摄）

用明珠家族墓地中的海墁建造的库房（冯黛虹◎摄）

米。地上宝顶腰下处有石围子。窦奇章（时年47岁，曾任海淀区人大代表）说："南、北寿地的宝顶9座，没有一个拆到底，里面的砖石都没拆干净。原因一是地宫太深，落差很大向上搬费劲；二是越往下越结实；三是积水浸泡砖石很重。搬不了几块，胳膊酸疼。队长说'费劲劳神，还不够工钱，甭拆啦'于是大家就收工了。"

砖石去向：1973年春生产队利用南寿地墓砖在墓地东场院上盖了北房5间，南北跨度6.5米；西房5间，东西跨度4.5米；猪舍7排56间。后因盖二分场办公楼，又将房屋和猪舍拆除。

现存墓砖：原上庄一、四队的队部（后为第九建筑队使用）东房7间，东西跨度6.5米；原上庄二队队部北房7间，跨度8米，其中地基、台明条石均为墓地之物。南寿地门档断为三段。其中一段长96厘米，宽38厘米，剖面为"L"形，散落在住户家中。出土的南寿地棺床石断裂卧地，长125厘米，宽90厘米，厚17厘米。宝顶上龙围子后埋在西边地头氨水罐处2块。

北寿地券门石，扇面形。中间高52厘米，边长51厘米，上口宽75厘米，下口宽53厘米，厚40厘米，质地为青石，共9块。另有巨石12块，小者长113厘米，宽90厘米，厚32厘米。大者长234厘米，宽48厘米，厚21厘米，堆放在队部。墓中棺木皆为杉木，漆为黑色、光亮。用大锤将棺木砸成窝儿，漆都不掉。棺椁中唯南寿地由北向南数第二个宝顶的棺头有云字形探头盖，称之大荷包材。所有的棺木从地宫搬出后，或做生产队里开会用的桌椅板凳，或制成驴槽，或架打稻机，或做电机水泵的枕木，或做温室的打墙板，或做水渠小桥。

南寿地中心宝顶地宫中没有棺椁、匣子，只有牌位。有的一棺一匣，匣子周围用砖干码，不使灰，应系火葬。除上述之外，其余宝顶地宫中均有骨骼。如头骨、胸骨和腿骨。南寿地由北向南数第一个宝顶（即最南边的宝顶）中掘出的下颌骨，有人数过上有牙齿36颗。

笔者在上庄村民座谈中，王进才（现年68岁，上庄老住户）说，1972年夏季的一天，赵万善（1928年生人，后章村人）夜里来窑上接班，告诉王进才“北安河叶连生的后人赶着大车，拉着木箱，在皂甲屯南北寿地收敛四散的墓主骨殖，敛骨时，叶的手上还裹着红布”。

叶连生有一儿一女，儿叶培源，年龄在88岁。女儿叫叶秀兰卒于难产。

后记

纳兰容若和北京有着不解之缘。北京后海有明珠的府邸，京西海淀上庄有“明府花园”；海淀镇南桑榆墅是容若与眷属的住所，也是会友的地方；紫竹禅林（今紫竹院公园）是容若夫人卢氏卒后暂厝的处所，也是悼亡词形成的地域。容若殁后埋于上庄祖坟，因而北京是容若生于斯，长于斯，葬于斯的乡土。容若也成为今日北京历史文化的名人。

自1993年以来，笔者就踏查遗存，寻访容若行踪，整理成篇，出版在即。

在这里首先要感谢北京海淀区委宣传部部长陈名杰和海淀区文化促进发展中心主任叶亮清及张东旭领导的的支持；感谢中国人民大学清史研究所副所长阚红柳对本稿提出的宝贵修改意见；还要感谢纳兰文化研究中心主任刘子菲女士、纳兰性德馆长赵宝军、海淀区志办王荣梅；最后要特别感谢本书的出版单位国际文化出版公司所付出的艰辛劳作。

徐　征　冯黛虹

2017年2月28日于京华饮墨堂

图书在版编目（CIP）数据

人生若只如初见：纳兰容若寻踪 / 徐征，冯黛虹著；冯黛虹摄 .
—北京：国际文化出版公司，2017.6
ISBN 978-7-5125-0939-9

Ⅰ . ①人… Ⅱ . ①徐… ②冯… Ⅲ . ①纳兰性德（1654–1685）
– 生平事迹 Ⅳ . ① K825.6

中国版本图书馆 CIP 数据核字（2017）年第 081569 号

人生若只如初见：纳兰容若寻踪

作　　者	徐　征　冯黛虹
总 策 划	叶亮清
特约策划	刘子菲
统筹监制	张东旭　于佩丽
策划编辑	闫翠翠　孟卓晨
责任编辑	潘建农
美术编辑	秦　宇
出版发行	国际文化出版公司
经　　销	国文润华文化传媒（北京）有限责任公司
印　　刷	阳谷毕升印务有限公司
开　　本	710 毫米 ×1000 毫米　　16 开 17.5 印张　　234 千字
版　　次	2017 年 6 月第 1 版 2020 年 1 月第 2 次印刷
书　　号	ISBN 978-7-5125-0939-9
定　　价	46.00 元

国际文化出版公司
北京朝阳区东土城路乙 9 号邮编：100013
总编室：（010）64271551 传真：（010）64271578
销售热线：（010）64271187
传真：（010）64271187-800
E-mail：icpc@95777.sina.net
http：//www.sinoread.com